Networks and Managerial Dynamics
Strategic Designs for Social Innovation

ソーシャル・ネットワークと
イノベーション戦略

組織からコミュニティのデザインへ

中野 勉——著

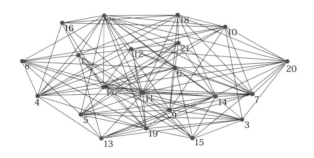

有 斐 閣

　本格的なインターネットの時代に入って20年ほどが経過し，情報処理の技術は広く社会に浸透しました。20世紀の終わりまで，人類は情報へのアクセスに多くの物理的な制約を抱えており，たとえば企業が提供する製品やサービスは，多くの場合「つながっていない」社会に存在していました。したがって，卸業者・仲買人・販売員はそれらを消費者につなげることで，比較的簡単に利益を得ることができました。

　今日では，さまざまなサービスやいろいろなモノがインターネットでつながり，SNS，コーポレート・コミュニケーション，ソーシャル・メディア・マーケティング，製造に関する品質管理やサプライ・チェーン・マネジメント，顧客情報とオペレーションズ・マネジメントの統合，クラウドによる情報管理とビッグ・データの解析による潜在的な市場の掘起しなど，情報処理技術が生産者と消費者にこれまで存在しなかった高いレベルの利便性・効率性を提供しています。

　「つながる」ことで，生産者が消費者のニーズを把握して新たなニーズを掘り起こし，規模の経済・範囲の経済・多品種少量生産・高品質・文化とスタイルなどが訴求され，新たなイノベーションの可能性が生まれます。こうした「すべてのものがインターネットにつながる社会」（IoT）の考え方は，生産現場の効率性のみならず，今後数十年の市場，製品・サービスの展開に，さまざまな課題と可能性を提供しています。

　「つながり」を分析する手法がネットワーク分析です。近年，社

会科学分野では，ネットワーク分析に関する書籍の出版が増えています（Kilduff and Tsai 2003，金光 2003，Carrington, Scott and Wasserman 2005，Nooy, Mrvar and Batagelj 2005，Goyal 2007，Vega-Redondo 2007，林 2007，Jackson 2008，Easley and Kleinberg 2010，Newman 2010，増田・今野 2010，Hansen, Schneiderman and Smith 2011，Scott and Carrington 2011，ソフトウェアデザインプラス 2013）。その一方で，組織研究を中心にネットワーク分析を論じた書籍は少なく（Burt 1992；2005；2010，Wasserman and Faust 1994，中野 2011，Kogut 2012，Prell 2012，Borgatti, Everett and Johnson 2013），また，アカデミックな立場からネットワーク分析に言及しつつ組織や戦略に関するビジネス実務への応用を説明する書籍も多くはありません（Nohria and Eccles 1992，安田 1997，Cross and Parker 2002，渡辺 2002，Kilduff and Tsai 2003，Håkansson *et al.* 2009，西口 2009，若林 2009，Ehin 2010，中野 2011，Kadushin 2012，Scott 2013）。このことは，ネットワーク分析がアカデミックな世界で活発に議論されている反面，実際に「つながり」を組織のマネジメントや経営戦略を踏まえて実務に応用しようとすると，その概念や理論と方法論を説明したり理解したりするのが簡単ではないということを物語っています。

　そうした中で筆者は，前著『ソーシャル・ネットワークと組織のダイナミクス——共感のマネジメント』（中野 2011）において，組織のマネジメントに関連するネットワークの意味について，ビジネス実務へのさまざまな応用を提案しながら包括的に解説しました。同書は，一般的には「社会ネットワーク論」「ネットワーク組織論」などと呼ばれる分野が取り上げてきた組織内のインフォーマル・ネットワークの意味や，企業間の戦略的なアライアンスなどにおける関係性の意味を，組織のマネジメントの問題として論じた数少ない日本語テキストです。

　本書には前著の姉妹編としての位置づけがあります。前著の対象

がネットワークと組織であったのに対し，本書は，組織の枠を越えて，さまざまな企業やプロジェクト，いろいろな社会集団やコミュニティのレベルで応用できる戦略的なマネジメントを扱います。具体的には，ソーシャル・ネットワークにかかわる課題を，いわゆる「ソーシャル・イノベーション」を巡るトピックにまで大きく広げ，ソーシャル・メディア・マーケティング，社会の持続的な成長を企図するサステナビリティや企業の社会的責任（CSR）に関するコーポレート・コミュニケーション，社会企業家の活動や地域活性化のマーケティング，市場における関係性の構造，クリエイティブ・インダストリー，プラグマティックな価値評価と安定化，制度と文化，ネットワークと組織のイノベーション戦略，ビッグ・データの活用やIoTなどについて，さまざまに分析・説明します。そうすることにより，ネットワークの概念を応用し，古典から先端理論までを広範に参照しながら，社会をデザインするという観点から組織やプロジェクトのマネジメントをアカデミックに捉えることを試みます。

　本書には以下のような大きなテーマがあります。第1に，対面での人間関係が組織にもたらす諸問題等を扱う「ネットワーク組織論」と，インターネットにおけるノードのオンラインでの関係性等について考える「ソーシャル・ネットワーク」を統合した概念の必要性を説きます。第2に，マネジメントを，情報のカテゴリー化に基づいた従来の静態的な視点ではなく，動態的な関係性の視点により捉え直すことで，プラグマティックな価値評価，市場のダイナミクスとしてのコミュニケーションやイノベーション戦略など，コミュニティのソーシャル・デザインにつながる論点を提示します。第3に，「構造と文化」「構造と内容」「エージェンシーと構造」などといった社会学分野における伝統的な難問を踏まえて，ネットワーク構造と現象学的な視点から個の認知や集合的な意味づけについて説明し，インターネットの時代におけるコミュニケーション戦略を

考えます。最後に，これらを結び付ける状況的な認知と再帰的な思考を重視し，実践的なプラグマティズムから経営戦略の実務に対する提案を試み，アカデミックな概念をマネジメントに応用する可能性を探ります。

　本書は，とりわけ経営者やコンサルタントなどのマネジメント実務に携わるビジネスパーソンから，大学学部生，MBAコースなどの大学院生，研究者まで，さまざまな読者を対象として書かれました。取り扱う分野は，組織論，経営戦略，企業戦略，事業戦略，マーケティング，ソーシャル・デザインなどに留まらず，経済社会学，ネットワーク分析，社会学理論，コミュニケーション論，社会心理などの多岐にわたります。理論的に難解な部分もありますが，研究論文・実務書を問わず多くの文献を紹介し，テレビやインターネット・メディアを含めた種々の情報源から得た実務のケースを応用事例に用いて解説するなど，テキストとしても使いやすいように配慮しました。

　研究者の方は目次の順番通りに読み進められるのがよいと思いますが，それぞれの章は単体としても読んでいただける内容になっていますので，実務家の方は，高度に学術的で理解できない部分が途中にあれば，そこは飛ばして先の章に進んでいただくことも可能です。また，前出の『ソーシャル・ネットワークと組織のダイナミクス』と併せて読んでいただければ，より深い理解が得られると思います。

　ネットワークの概念やその戦略的な意味についての理解は，人々の社会生活，とりわけ企業，プロジェクト，コミュニティ等のマネジメントにおける，組織や集団を構成する人間関係や，それを取り巻くステークホルダーとの関係などを考察してきた組織論・経営戦略論に対し，大きな示唆を与えるものです。「つながる」ということの意味合いをさまざまな次元で多角的に深く考えるためには，ソ

ーシャル・ネットワークの戦略的な意味を根本から理解することが必要であり，本書がそのガイドとして，先端学術研究から実務での実践にまで役立つものとなることを願っています。

　末筆ながら，本書を出版するにあたり，有斐閣の得地道代氏，四竈佑介氏には，構想段階から編集実務までご多忙な中でいろいろとお世話になりましたことを感謝します。加えて，中野真澄氏からの細かなコメントは本書をより読みやすいものにしてくれました。また本書には，筆者の欧米におけるアカデミックな活動からの成果も多く含まれており，とりわけその基礎には，コロンビア大学大学院社会学部において学んだ知識があります。中でも，David Stark，Harrison White，Peter Bearman，Duncan Watts，Robert Freeland，Jeff Olick，Guenther Roth，Alan Silver の各教授から遠い昔に受けた，社会学理論，ネットワーク分析，組織論，経済社会学に関する徹底的な指導は，長い時を経て，本書に広く発展的に活かされています。このほかにも，今に至るさまざまな機会にお世話になった多くの方々に対し，ここに謹んで感謝の気持ちを表したいと思います。最後に，本書には，文部科学省科学研究費助成事業 基盤研究（C）課題番号 25380476「多様性とイノベーションのネットワーク・メカニズム」，および日本証券奨学財団 平成 26 年度 研究調査助成事業「ソーシャル・ネットワークからの統合報告へのアプローチ──アパレル産業における実証研究」による研究の成果が含まれていることを付記します。

　　　2017 年 3 月　青山の研究室にて

　　　　　　　　　　　　　　　　　　　中 野　勉

目　　次

序 章

ソーシャル・ネットワークと
戦略マネジメント

1 はじめに

　本書では，ネットワークの視点から，社会におけるさまざまなイノベーションのマネジメントを，組織のデザインとして戦略的に考えることに力点を置きます。ネットワークの考え方は，欧米では1世紀ほど前から組織研究へ応用されており，組織社会学 (sociology of organizations ; organizational sociology) と深い関係を持ちながら発展してきています。それは，20世紀初めに行われたホーソン実験 (Hawthorne Experiments) に代表される製造作業現場における仕事の生産性に影響を及ぼす人間関係の研究に始まりました。フォーマルな指揮命令系統であるヒエラルキー (hierarchy) とは異なり，インフォーマルな人間関係を重視する行動科学としてのアプローチから，発展してきたものです。

　このような組織の力学やコミュニケーションに関するネットワークの分析では，一見眼には見えないが実は人間の社会生活にとってきわめて重要である社会集団 (social group)・組織・制度などを研

　1　詳しい説明は，中野 (2011) 100-105頁を参照のこと。

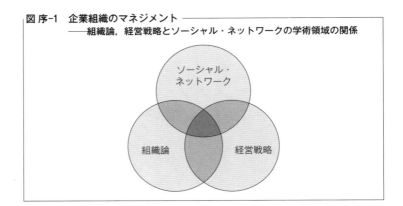

図 序-1　企業組織のマネジメント
　　　──組織論，経営戦略とソーシャル・ネットワークの学術領域の関係

ソーシャル・
ネットワーク

組織論　　　　　　　　経営戦略

究します。それは経済社会学（economic sociology）という分野とし
て，欧米を中心に世界的に大きな学問の潮流をつくってきました
（Brinton and Nee 1998, Baum and Dobbin 2000, Biggart 2002, Trigilia
2002, Swedberg 2003, Dobbin 2004, Nee and Swedberg 2005, Swedberg
2005, Granovetter and Swedberg 2011）。

　ネットワーク，組織，戦略は，学術的な領域として，どのような
位置づけにあるのでしょうか。その関係は，図序-1のように概念
化することが可能です。上述のように，企業などの組織研究におい
ては，フォーマルな組織構造としての指揮命令系統による管理に加
え，組織内のインフォーマルな社会集団としてのソーシャル・ネッ
トワークのダイナミクスを，その組織文化への影響を含めて理解す
ることがきわめて重要だということを，筆者は前著（中野 2011）で
詳しく説明しました。一方，マネジメントにとって，組織と戦略は，
アルフレッド・チャンドラー（Alfred D. Chandler, Jr.）が「組織は戦
略に従う」という古典的命題を提示したときから（Chandler 1962），
半世紀近くにわたってさまざまな研究が展開されてきたことからも
わかるように，切っても切れない関係にあります。

　そして，ソーシャル・ネットワークをマネジメントへ応用するに

あたっては，とりわけネットワークが公共性を持つがゆえに，戦略的思考が重要となります。ネットワークは「ソーシャル・キャピタル」(social capital)，別の言い方をすれば「コミュニティの共有財産」(communal property) であるため，組織を巡る戦略とソーシャル・ネットワークとの関連の理解が必要となります。

　ソーシャル・ネットワークにおいては，分析レベルのノード (node) が個人であれチームや事業部または企業全体であれ，個々のノードは，そのメンバーになることでさまざまな恩恵，たとえばネットワークを通じた信頼関係による社会的な信用や，経済的な便宜，精神的な援助，あるいは同盟関係としてのネットワークを利用した単独では手に入らない資産へのアクセスを受けることができるようになります。その際に厄介なのは，ネットワークはコミュニティの資産であることから，金融資本や知財などと異なり，その所有権が個々のノードに帰属せず，メンバー間の関係の構造がダイナミックに動くことで，そこに覇権を巡るノード間の争いや政治的な闘争が絶えないという側面があることです。

　ネットワークにおいて，個々のノードは，自らの役割 (role sets) や位置 (position) から見るアイデンティティ，すなわち評判・影響力・権力・覇権などを求め，他者との関係の中でリンクをつないだり切ったりして動き回ります (White 2008)。個々のノードは，他のノードとのインタラクションによって自らの立場を戦略的に有利に持っていくことは可能ですが，コミュニティの財産であるネットワークを意のままにコントロールしたり，あたかも自らの所有物であるかのように占有したりすることはできません (Coleman 1988)。

　以上のことから，組織のマネジメントにあたっても，集団のダイナミクスの中で，ネットワークの公共性を理解して戦略的に応用する知識を持つことが必要なことは明らかです。個々のノードのアイデンティティの追求と集団のダイナミクスの問題から，組織のデザ

インとの関連を含め，その戦略的な思考の必要性が浮彫りになっているのです。

　本書では，戦略マネジメント（strategic management）に関して，ソーシャル・ネットワークの理解の必要性を説き，学術的な理論・実証研究・ビジネス実務のケース等に基づいて，その具体的な応用の方法を解説します。その根底には，欧米の社会学領域で大きな発展を遂げたネットワーク分析が積み上げてきた，多くの知見があります。前述のように，主として欧米の組織社会学や経済社会学分野においてたくさんの研究者が組織とネットワークに関する問題を学術的に追究してきましたが，日本においてはその理解と発展はまだ始まったばかりです。本書は，社会学分野の学術的な書籍ですが，同時に，経営学の新しい分野をマネジャーに啓蒙する実務書という性格も有しています。すなわち，ネットワークから考えるソーシャル・イノベーションのマネジメントについてのテキストでもあるのです。

2　読み進めるにあたって

　本書のアプローチに関して，あらかじめいくつか注意点を述べておきましょう。第1に，本書では，ネットワーク分析を，主に現象の構造面を捉えるツールとして用いた上で，その内容に踏み込むための考え方や方法を説明するというスタイルを多用しています。

　学術論文においてネットワーク分析が用いられる際には，計量したネットワークの指標を説明変数に使い，企業の何らかのパフォーマンス指標を説明しようと回帰分析が試みられることが多く，広く統計検定が行われます。しかし，これには方法論上の問題もあります。たとえば，ネットワークの中心性や拘束性などといった指標間の相関が高く，説明変数の間に共振による多重共線性

（multicollinearity）が生じた場合，それぞれの指標は特定のアルゴリズムでつくられたものであり，それらの値はネットワーク全体のリンクの構造の微妙な変化に非常に敏感に反応することから，論理的な説明が難しくなってしまいます。ネットワークはノードのリンクのダイナミックなつながりの構造であり，全体の中からその一面を切り取ったものとして個々の指標が存在するので，これらの値はリンクのつながりの変化にきわめて敏感なのです。この点については，後述するように，全体構造（whole network structure）と部分構造（local network structure）など，ネットワーク分析自体の方法論に起因するアプローチの違いもあるため，注意が必要です。

　このような問題を回避するために，パフォーマンスを回帰分析によって説明しようとする統計的分析を離れ，ネットワーク構造自体を徹底的に分析し，なぜそのような構造が存在するのかについて，その文化にまで踏み込んで生成のメカニズムを解釈・説明しようとする方法があります。これは，ネットワーク分析を応用する際の基本的な方法のひとつです。本書では，読者の利便性を考慮し，このようなアプローチを多く採用しています。

　第2に，ビッグ・データ関連のソーシャル・ネットワーク・アナリシスやソーシャル・メディアを使ったマーケティングなど，実務においては，業界用語やICT（information, communication, and technology）技術関係の用語が多用されますが（Gladwell 2000, Christakis and Fowler 2009, Kotler, Kartajaya and Setiawan 2010, Li and Bernoff 2011, Maex and Brown 2012, ソフトウェアデザインプラス 2013：2014, ADK コミュニケーションチャネルプランニングプロジェクト 2014, 朝野 2014, 日経コンピュータ 2014），本書ではそうした用語を極力用いないようにしています。それらの用語は曖昧な使い方をされていることが多い上に，使い方が業界の流行に左右されることもあるので，混乱を避けるための対応です。先端的な実務の用語を拾いたい読者は，ビジ

ネス・ジャーナルや業界誌，専門ジャーナル，実務の解説書などを参考にしてください。本書では，その目的と性格に合致するよう，より学術的な表現を心掛けます。ここに用いているのは，組織論や戦略論，ネットワーク分析などで用いられている学術的な用語です。これらの用語には，社会学を基礎としたさまざまな含意があります。本書では，日進月歩の実務の世界における流行に依ったあやふやな表現は避け，読者のより深い理解を促します。

　第3に，上述のように学術的な用語を用いる一方で，本書で例に使っているデータやその分析は，アカデミックな厳密性を追究した事実というよりも，読者の理解のための説明資料あるいは教材としての性格が強いものです。したがって，本書の具体例は，蓋然性は有しているものの，真実に迫ろうとする学術的に厳密な解説ではない場合が多くあります。すなわち，アカデミックな実証研究としての客観性を突き詰めずにネットワークの想像図を作成したり，さまざまなメディアを通じた二次資料からケースのストーリーを再構成して解説したりしている箇所があります。本書のデータ，情報，分析は，必ずしもアカデミックな妥当性（validity），信頼性（reliability），再現性（replicability），厳密性を保証するものではありません。[2]

　第4に，本書では身近な実例を用いていろいろな社会現象の説明を試みますが，変化の激しい現代のビジネス環境におけるマネジメント戦略にとって，これらはやがて過去のできごととなる運命にあります。しかしながら，このような情報は時代を映すものであり，それらが歴史を越えて重要な事実として残る可能性もあります。すなわち，タイムリーなトピックとして色褪せた後にも，そこに普遍

　2　これらは，アカデミックなリサーチを組み立てる際には基本となる一般的な概念である。妥当性は，理論や仮説に対するサンプリングや変数などが適正あるいは妥当なものを正しい方法で計測・分析しているかを問う。信頼性は，データにノイズや出所に関する問題がないかを，再現性は，何度計測・分析しても同じ結果が得られるかを問うものである。

性のある根本的な原理が存在する可能性もあり，また，社会学でいうところの集合的記憶（collective memory）として，ソーシャル・メディアの発展や市場・ビジネスの変遷あるいは社会のイノベーションの歴史を示すという別の役割を持ち，将来的に時間を越えた価値を生む可能性もあるのです[3]。こうしたことを鑑みて，本書では，説明にあえてタイムリーなトピックを選んでいる面があります。

最後に，本書では，学術用語やビジネス実務の用語として普及している日本語表現については，主に初出の箇所に英語での表現を補うようにしました。グローバル化が進む今日，世界の学術およびビジネスにおける主要言語は英語になっており，将来活躍が期待される若手研究者や，コンサルタントなどの実務家，グローバルに活躍したいビジネスパーソンには，これらの英語表現を使いこなすことが求められます。このような認識に基づき，日本語の本文が途切れて読みづらくなると読者からご指摘いただくのも覚悟の上で，英語表現を補足していることを，ご理解いただければ幸甚です。

---

3 集合的記憶は，欧米の社会学ではひとつの分野として確立されている。その起源は，第二次世界大戦時のナチスによる 600 万人ともいわれるユダヤ人大量虐殺の研究にある。

第 1 章

ソーシャル・ネットワークのデザイン戦略

新たな知の潮流へ

1 ソーシャル・イノベーションの革新性

　社会の情報化が世界的に進む中，企業のマネジメントにとって，オンラインの商取引（electric commerce, EC）やコミュニケーションなど，いわゆる「ソーシャル・ネットワーク」に関する理解が，ますます重要なものになりつつあります。フェイスブック（Facebook），ツイッター（Twitter），インスタグラム（Instagram），ライン（LINE），ソーシャル・ゲーム（social gaming）等いわゆる SNS 関係のツールや，ストリーミングによる音楽・映画の配信は，2000 年代以降に爆発的に普及し，日本でも若い世代を中心に多くの人々の生活の一部となっています。

　1990 年代以降，情報処理技術が進歩し ICT[1] が社会インフラとし

　1　日本においては，情報処理技術に関して，一般的に IT（information technology）という用語が多用されるが，欧米では ICT という用語のほうが一般的である。この違いは日本と欧米それぞれの文化が組織に関するコミュニケーションを重視する度合い（日本のほうがそれを重視してこなかったこと）の表れとも思われるが，一方，異文化コミュニケーションの視点からは，日本語のコミュニケーションには，「空気を読む」という表現があるように，その場の会話の状況を文化的な素養に基づいて言葉を介さずに理解し応対する高いスキルが必要であるとされる（high context culture）。なお，本書では，IT と ICT をほぼ同義語として併用

て普及するに従って，こうしたサービスが始まるまでは考えられなかったような，オンラインの人間関係の解析や情報検索の可能性が広がりました。

　具体的には次章で例をあげて詳述しますが，たとえば，現実の世界で商品やサービスを提供する企業にとって，ブランドを構築してリピーターになってくれるローヤリティの高い固定客を獲得するためには，店頭での接客やテレビ・紙媒体での広告に加え，消費者とのSNSのコミュニケーションによる顧客の囲込みが，その口コミの波及効果を考えると無視できなくなっており，いろいろなチャネルを通じたマーケティングと小売店舗の運営をリンクさせ，O2O（online to offline）の連携を目指すなどの試行錯誤が続けられています。また，多くの企業が，社会的責任すなわちCSR（corporate social responsibility）やIR（investor relations）などとの関連でもブランド・イメージを向上させるために，「炎上」を警戒しつつも，ソーシャル・メディアを使ったマーケティング（social media marketing）を盛んに行っています。

　加えて，商品・サービスを提供する企業がビッグ・データと呼ばれる顧客や商品販売に関する大量の情報を手に入れられるようになった結果，それらをマーケティング，顧客の管理，オペレーションズ・マネジメントなどへ積極的に活用することで，さまざまなビジネスにおける，潜在的な市場のニーズの発掘，ターゲティングによる売上げの増加，生産性や在庫管理の効率化などが可能になりつつあります（石井2015，鳥海2015，水野2015）。

　実際，近年，大規模な情報管理システムやクラウドを導入した企業の間では，上述のようなデータ・サイエンスの知識と技術を武器にした価格やサービスを巡る市場競争が激化しています。対面販売

　する。

とオンラインの統合によって，ワンストップという範囲の経済性（scope economy）を求める大規模ビジネスが，クリックの数時間後には商品を届けるというサービスも生み出しています。一例として，家電量販のヨドバシカメラが2015年に，日本国内で書籍などのオンライン物販をリードしてきたアマゾン（Amazon）に対抗すべく，ポイント・サービスや受取場所指定なども含めて店頭販売とオンライン物販をリンクさせた独自の配送システムを構築し，夕方までにオンラインで注文すれば翌日の昼には商品が配達されるという，利便性がきわめて高く効率的なサービスを始めたことが，話題になりました。その後，オンラインの注文から配送までの効率を巡る競争は激しさを増しています。

　以上のようなこともその一端と考えられますが，今日，ドイツの国家戦略にも見られるように，今後の先進国経済を牽引していく大きな柱のひとつは，いわゆる IoT（internet of things）であるといわれています。これについても詳細は次章に譲りますが，そこに描かれているのは，社会のあらゆる製品やサービスがインターネットを通じて顧客につながることで，ICT が効率性の高い企業活動や潜在的な新しいサービス・市場を掘り起こしながら先進国経済を牽引していく姿です（『日経ビジネス』2013年9月30日，村井 2015）。

　もう一方で見逃せないのが，こうしたプライベート・セクターにおける市場原理に基づいた民間活力と公共の支援制度の狭間にあって，予想される収益性が低くなかなか投資を呼び込めない事業について，そのギャップを埋めながら経済活動をつくり出そうという，社会企業家（social entrepreneur）の取組みに対する関心が，世界的に高まっていることです。近年の日本においても，CSR に高い関心を示す企業も含めさまざまな人や組織をつなぎ，非営利活動によって途上国の貧困・教育問題や先進国の社会問題などに積極的に立ち向かって持続可能な未来を築く，ソーシャル・アントレプレナー

シップが盛んに論じられました。

　ソーシャル・デザインというと，狭義には，このようなソーシャル・ベンチャーや社会企業家の活動を指すことが多いのですが，広義のソーシャル・デザインは，社会におけるさまざまな集団，組織やコミュニティを，ソーシャル・ネットワークに関する知識を使って，どのように戦略的にデザインしていくのかという，ソーシャル・イノベーションとして捉えることが可能です。本書は，このような広義の立場から，ソーシャル・デザインを，個々の組織を超える社会的なコミュニティのイノベーションとして問いかけるものです。[2]

2　ネットワークの性質とアプローチの基本

2.1　集団の起源とネットワークの組織化

　2012 年 1 月 29 日に放送された「NHK スペシャル　ヒューマン——なぜ人間になれたのか　第 2 集　グレートジャーニーの果てに」の中で，文化人類学（cultural anthropology）の視点から，人類の太古からの進化の歴史と人間の集団の大きさの限界との関係について，実に面白い知見が提供されていました。集団化の原理に従うと，哺乳類の集団の大きさは，情報の理解や意思決定の判断を司る前頭葉の物理的な大きさに比例するといい，この原理に従えば，太古の人類にとっては基本的に 150 人程度が，狩猟生活を営む集団の適正な

　2　社会主義は，国家による計画経済として，上からマクロ・レベルの視点で国のデザインを考える。それに対し，ここでいうソーシャル・デザインとは，マイクロ・レベルの人の交わりから，社会のイノベーションを考えるものである。つまり，ネットワークの視点から見たときに，ノードの複雑なインタラクションによってソーシャル・ネットワークとしてのコミュニティがダイナミックに変化し続ける中，ノードのつながりがつくる組織や下位集団である人のコミュニティを戦略的な指向で組み換えることで，社会的なイノベーションすなわちソーシャル・イノベーションを喚起しようとする取組みである。

大きさであったであろうというのです。それ以上人数が増えると，仲間内に揉めごとなどが起きた場合もリーダーが状況を把握し切れず，争いごとを収めようにも組織として対処できなくなるというのです。

　事実，ネアンデルタール人は，家族を中心とした比較的小規模の集団で，簡単な道具を使った狩猟生活を送り，結局は滅亡するに至りました。しかし，その後に出現し私たち現代人の直接の祖先にあたるといわれているホモ・サピエンスは，ネアンデルタール人より身体が小さく弱かったこともあり，槍をはじめとする飛び道具の技術を進化させ，仲間でより大きな集団をつくって組織的に狩りをすることにより大型の獣を倒し，協力しながら狩猟採集生活を営むことで集団の食料を確保し，氷河期を生き延びました。

　実際に，北米には，小高く土の盛られた土手が草原を円形に取り巻く形をした数千年前の遺跡があります。これを発見した文化人類学者たちが解明したところによると，そこは，1000人以上のさまざまな部族が交易や祝祭の際に集まった場所であったということです。土手の上には一定間隔で槍を持った見張り役が配置され，揉めごとが起きたときには，土手から50〜60 m 先にいる喧嘩の当事者に向かって致命傷を負わせることなく槍を命中させて争いを収め，巨大な集団の秩序を保っていました。このことから，人の眼で集団の秩序を監視していたこと，また正確な投擲ができる武器を巧みに操る技術を獲得した槍投げの名手を配置するなどし，リーダーのもとに何らかの指揮命令系統が機能している組織を形成していたことがわかります。このように，組織として管理できる集団の人数の上限を飛躍的に拡大させた結果，私たちの祖先はその後に大きな繁栄を遂げることになりました。

　これは，近代経営学が発見した概念である，情報へのアクセスには人間の認知限界を伴うという不完備情報（incomplete information）

と（March and Simon 1958），脳による情報処理能力の物理的な限界からくる限定合理性（bounded rationality）のもとでの意思決定（decision making）の問題にもつながります。太古の人類の組織的な集団から現代の企業組織に至るまで，集団の組織的な管理のためには，意思決定を行うリーダーが判断材料となる正しい情報を十分に入手できることや，脳の認知能力に基づく情報処理の物理的な限界に見合った集団の大きさ，組織の統治の方法が必要なことに変わりはないことがわかります。

哺乳類の集団生活には，組織としての集団ごとにいろいろな「掟」や暗黙の「決めごと」があり，その掟を破り，組織の規律を乱す行為を行う個人は集団から追放されます。そこに集団的な調和が生まれます。

こうした進化の歴史は，人類にとってのソーシャル・ネットワークの意味について，組織と戦略にもかかわる重要な知見を提供してくれます。まず第1に，祭礼などの儀礼的な慣習を伴う狩猟採集生活を営み，物々交換や集団で協力することによって勢力を拡大してきた人類は，きわめて社会性の高い動物であると再認識させられます。メンバーが共存しながら集団として生存していくための利益追求を基本とするネットワークは，それ自体が長い歴史を持つ，人類にとって根源的な社会集団の組織化のメカニズムなのです。

第2に，人間社会の根本原理として，社会集団であるインフォーマルなネットワークが，集団の利益の追求を目的に，戦略的に組織化される必然性が垣間見えます。この例は，上述の不完備情報や限定合理性のもとで，組織の管理と狩猟のために武器を扱った知のマネジメント（knowledge management）であり，人類が意思決定の諸問題を組織戦略的に克服した最古の事例のひとつでしょう。

このようなネットワークの組織化の原理は，現代の企業組織がとる複数事業部制にも通じるものです。これは，20世紀後半までア

メリカ資本主義のエンジンとして隆盛を極めた典型的な組織構造ですが，本社と事業部との間で戦略面の役割を分担して，巨大企業として垂直統合により，各事業については指揮命令系統となるヒエラルキーを使い経営トップから中間管理職に責任と権限を委譲しながら組織を管理します。

　第3に，集団のネットワークにおける人間関係の複雑さを強く意識させられます。太古の昔に集団生活を営むことを選んだ私たちの祖先は，リーダーの権威のもとで協力と競争のバランスを図り，ネットワークのメンバーに，集団の文化を尊重して「掟」に従うことを求めました。しかし，時に敵か味方かをはっきりさせながらも，監視と威嚇の槍投げが巧みに急所を外し，喧嘩の当事者に致命傷を負わせないようにしていたのは，集団全体の力を弱めないための戦略的な配慮とも考えられるのです。

　最後に，このように人類が本来的に非常に社会性が高いことを踏まえて，ネットワークの成立ちを考えると，知の組織化によるデザインと，そして，マネジメントの戦略的な応用は，人類史的にも大きな可能性があることが示唆されます。

　人の関係性の深さや強さにはいろいろなレベルがありますが，人は社会において実にさまざまなネットワークに所属し，関係性が強くなれば眼に見えないプレッシャーにがんじがらめになっていることがあります。文化人類学は，このような関係を互酬（reciprocal relationship）の原理に基づくものと理解し，援助や利益を得た者が，それに報いる儀礼的な返礼行為をとらないことは，ある種の戦争を宣言していることであり，争いごとの種になりうるとします。また，組織社会学は，このような相互依存的な関係を「埋め込まれた関係」（embedded relationship）と呼び，そこには「しきたり」や「掟」といった文化が存在し，集団のコミュニティにおいて行為の当事者はその含意の文化的な理解を要求されます（Polanyi 1957, Stinchcombe

1959, Granovetter 1985, Granovetter and Swedberg 1992）。

2.2　ソーシャル・キャピタル──公共財としてのネットワーク

　前節で取り上げた IoT やソーシャル・イノベーション，また上述した太古の集団と知の組織化には，いずれもネットワークという概念が共通していました。ネットワークとは何でしょうか。社会のできごとについて考える際に，その現象を「ノードのペアの関係」（a pair of nodes）を基本として，集団のダイナミクスから分析するのがネットワーク分析です。

　資本にはいろいろな形態がありますが，金融資本（financial capital）や，人的資本（human capital），知的財産としての資本（knowledge capital），文化を背景として個人の社会的ステータス等を表象的に示すシンボリック・キャピタル（symbolic capital）などといった形態のものは，個人が占有したり，独占的に所有したりすることが可能であり，また，個人に帰属することが私有財産制の基本でもあります[3]。たとえば，会社で働いた報酬としてもらった給料は稼いだ人のもので，その人が何に使おうと基本的に自由です。

　これに対し，ソーシャル・ネットワークは，コミュニティの公共財としての性格が強く，ノードは他のノードとの関係においてネットワークのメンバーであるに過ぎないので，常にダイナミックに変化し，メンバーのコミュニティとして公共性が強い財（communal property）であるネットワークを，ひとつのノードである個人が意

3　知的財産について，日本では近年，特許法の改正により，社員が開発した特許は企業に帰属することとなった。個々の製品に関係する特許の数が大幅に増加したこと，基礎研究の開発者にしか特許が認められないなど製品化にかかわった他の社員との公平性に問題があったこと，企業が支払う報奨金の額に関する訴訟が増えてその対応に追われていたこと，などが理由とされる。今後どのようにして社員のモチベーションを下げずにイノベーションを生み出していくかは，知識に関する組織マネジメントの重要な問題である。

のままにコントロールすることはできません。このような観点から，ノードが属するネットワークを社会的な公共財としての資本と考え，ソーシャル・キャピタルまたは社会関係資本（social capital）と呼ぶことがあります。これはソーシャル・キャピタル理論（social capital theory）の根本にある考え方であり，ジェームズ・コールマン（James S. Coleman）がはじめて論理的に説明しました（Coleman 1987）。

　個人が占有したり独占的に所有したりできない，いわば共有財産であるネットワークのメンバーとなることには，どのようなメリットがあるのでしょうか。ロナルド・バート（Ronald S. Burt）によれば，それには一般的に3つのメリットがあります（Burt 1992）。第1に，他のノードへのリンクにより，自分が持っていない情報へのアクセスが可能になることです（access）。第2に，信頼の置けるネットワークのメンバーとの情報共有により，タイムリーに必要な情報が手に入ることです（timing）。そして最後に，ネットワークの仲間の間で自分の名前が出たりメンバー同士で紹介し合ったりする可能性が生まれ，将来のチャンスがさまざまに広がることです（referral）。たとえばリンクトイン（LinkedIn）は，こうしたことを指向するビジネス・ネットワークとしてのSNSサービスであり，知人を推薦したり，知人のスキルを承認したりするシステムが組み込まれています。

　私たちは，資本というと一般的にお金のことをイメージしますが，社会には上述のようないろいろな資本の概念が存在し，これらの資本は時にその形態を変化させることもあります。たとえば，日本において，外資系企業のエグゼクティブのヘッド・ハンティングの候補になるきっかけは，経営トップの仲間内のパーティや集まりで名前が出ることだといわれています。これは，対象となる個人が帰属するネットワークを通じて，その人物の持つさまざまな人脈がインフォーマルに評価されているともいえます。このような場合のネッ

トワークは公共財としての形を変え，あたかも個人に帰属するように見なされ，金銭等の金融資本や知的財産としての資本へ変換されていくことになります。

　ここには，資本財を巡るノード間の戦略的道具として政治的な駆引きの対象になることもあるというネットワークの一面を見出すことができます。換言すれば，メンバー間で情報を交換し合うことでコミュニティが広がり，それによってメンバーにとってのネットワークの価値が乗数的に高まっていく（ポジティブ・サム，positive sum）場合はよいのですが，あるノードの利益が他のノードの損失になるようなゼロ・サム（zero sum）・ゲームの状態になってしまうと，そこに競争的・政治的な争いが起こりやすい状況となることを示唆しています。

3　統合概念としてのソーシャル・ネットワーク

3.1　「社会ネットワーク」と「ネットワーク組織論」の流れ

　今日 SNS やオンラインにおけるコミュニケーションの関係については広く「ソーシャル・ネットワーク」という日本語が使われています。これに対し，あまり知られていないことかもしれませんが，社会学（sociology）を中心として，組織についての社会的な関係（social relations）に関する学術的研究においては，日本でも 1980 年代から「社会ネットワーク」という用語が使われてきました。

　「社会ネットワーク」は，英語の "social networks" の翻訳ですが，どのような含意で使われているのでしょうか。学術的には，組織内における人と人とのつながりなどといった社会的な関係を「ノードのつながり」と捉え，それを計量したり，さらにネットワーク・グラフとして可視化したりする分析方法を，「社会ネットワーク分析」（social network analysis）と呼ぶことがあります。こうした

場合の「社会ネットワーク」は，その多くが組織に関するノードの関係性を指しています。さまざまな研究から，この関係性が，実にいろいろな側面を持っているということがわかってきました。それは，人をつなぎ，情報を伝えるチャネルとなり，また，開放的かつ柔軟な人間関係は，創造性やイノベーションの源泉となり，時に集団や組織の文化を形成します。あるいは，眼には見えなくとも，社会集団における人間の関係性の構造が，人の行動をがんじがらめにして組織を硬直化させたり，組織内の権力構造になっていることもあります。関係性の意味は，実に微妙かつ多様性に富み，しかもダイナミックに変化する多面的なものなのです。

　欧米において，このような"social network analysis"の歴史は長く，社会学組織論や経済社会学と強く結び付いて活発な議論が行われてきました。その結果として，北米においては，たとえば，コロンビア大学，カリフォルニア大学アーバイン校，ミシガン大学，トロント大学をはじめとする多くのトップ校が，社会学部やビジネススクールに専門の研究者を抱えるに至っています。ヨーロッパにおいても，イギリスのマンチェスター大学やオランダの大学連合などで盛んに研究が行われ，スウェーデン，フランス，ドイツ，イタリアなどの大学でも研究者が増えているという現状があります。

　一方，日本においても，1980年頃から，一部の社会学者の間で，組織構造・組織文化・組織管理などと関連づけて「社会ネットワーク」の意味が考えられるようになり，いわゆる「ネットワーク論」「ネットワーク組織論」などと総称される流れを形成しました。「社会ネットワーク分析」は，それに関する計量分析のテクニックとして発展しました。

　このような経緯から，日本語の「社会ネットワーク」という言葉は，主に組織に関する結付きの構造を分析するという学術的なニュアンスを持っています。代表的なテーマとしては，フォーマルな企

業組織内でインフォーマルな人間関係の力学が生み出すダイナミクスや，そうした際のインフォーマルなコミュニケーションの流れ，あるいは企業系列やアライアンス等における組織間の関係などがあげられるでしょう。これらについては世界的にも広く実証研究が行われてきました。

しかし，ネットワーク分析はこうした研究領域に限らず，社会集団や社会運動（social movement）からオンラインの関係に至るさまざまな社会現象を分析対象とすることができます。なぜならば，これは，現象の背後に存在する社会構造（social structure）を，ノードのつながりのパターンとして捉えて解釈しようとする方法論（relational approach）でもあるからです。

したがって，ネットワーク分析は，実社会における政治力学・経済取引・社会制度などの社会現象を研究する際に，その構造を計量的に解明する方法（analytical method）として，広く応用されてきました。しかし，そういった計量的な方法としての位置づけに留まらず，ネットワーク分析のアプローチの方法や考え方は，多くの学術研究において，社会現象を分析する際の「ものの見方」や「捉え方」（perspective），すなわち基本的な分析概念（analytical concept）や分析の枠組み（analytical framework）として用いられているのです。

3.2 「ソーシャル・ネットワーク」の広がり

前項で紹介したような学術の世界における動向から，広く実社会へと目を転じてみることにしましょう。現代社会は情報化の流れの中にあり，私たちの生活もオンラインのさまざまな関係と切り離せないものになっています。それらはいわゆる「ソーシャル・ネットワーク」として，対面での直接の人間関係（face-to-face interaction）と複雑に絡み合っています。

これらの関係性は操作概念のレベルによって分類することが可能

です。たとえば，まず，人と人の関係があります。オンラインの世界では，それは，SNSでのコミュニケーションであったり，その中でもさらに興味のあるトピックのもとに集まったディスカッション・グループなど，集団として成立しているさまざまなサブ・グループ（sub-group，下位集団）であったりします。

　そして，人を介した「モノ」と「モノ」の関係もあります。たとえば，アマゾンで書籍を購入すると，「この商品を買った人はこんな商品も買っています」というメッセージが現れます。これは，オンライン・ショッピングによく用いられる「レコメンド」というマーケティング手法で，ファッション関係や音楽メディア，たとえばHMVなどのCDセールスにも有効な手法とされています。ここでは，購買者である「人」と，商品としての「モノ」の関係を，さまざまな概念をつなげたアルゴリズムを通じビッグ・データを解析することによって特定します。そこから予想される消費行動に対して関連する新たな商品を提案し，消費者の購買意欲を掻き立ててセールスにつなげようとしているのです。

　また，「単語」と「単語」，あるいは，それらの単語が象徴する「概念」と「概念」など，人々の間に流れる多種多様な情報についての関係もあります。たとえば，グーグル（Google）のサーチ・エンジンは，それ以前は当たり前とされていた既定の情報のカテゴリー化に基づく分類を用いた検索は行わず，実際にウェブで人々がどのような情報を見ているのかをまず特定し，そのアクセスのデータに基づいて，情報の内容ではなく情報と情報の関係性から検索結果を提示しています。ウェブサイトやテレビ放送で「この時間のニュースのアクセス・ランキング」などを紹介するサービスも増えてきていますが，これも同様で，人と単語などの情報の関係から，ニュース・トピックの中の「言葉」への関心の高さをアルゴリズムを使って数値化し表現したものです。

このように，「ソーシャル・ネットワーク」の世界では，何らかの関係性を含むデータを解析することで，新たな市場の開拓の可能性が広がり，多くのビジネス・チャンスが生まれます。それは，関係性を見つけ出す種々のアルゴリズムを使って，一見眼には見えない社会集団を，潜在的な購買層あるいは消費者層として見つける作業でもあります。つまり，表面的には，特定の本や洋服や CD が売れたり，ある言葉がよく検索されたり，特定のトピックに関連するニュースが広く読まれているという現象しか見えないのですが，社会のどこかに存在してその現象をつくり出している下位集団を探し出し，その集団を成立させているさまざまなつながりの構造から彼らの行動パターンを明らかにし，その潜在的なニーズを掘り起こし，そこへ魅力的な形で情報や商品を提案しようとしているのです。

3.3 概念の統合の必要性

さて，こうしたソーシャル・イノベーションの背後に，何か共通するものはあるのでしょうか。3.11 の東日本大震災以後には「絆」という言葉が流行語になりました。その根本には，「つながり」という視点があります。もう少し学術的な用語を使えば，それは「関係性」という視点からさまざまな社会現象を理解する立場に立つことです。ところが，これらの概念は，非常に曖昧に使われており，そこに現実的な統一見解もないことから，多くの誤解と混乱が生じています。

改めて，ネットワークという概念を問うと，英語の "social networks" に対し，日本語への翻訳の歴史的な経緯から，「ソーシャル・ネットワーク」と「社会ネットワーク」という 2 つの用語が使われていることは，本節で見てきた通りです。主にオンラインの関係に関して使われる「ソーシャル・ネットワーク」と，集団や組織の分析に使われることが多い「社会ネットワーク」という用語は，

日本においてはあたかも別物であるかのような扱いを受けてきましたが，実はこれは誤解によるものです。

1990年代以降，情報処理の技術が進み，学術的には組織研究との関連で計量的な社会ネットワーク分析が発展しました。その一方で，近年，ビッグ・データの解析技術が進化する中で，ソーシャル・メディアを通じたオンラインの関係性などが広くソーシャル・ネットワークと呼ばれ，日本においては，このふたつの流れの間で概念的な分断が続き，その乖離は広がっています。

本書では，ソーシャル・イノベーションの戦略的なマネジメントにおいて，その意味を理解することの重要性を説明するために，統合的な概念としての「ソーシャル・ネットワーク」を提示します。ネットワーク分析の立場に立つと，組織の現場における人間関係であれ，集団による社会運動における人や組織の関係であれ，SNS上の友人関係であれ，ソーシャル・メディアを通じたマーケティングによる企業やその商品と消費者との関係であれ，コーポレート・コミュニケーションとしてのCSR活動であれ，本来はすべて同じ土俵で論じられるべきものなのです。

"social network analysis" の根本にあるのは，分析する現象が何であれ，社会集団における1人1人のメンバーを「ノード」と考え，「ノードのペアの関係」の視点から社会現象を捉えて，その関係性の構造（relational structure）が意味するところを戦略的に考えることです。

したがって，前述のような混乱は大きな誤解に基づくもので，2つのフィールドには分析方法上の大きな違いはなく，両者は社会集団や組織に関する関係性を考えるデザイン戦略のマネジメントとして，個々の組織から組織の枠を越えたさまざまな社会のコミュニティまでを，同じ延長線上に置いてシームレスに語ることができるのです。上で提示した統合的な概念としてのソーシャル・ネットワー

クの視点から見れば，戦略マネジメントを考える際に，組織における人の関係性の問題とコーポレート・コミュニケーションにおけるオンラインのステークホルダーとの関係などを切り離すべきではないことがわかります。

　この統合の意味をもう少し具体的に考えてみましょう。たとえば，社会的な「集団」に指揮命令系統が生まれれば「組織」となります。その際にフォーマルなコミュニケーションとしてのレポート・ラインと，個々のノードが持つSNS上の友人関係などのインフォーマルなコミュニケーションのダイナミクスは，企業のマネジメントにとっては切っても切れないものです。マネジメントにとっては，対面の関係も，SNSなどのオンラインにおける関係も，ソーシャル・メディアを使ったマーケティングも，人・モノ・情報をつなぐダイナミクスとして戦略的に捉えるべきものなのです。

　すなわち，グーグル検索（言葉・モノ・概念とプレイヤーとのつながり）や，POSデータ（店と購買者と商品・メーカーとのつながり），医療関係のデータ（患者と医者，病院と製薬会社との関係など），SNSのチャットの仲間（オンラインの人と人とのコミュニケーション・ネットワーク），企業組織におけるビジネス・ミーティングやイベントへの参加者のネットワーク（イベントを通した人と人，人と部署，部署と部署とのつながり），企業内の作業チームにおいて一緒にランチを食べにいく友人関係（組織内の人と人のインフォーマルな関係）など，つながりの現象として見えているさまざまなものに対して，統合的なソーシャル・ネットワークのアプローチを応用すれば，共通した関係性からの捉え方が可能になるのです。

　ソーシャル・イノベーションのためのデザイン戦略を指向するにあたっては，このように，「ソーシャル・ネットワーク」と「社会ネットワーク」が同じ原理に則ったものであることを知り，ネアンデルタール人が集団で営んだ狩猟生活，太古の人類による集団の組

織化と交易のための大規模な集会，現代の組織内の人間関係や企業間関係，SNS のネットワークを，統合的な概念としてのソーシャル・ネットワークの関係性の視点から捉える必要があるのです。

第 2 章

ソーシャル・イノベーションと戦略思考

1 戦略マネジメントの環境変化

　2000 年前後から始まったソーシャル・イノベーションは，社会のさまざまな分野でインターネットが世界を牽引する現象をつくり出し，従来からのビジネスにも影響を与えています。

　たとえば，ソーシャル・メディアの普及は，日本の文化を海外に紹介する文化産業や観光産業に大きな変化をもたらしました。先進国およびアジア諸国の若者のアニメやオタク文化への憧れ，原宿や渋谷のストリート・ファッションなどが，その口コミの恩恵を受けてきたことは明らかです。近年では，欧米人が日本の山村やアウトドアを体験するツアーに興味を示したり，ニセコのパウダー・スノーに代表される冬の北海道や長野県等を目当てに来日する外国人スキー客が大幅に増加したり，インドネシア等からのイスラム教徒をターゲットにして旅館や温泉等の日本文化を紹介するツアー，ラーメン等の日本食の世界的なブームなど，これらはいずれもソーシャル・メディアの恩恵を受けた例といえるでしょう。以下では，いくつかのケースを紹介しながら，ソーシャル・イノベーションが戦略マネジメントへ及ぼすインパクトを考えていくこととします。

1.1 ビッグ・データと IoT のインパクト

前章でも説明した通り，近年のドイツの国家戦略にも見られるように，今後先進国の経済を牽引していく大きな柱のひとつは，いわゆる IoT であるといわれます。IoT とは，サプライ・チェーンによる品質管理・在庫管理や生産効率化の徹底，ビッグ・データを応用した潜在市場の開拓，ソーシャル・メディアを含めたマーケティング手法の広がり，ICT ソリューションや情報のインテグレーションによる一元的な顧客管理および流通・配送の効率化などを通じ，社会のあらゆる製品やサービスが顧客につながることで，効率性の高い企業活動や新しい潜在的な市場を生み出そうとするものです（Porter and Heppelmann 2014）。

ビッグ・データの定義にはいまだ曖昧なところがありますが，一般的に，その分析には以下のような特徴があります。第 1 に，社会科学における伝統的な統計分析では，母集団の特性を推計するためにサンプルを抽出し，そのサンプルを分析します。その際に問題となるのが，サンプルには当然ばらつきがあるため，どのくらいの数のサンプルを集めればよいのかということです。一般的にはサンプルを 100 程度集めれば散らばりは正規分布になり，母集団の推計ができると考えられています。これに対し，ビッグ・データの分析は，巨大なデータそのものをタイム・ラグなしで分析できることを前提にしているため，この母集団のサンプルを抽出するという作業が必要ありません。

第 2 に，社会科学の計量分析には，理論を応用して演繹的（deductive）に仮説を立て，それを実証において代理変数などを使いデータ分析を行って証明するというパターンがあります。あるいは，多くの実証を積み上げ，それらを一般化することにより，理論を帰納的（inductive）に構築するという思考のパターンもあります。一方，ビッグ・データの分析では，理論とデータによる実証が演繹か帰納

かという思考をする以前に，巨大なデータをいろいろなアルゴリズムを用いて直接的に機械が計算することで，演繹でも帰納でもない分析が行われる可能性が生まれます。

　第3に，一般的に社会科学においては，理論を応用して概念を操作化し，主成分分析などの方法を用いて変数間の相関関係や因果関係を調べ，データを分析しますが，ビッグ・データの分析では，この変数自体も機械がさまざまなアルゴリズムによって見つけ出せる可能性があります。

　第4に，たとえばツイッター上のやりとりなどといったSNS等で集められるビッグ・データについては，時々刻々ダイナミックに変化するデータを現在進行形でストリーミングしながら分析できる可能性が生まれます。そして，そうしたオンタイムの実際のデータに対し，いろいろなアルゴリズムを用いることで，将来の集団の行動パターンを進行形で予想することが可能となります。

　このようなビッグ・データ分析の特徴が，IoTのICTに関するインフラや生産技術と結び付き，ソーシャル・ネットワークを通じて社会に深く浸透することは，今後，私たちの生活環境やビジネスのあり方に大きなインパクトを与えるでしょう。

　たとえば，ゼネラル・エレクトリック（GE）社は，20世紀末に，ジャック・ウェルチ（Jack Welch）という強力なリーダーのもと，製造業から不動産・金融・IT分野に大きく業容を広げてビジネスを飛躍的に成長させ，収益性の高いアメリカ企業のひとつのモデルとなりました。そのGEが，2015年春に金融や不動産から本業である製造業への回帰を打ち出し，社会インフラ・ビジネス等の分野における競争力の強化に動いています。日本のコマツは，KOMTRAXという，衛星との通信を使って顧客情報を集め，建設機械のグローバルな稼働率の効率化を図るシステムを持っていますが，GEは同社と提携することにより，コマツのシステムとGEの

ビッグ・データ解析技術とを融合させ，効率の高い社会インフラ関係のビジネスを世界的に展開しようとしています。コマツも，GEと提携することで，鉱山の生産設備の稼働データを収集・分析する事業を始めています。

　2015年には，GEは，航空機エンジンにセンサーを取り付けてデータを解析することで，アジア最大の航空会社エアアジアの年間1000万ドルに及ぶ燃料費削減に貢献しました。同社はNTTドコモともアライアンスを交わし，ドコモの携帯電話の通信網を使って，日本市場でも工場や生産設備，橋，道路，水道，ガスなどといったインフラ・ビジネスの開拓を進めています。こうした動きに対し，ライバル企業でもある富士通も，生産現場や工事現場で働く作業者の行動を把握するセンサーの提供を2015年12月に始める構想を打ち出しました（*Nikkei Asian Review* 2015/7/8）。2016年には，AI（artificial intelligence，人工知能）への取組みがブームとなる中で，三菱電機，日立，NECなども，IoT関連の事業化を急いでいます。

　近年は，こうしたインフラだけではなく，消費者へのモノの売り方やマーケティング手法にも，ICTを活用したさまざまな取組みが見られます。たとえば，自動車メーカーのマツダは，2015年春に，伝統のスポーツカー・モデル「ロードスター」を10年ぶりにモデルチェンジしましたが，そのマーケティング手法はそれまでの自動車販売の定石を破るものでした。一般販売の前に，プレス・リリースをする代わりに，抽選で選ばれたファンを集めて試乗会と優先販売を行ったのです。最近は若者の車離れが指摘されていますが，招待客に実際に運転してもらうことで，そのフィーリングやデザインのよさを実感してもらいます。彼らはその場で車を注文することもできますが，マツダの狙いは，彼らが自らの体験をSNSやツイッター，ブログに投稿することで，感性に訴える生の情報が発信され，信頼性のある情報の拡散によって潜在的な顧客に訴えることでした。

また，ファッションの世界では，近年，若い女性の間でコーディネート・アプリが流行しました。iQONやWEARなどといったスマートフォン用のアプリにアクセスすれば，利用者（閲覧者）は，モデルではない一般の人が自分でコーディネートしてポーズをとり撮影してインスタグラムに投稿した写真を参考に，その日の洋服のコーディネートを決めたり，購入する洋服を決められます。美しくスリムなモデルではなく，閲覧者と体型が似ている一般の投稿者が着ていることで，消費者自身が実際にその服を着ているイメージが掴みやすいと評判を呼び，若い女性を中心に利用者が広がりました。そして，そうした利用者の中からもまたカリスマと呼ばれる投稿者が出現するなど，情報がシェアされ拡散していくことで，企業・投稿者・消費者の関係の循環によるビジネスの拡大が始まったのです。たとえば，MEGBABYは一般女性ですが，インスタグラムやラインに写真・動画を投稿し，自らのファッション・センスを宣伝することで，2015年頃には70万人ともいわれる多くのフォロワーを獲得しました。

　ボクシングの世界でも，情報ネットワークを使った巨大なスポーツ・エンタテイメント・ビジネスが生まれています。2015年春，カジノ・ビジネスのメッカであるラスベガスにおいて，多くの階級を制覇した2人の伝説的なチャンピオン同士による「世紀の一戦」が，ついに実現しました。アメリカの無敗の王者フロイド・メイウェザー・ジュニア（Floyd Mayweather, Jr.）対フィリピンの英雄マニー・パッキャオ（Manny Pacquiao）戦です。メイウェザー・プロモーションズとトップランク（Top Rank）社が合同で打ったこの興行は，同年4月23日に発売された1500～1万ドルの入場券が数分で完売し，試合前日に有料で公開された計量も含めて，観覧チケットには破格のプレミアがついたといわれました。加えて，HBOとSHOWTIMEによる世界同時生中継のペイ・パー・ビュー（pay per view, PPV）だけでも80億円の売上げを記録，2人のファイト・マネーは300億円を超えたといわれています。ボクシングは賭けの対象になっている地域があることも手伝って，ケーブルでの配信などによってローカルな放送網は途上国にまでつながれました。このように，ICT技術によってグローバルに巨大な情報ネットワークをつくることで，娯楽としてのスポーツが，多くのスポンサーを獲得し，莫大な利益を生み出すシステムが，可能になっているのです。

　さらに，金融分野においては，ICT技術とクオンツ（quants）と呼ばれる金融工学の知識が融合して，超ハイ・スピードでオンラインの裁定取引（arbitrage）を行う手法が開発されました。これにより，ヴァーチュ・フィナンシャル（Virtu Financial）社は，市場の売買注文におけるほんのわずかな時間差を使って1日に530万件の取引を繰り返す手法で，多くの利益を上げています。カナダのクリスタル・フィナンシャル（Crystal Financial）社も，遺伝子解析で得た分析手法を応用し，100の商品の20年分の市場価格というビッグ・データから4つの市場間の関連性を見つけ出すアルゴリズムを開発，投資の確度を上げることで高い利益を出しています。

　また，アメリカでは2013年，日本では2015年頃から，「フィンテック」（fintech）と呼ばれるインターネットやIoTを駆使した金融サービスが，決済業務などで普及し始めています。たとえば，SNSに流れる単語をビッグ・データとして解析することで，市場のセンチメントなどを分析して株式投資に活かそうとする分析手法などにも応用されつつあります。

1.2　SNSの文化と「ミレニアルズ・ホテル」の出現

　こうした状況の中，インターネット世代の行動パターンの変化を世界的な流れとして受け止め，ビジネス・モデルを変化させようとしているホテル・チェーンの例を見てみましょう。

グローバルなホテル・チェーンであるラディソン・ホテルズ（Raddison Hotels）は，世界中にいる若い「ミレニアル世代」（millennials）を顧客対象としたサービスを始めています。幼い頃からインターネットの世界に親しんできた世代である彼らは，独特な行動パターンを持っています。たとえば，いつも SNS を通じてつながっていたい。どこでも写真や動画を撮り，すぐにシェアしたり投稿したりしないと気が済まない。時間があればオンラインの世界に入り，ソーシャル・ゲームやソーシャル・メディアでの会話なしには生きていけない。縦のつながりや濃密な人間関係は好まず，距離感があり，自分に都合のよいタイミングでアクセスできるインターネット上の関係を好む。彼らは，新たな旅行先で知合いを見つけるために，位置情報を使って現地で SNS の仲間を探し，パーティに参加します。また，彼らは興味のない「余分なこと」にはお金を使いません。

　こうした世代を顧客対象とするホテルのサービスは，どのようなものになるでしょうか。まず，何でもインターネット上で自ら検索するか「友人」に尋ねるかしますし，彼らの生態としてできるだけ立ち入らずに放っておいてもらいたいと考えるので，受付けに大掛りな設備は必要なく，コンシェルジュなどの案内は最低限のものとなります。一方，ロビーは広くし，彼らの気楽な交流の場にできるような設計を取り入れます。部屋にはさほど長くいないので，食事などのルーム・サービスや大きな机は不要です。カフェやベッドの上でごろごろしながら仕事をこなすので，内装や家具のデザインおよびスタイルにはクオリティを求めますが，凝った装飾は不要で，調度品や備品自体は簡素なものでよいのです。部屋にバーなどを入れても，余分と考えるお金は使わないので意味がありません。総じてサービスを豪華にする必要はなく（no frills），宿泊費は低めの設定となります。

　このように，顧客層としてなかなか手強い相手ですが，2014 年

の秋頃から，アコーホテルズ（AccorHotels）のイビス（ibis）など，世界中のホテル・チェーンがこうした消費者を対象とする新たなビジネス・モデルの立上げを進行させ，本格的に参入し始めました。これは，ソーシャル・イノベーションとともに生まれた若い世代が顧客ターゲットとなって，彼らの行動パターンが既存のサービスを変えていくという，インターネットから始まった新たな市場が出現した例といえるでしょう（*Wall Street Journal* 2014/2/18）。

1.3　インターネットでのマーケティングとディズニーの世界戦略

　ソーシャル・メディアだけに頼るのではなく，テレビなど従来からの広告媒体や，店舗における対面販売などといった複数のチャネルを通じて異なる顧客層に訴え掛けることで，チャネル間の相乗効果を使いながら成功している企業が増えてきました。卸と小売りなどの企業間取引である B2B（business to business），小売りと消費者との取引である B2C（business to consumer），いずれにおいても，ブランドの宣伝から，商品のマーケティング，注文，決済，返品まで，オンラインでの商取引と店舗でシームレスなサービスを連携して行うことで，その利便性を大きく向上させ，さらなる成長を模索しています。たとえば，イオンやイトーヨーカドー，西友，コープ・生協などによるネット・スーパー，ユニクロ，H&M などのファスト・ファッション，あるいはゾゾタウン（ZOZOTOWN）[1]などによる衣料のネット通販，文具のアスクル，工具のモノタロウ，家電のヨドバシカメラ，家具のイケア（IKEA）などが，こうしたビジネスを展

　1　ファッション性の高い衣料のオンライン通販で急成長していたゾゾタウンは，2012 年に送料に関する顧客からのクレームに対し，運営会社スタートトゥデイの代表取締役・前澤友作が，ツイッターで反論したことで「大炎上」し，謝罪の後，送料に関する戦略も変更することとなった。改めてインターネットの影響力の大きさと，ソーシャル・イノベーションの時代においては企業ブランドへのイメージがいかに大事であるかについて考えさせられる事例であった。

開しています。

　日本では 2014 年春に公開されたディズニー映画『アナと雪の女王』は，国内における映画の興収記録を塗り替える作品となりましたが，そこにも，斬新なアニメーションの動きやストーリー・画面のつくり方に加え，インターネットと映画館両方での上映，音楽配信サイトやソーシャル・メディアなどといった，さまざまなチャネルを使った戦略的なメディア・マーケティングが見え隠れします。

　主題歌「レット・イット・ゴー」も大ヒットして「オリコンチャート」第１位を獲得しましたが，インターネットの YouTube では，各国で声優として起用された好感度の高い女性歌手たちが，この主題歌をそれぞれの国の言語で歌うという動画も公開されました。その動画では，レコーディング風景が映し出される中，人気歌手が多言語で１曲を歌い継いでいくのを聴くという形で，主題歌が再生できるようになっています。サビに日本人の松たか子を起用したのは，日本の市場規模を意識したディズニーの演出とも解釈できそうです。

　もともと映画のターゲットとなる世代と同世代のファッション界におけるオピニオン・リーダーやカリスマ性のある歌手が登用されており，それ自体に話題性がある中で，動画に登場する彼女らの生き方や言動から窺えるライフ・スタイルへの共感が映画のストーリーともオーバーラップし，ティーンから「アラサー」や「アラフォー」を含めた女性たちの関心を引くことに成功しました。こういった世代の女性がこの作品を好めば，そのデート相手の男性客の集客が見込めます。また，主人公のような優しくかっこいい女性になりたいという女の子たちやその母親世代も，「ママ友」のネットワークを介した口コミを通じ映画館に足を運んでくれます。日本語吹替え版の声優に松田聖子の娘である神田沙也加を起用したのは，こうした世代を超えた広がりを狙っての戦略だったのでしょう。ディズニーのブランド力を総動員した映画は大成功し，音楽配信と関連グ

ッズの販売が伸びました。同様に，2015年冬に公開された『スターウォーズ／フォースの覚醒』なども，メディア戦略が目立つ興行でした。

　このように，多くのビジネスにおいて，ソーシャル・メディア，それ以外のテレビや雑誌などといった既存のメディア，店舗販売，それぞれの異なる購買層に対し，マス・マーケティングで単にプッシュするだけでなく，マルチ・チャネルを通じたメディア戦略をいろいろなプラットフォームやスペースを駆使して多面的に同時展開することで，さまざまな顧客層へアピールするというマーケティング手法が，なくてはならないものになりつつあるのです。そして，この点にも，ソーシャル・イノベーションといわれる革新性の一面を見ることができます。

1.4　社会企業家の登場

　筆者が前著から指摘してきたことですが，近代以降の社会では，多くの人々が農村を離れ都市で生活することで，個人の生活はそれまでになかった職場や仕事上の人間関係，職業上の集団，政治的な団体，社交クラブなどといった目的の異なるネットワークへ重層的に結び付いていきました。そこで各個人は，さまざまに異なるネットワークに属する人々と広く関係を持ち，いろいろな情報を交換するようになります。さらに，ここまで述べてきたようなインターネットの時代となった現在，個人は，物理的な距離を超えて，それ以前には考えられなかったような人間関係を築くことも可能になっています（中野 2011）。

　個人が他人との交流に使える時間は限られているので，いろいろなセカンダリー・グループとの連帯や競争のためのネットワークづくり，すなわちネットワーキング（networking）に忙しくなれば，プライマリー・グループである地縁・血縁関係は疎遠になりやすく，

したがって個人のレベルでは社会的な援助（social support）や精神的な拠りどころを得ることが難しくなります。一部の都市生活者は，地縁・血縁を基本とするプライマリー・グループとの関係が非常に希薄で，日常生活における心の拠りどころや経済的な安心を提供してくれる強い関係から切り離されて孤立してしまっているようにも見えます。資本主義の経済合理性に基づく効率性と競争原理が支配する市場経済中心のシステムにおいて，社会的援助を提供してくれるような，信頼関係に基づいた人間関係は得がたいものです。ゲオルク・ジンメル（Georg Simmel）の言葉を借りれば，個人は，「連帯感」（solidarity）を感じると同時に，「競争」（competition）と「衝突」（conflict）を繰り広げながら，常に厳しい現実に向き合っていかなければならないのです。

　このようなプライマリー・グループとセカンダリー・グループの社会的な役割のギャップを埋める役割を担おうとするのが，社会企業家です。血縁や地縁が提供する支援に加え，福祉国家（welfare state）においては最低限の生活保障となる経済的な援助が公共サービスとして提供されますが，民間セクターが提供するサービスは，収益性のあるビジネスとして投資を呼び込む競争力を有していかなければ市場の競争原理の中では成功できません。この狭間にあって公共政策と民間活力のどちらによっても積極的に取り組まれにくい社会のさまざまな問題に対し，自らの持つ経営の知識やマーケティングの経験，金融のノウハウ等を活かして，営利を直接の目的とせずに，持続可能な取組みとして責任ある形で事業を成立させようとするのが，ソーシャル・アントレプレナーすなわち社会企業家です。

　近年，ソーシャル・アントレプレナーがさまざまな人と組織をつなぎ，非営利組織（non-profit organization, NPO）として貧困・教育・医療・ダイバーシティなどの社会問題へ積極的に取り組む活動は，世界的に盛んになっています。多くの日本の若者もアジアで起業

し，途上国支援の社会的な活動により，注目を集めました[2]。それらの活動は，「デジタル・ディバイド」などから生じる教育機会の不平等と貧困世代の再生産などといった社会階層の制度化の問題（institutional voids），女性の社会進出に関するグラス・シーリングや子育て支援などへの取組みをはじめとして広範囲に及びます。このほかにも，次項で詳述する「エシカル・ファッション」や，途上国における劣悪な環境での児童労働の禁止（child labor and fair trade），公害や環境問題（ecological problems），オーガニックな野菜や肉製品の地産地消とスロー・フード（organic products and LOHAS）への取組みなどがあげられます。いずれも将来にわたって持続可能な社会（sustainability）をつくり出そうとする取組みであり，それらは営利企業にも，社会のメンバーとしての CSR を問い掛けるものです[3]。

このような社会企業家の育成・支援も，さまざまに取り組まれています。たとえば，「社会企業家の父」と呼ばれるビル・ドレイトン（Bill Drayton）が始めたアショカ財団（Ashoka Foundation）は，世界的なネットワークであり，社会問題の解決のためにフェローとして選ばれた多数の人材が，各国においてプロジェクトを成功させています[4]。やる気があるのに仕事を持てない途上国の貧困層へ小口の

---

2 このような社会性を持つ事業への関心が世界的に高まる一方で，シリコンバレーのような場所で事業を成功させて大きな経済的な利益を得ること自体に価値を置く日本人若手企業家も増えている（NHK BS1 2016年1月2日）。

3 日本ポリグルの小田兼利は，「社会貢献」という言葉にはアレルギーがあるという。同氏は，納豆菌を使ってきわめて簡単な装置で汚れた川の水などを浄化し，現地で安価に飲料水をつくり出すことに成功，途上国に貢献している。BOP ビジネスの先駆者としても有名だが，もともと大阪商人である彼は，「中小企業のおやじ」であると宣言している。

4 アショカの取組みについては，同財団ホームページのほか，Wikipedia も参考になる。一例として，日本の大手銀行員であった枋迫篤昌は，アメリカに出稼ぎに来る中南米移民の本国への送金を助け，マイクロファイナンスの事業化を成功させた。日本人による国境を越えたソーシャル・アントレプレナーシップの初期を代表する事例といえよう。

融資を行うマイクロファイナンス（microfinance）という金融サービス，途上国や低所得世帯に対しても提供可能な低額での医療サービス，多様な教育機会の提供，教育現場でのさまざまな取組み，途上国を中心とした女性の自立支援など，多くのプロジェクトを実現してきました。

　日本国内に目を向けても，たとえば，家庭の事情で満足な食事がとれない貧困家庭の子どもたちに100円程度の料金で食事の機会を提供する「気まぐれ八百屋だんだん」の取組みがきっかけとなって支援の輪が広がり，全国のコミュニティのレストランとして，2017年の時点で300店以上が，「子ども食堂ネットワーク」という，社会的なネットワークを形成しています。

　こうした社会的な取組みが可能となった背景に，本項の冒頭で説明したような，かつては同心円的であった人の関係としてのソーシャル・ネットワークの構造が，異なる集団としてのネットワークが重層的に結び付く構造へと歴史的な変化を遂げたということがあるのです。ソーシャル・メディアには，マス・マーケティングに留まらず，利害や興味が異なる多様な下位集団に対して彼らのニーズに合う形でより絞り込んだ知識を集約し，必要とする人々が必要な情報へアクセスすることを可能にするという，インターネットの特性があります。このような重層的で分散的なネットワークを通じ，同時進行かつ多極的にローカルな知識の蓄積と伝播が進むことで，知識やノウハウを応用的にその場の状況やコンテクストに適応させることができるようになり，異なる環境においても比較的短期間でプロジェクトを立ち上げることが可能になっているのは，ソーシャル・ネットワークのメリットといえるでしょう。

1.5　コーズ・リレイテッド・マーケティング──文化を売り込む

前項でもソーシャル・アントレプレナーが取り組む課題のひとつ

として触れましたが，とりわけ 1990 年代以降に欧米企業が安い労働力を求めて途上国に生産拠点を移す動きが活発化する中，低賃金かつ劣悪な環境下での長時間労働や就学年齢にある未成年者の労働などが，社会的に大きな問題として取り上げられ，マス・メディアではナイキ（Nike）やギャップ（GAP）などの企業の責任が取り沙汰されました。[5]

　欧米のグローバル企業においては，このような CSR に付随するブランド・イメージへの関心がきわめて高くなっています。たとえば 2015 年 2 月には，中国のアンゴラ・ウサギ養殖業者がより高く売れる毛を得ようと，手足を縛られ悲鳴を上げるように鳴くウサギから無理矢理に毛をむしりとる様子が YouTube に投稿され，それを受けて ZARA が直ちにアンゴラ製の商品からの撤退を発表するといったこともありました。

　こうした中，近年，衣料品販売などにおいて，世界的に「エシカル・ファッション」（ethical fashion）という言葉がよく聞かれるようになりました。これは，環境に配慮したオーガニック原料を素材に用いるなどのエコな取組みに留まらず，製品が児童労働や劣悪な労働環境を禁じる「フェア・トレード」によりつくられていることを明示し，消費者の途上国支援に対する共感，社会貢献の倫理や，社会参加意識に訴えることで，地球環境に優しい衣料品を提供しようというビジネス戦略です。その中心はイギリス，ドイツ，デンマーク，オランダなどですが，これは，途上国の生産者に手に職をつけてもらい，正当な賃金を支払って，彼らに経済的な自立へのプライドを持ってもらうことで，持続可能な成長モデルをつくることを趣旨とする，コーズ・リレイテッド・マーケティング（cause-related

---

　5　この失敗を受けて，その後ギャップは，ブランド・イメージを回復するために，インターネットでの情報発信を含めた CSR に関する取組みへ多額の投資を行い，近年では世界で最も CSR に積極的な企業としての地位を固めている。

marketing）という手法です（野村＝中島＝デルフィス・エシカル・プロジェクト 2014）。コーズ・リレイテッド・マーケティングは，1980年代はじめにニューヨークの自由の女神像を改修する際，広く社会に向けてその意味を説明し，募金集めを行ったことが，由来とされています。

たとえば，H&M の店舗に古着を持ち込むと，その場でクーポン券と交換してくれますが，これは，同社が世界中に張り巡らせているサプライ・チェーンを利用し，配送後に空になったコンテナに店舗で集めた古着を詰めて，途上国にリサイクルとして還流する取組みです。このような「エシカル・ファッション」あるいは「スロー・ファッション」は，社会的な間接援助として，日本でも 2012年頃に盛上りを見せました。2014 年 5 月 10 日には，ジーンズなどの衣料品製造販売の大手リー（Lee）が，東京・世田谷区で中学校の旧校舎を借りて，「エシカルファッションカレッジ」というイベントを開催しました。大掛りなマス広告は打たれていなかったにもかかわらず，若い女性を中心に予想をはるかに上回る 1000 人を超える参加者がありました。ピープルツリー（People Tree）など衣料関係のソーシャル・ビジネスに携わる社会企業家や途上国からのゲストが招かれていたこともあってか，インターネットの口コミなどから，主催者が驚くほどの活況となったのです。

こうした社会企業家を巡るビジネスは，話題先行との批判もあるようですが，インターネットの世界とリンクしながら，先進国を中心に広がりを見せています。

1.6 ソーシャル・デザインとクラウドファンディング
——リスクを下げる「パイプ」の効果

前々項・前項で取り上げたような社会的な活動を金融面から助ける取組みとして，近年，クラウドファンディングが世界的に広がり

つつあります。これは，ビジネスのアイディアはあるのに，諸事情により資本市場の投資家へアクセスを持たなかったり，信用力がなく銀行借入れで資金を調達できない会社や個人等の企業家のプロジェクトを，多くの小口の投資家からのサポートを集めることで，事業化に結び付けようという仕組みです。資本主義における利己性や利益優先といった考え方と公共の支援との間にギャップがあり，商業ベースでは収益性が低い場合に，大きな可能性を持ったプロジェクト・マネジメント手法のひとつとなりつつあります。

こうした取組みは，小口の投資家へは，地産地消やエコ，サステナビリティなど，プロジェクトのミッションが発信する社会性への共感に基づいて事業を応援できているという満足感を与えられる可能性があります。投資の動機としては，忙しい日常の中でも社会的なプロジェクトへ参加したいという意識，リスクが少額で済むこと，プロジェクト自体の将来性，自らにとっても将来的な関係構築につながるかもしれないという可能性，情報収集など，さまざまな事柄が考えられます。プロジェクトを展開する側の企業家にとっても，ローンなどの間接金融を使う際の銀行をはじめとする金融機関からの管理や，ファンドなど「物言う株主」からの短期的な利益追求のプレッシャーから解放され，オールタナティブな直接金融の手段になりえます。このように，クラウドファンディングは，企業家と投資家の間で目的意識の共有がしっかりできていれば，より自由な戦略の展開と実行に結び付く可能性を秘めています。

たとえば，ハース＆ハーン（Jeroen Koolhaas and Dre Urhahn）という2人のオランダ人アーティストが，ブラジル・リオデジャネイロの貧困地区ファベーラ（Favela）で展開した住民参加型のアート・プロジェクトがあります。この取組みでは，建物の外壁にコミュニティのシンボルとして社会的なメッセージや象徴的な意味を持つ絵を描くことで，治安の向上や凶悪犯罪を減らすことに成功しました。

もともと地域にとっては部外者であった2人が、排他的なファベーラのコミュニティに受け入れられ、地元住民と信頼関係を築いていくにあたっては、バーベキューが大きな役割を果たしたとのことです。彼らは少人数のパーティを開いては、地元の人々と仲よくなっていきました。その後、彼らは住民と共同で公園に大きな滝と川を上る鯉を描き、その試みは、地区のモニュメントとなる巨大なアートの制作に結実したのです。やがて、彼らの活動は、評判を聞きつけた行政担当者等を通じ、ブラジルに留まらずアメリカ・フィラデルフィア市をはじめとするネットワークとして世界に広がっていきました。いくつもの国で、大都市貧困地区の建物を鮮やかな色で塗り上げることが、コミュニティに仕事を提供し、街の活性化と治安の向上に大きく寄与しています。

　このような大掛りなプロジェクトは、たとえそれが公共機関からの依頼であったとしても、地元の商店や住民1軒ずつに参加の打診をしながら説得を続けるという、気の遠くなるような忍耐と交渉作業の連続になるものと思われますが、そうしたプロジェクトは同時に資金を必要とします。ハース＆ハーンの場合、その社会的な活動を支えたのが、クラウドファンディングでした。彼らに賛同する篤志家や投資家から集めた小口の現金が、さまざまなプロジェクトを成功に導いていたのです（TEDGlobal 2014）。

　クラウドファンディングは、日本においても道が開かれつつあります。仙台の「笹かまぼこ」を震災から復興させたり、音楽やアートの分野でも成功例が生まれつつあります[6]。

　ソーシャル・ネットワークの視点から見ると、こうした取組みは、

6　たとえば Kickstarter や Indiegogo といった海外発の取組みは有名だが、クラウドファンディング・プロジェクトの信頼性や情報の正確さを判断することは容易ではない。本書では、特定のプロジェクトの正統性について論じることは避けるべきと考え、これらの具体的な取組み内容を紹介することは控える。

小口の投資家に対して協働としてのパートナーシップの可能性を訴える，オンラインのコーズ・リレイテッド・マーケティングであり，SNSなどを通じて小規模な事業に関する企業家と投資家のパイプをつくることに意味があります。プロジェクトを推進する企業家側がインターネット配信によって進捗状況を説明するなどして，積極的かつ正確な情報の開示と誠実な対応によって投資家との信頼関係を築くことが重要だという点に留意しなければなりませんが，ステークホルダー間でソーシャル・ネットワークの広がりが生まれることは，さまざまなビジネスをつなぐ大きな力となる可能性を持っています。

1.7 「地域活性化のマーケティング」と観光立国への試み

　日本国内において，ソーシャル・メディアの影響力が大きいと思われる事象を，もう少し紹介していきましょう。日本では，2020年の東京オリンピック開催に向け，官民一体で外国人観光客を誘致し，その大幅な増加により観光立国を目指そうとする動きがあり，インドネシアなどの観光客を対象としたイスラム圏のマーケットへも日本観光を宣伝したり，それに伴って食事の材料についても宗教的な戒律を尊重する「ハラール」への取組みが盛んになっています。

　そして，地方の各地では，温泉や旅館はもちろんのこと，地方の食材や地域限定の特産品，アニメのキャラクターなどを，地域の特徴と捉え，それらを活かした集客への取組みが増えています（今村・園田・金子 2010，グリーンズ 2012，山田 2013，稲葉ほか 2014）。たとえば，本章の冒頭でも少し触れましたが，ニセコは，パウダー・スノーのスキー場と北海道の雄大な景色を資源として，オーストラリアなどからの長期滞在の観光客を集めています。栗の名産地である長野県小布施町は，地元でライバル関係にあった伝統的な製菓業者10軒ほどが手を結んだ取組みが奏功して，年間数百万人が訪れ

る観光スポットに急成長しました。ほかに特徴的なものとして，新潟県十日町市と津南町の「大地の芸術祭 越後妻有アートトリエンナーレ」や，瀬戸内海の島々を結ぶ「瀬戸内国際芸術祭」など，アート・フェスティバルで町興しをしようと国際的なトリエンナーレを開催することで地域の活性化を図る取組みも見られます。

「青参道アートフェア」もそうした地域のフェスティバルのひとつです。表参道と青山通りを結ぶ裏通りから骨董通りの一帯で，ファッション・リテールのアッシュ・ペー・フランス（H. P. France）を中心に，アート関連のショップ，雑貨と生活スタイルの店，ファッション・ブティック，レストラン，カフェなどが40軒ほど集まって，毎年10月に3日間開催されており，2016年には10周年を迎えました。このときに主催者として現場をオーガナイズした山本斐沙によれば，その目的は多くの人を集めることではなく，青山通りと表参道を結ぶ地域のネットワークをつくり，「青参道」という言葉を社会的に認知させることだといいます。アートとファッションからお洒落なイメージを喚起し，コミュニティの一員である周辺の企業にも波及的に経済効果を生み出そうというプロジェクトです。

さらに，海外進出して，アジアや欧米の富裕層を中心とした特定の購買層に人気を博している高級和牛・高級果物・日本酒・ワインなどといった地方の産品を，「道の駅」や高速道路のインターチェンジへも出品することで，産地の集客力をも高めて地方を活性化しようという動きも多くあります。

これら地域の名産・特産などの宣伝にはソーシャル・メディアが積極的に活用されており，日本においても，こうした形で地域経済を再生させようとする「地域のマーケティング」の取組みが活発に行われています。

また，地方都市の復興を目指した市街地コミュニティの新たな活用法の模索を経て，地元住民を若者から高齢者まで参加させて特色

ある地域のコミュニティを創設し，地方のシャッター商店街に人の流れをつくろうという試みもあります。たとえば，建築家の大島芳彦がコミュニティをデザインするプロジェクトを取り上げたNHKの番組（NHK総合 2017年1月26日）によれば，近隣に大阪市を控え，大阪市内や郊外への人口流出と高齢化に歯止めがかからない大東市からの依頼で，5年間のプロジェクトが始まります。このプロジェクトには，高度成長期に建てられた市営住宅のリノベーションが含まれていました。目的は，子どもを持つ30代の若い世代にここに移住してもらい，街に活気を取り戻すことです。

　大東市には1972年に大水害に見舞われた歴史があり，それ以降行政は水害対策に重点を置いてきました。同市の担当者は，日本有数の巨額財政赤字を抱え，住宅地として人気がないことを理解しています。しかし，工場地帯である北条地区に何度も足を運んだ大島は，古い神社や社などが点在し，生駒山地からのきれいな水が流れる多くの水路があることに目を付け，治水としての水との戦いから共存へと発想を転換し，「親水」をキーワードに公園や空き地を曲線の動線で結んだグランド・デザインを提案します。そして，居住者に水と親しんでもらうスペースとして，カフェや温浴施設などの商業施設を公園に併設するというプランをまとめます。こうして，古い市営住宅の建替えプロジェクトだったものが，自治体を巻き込みながら，地域コミュニティの再開発という，より大きなプロジェクトとして動き出すことになりました。

　彼が大事にするのは歴史的な遺産を掘り起こし，文化的な住民の意識を創り出すことであり，その基本になるのは建築の「箱」では

7　山崎亮は，このような住民の参加型の取組みを「コミュニティ・デザイン」と呼ぶ。こうしたソーシャル・デザインについては，大手コンサルティング会社を巻き込みながら，日本の多くの地方都市でさまざまなプロジェクトが進行しており，2015年の時点ではプランナー，マーケター，コンサルタント，大学などのエージェントがコンサルティング市場をつくりつつある。

なく，関係者の当事者意識であるといいます。このプロジェクトでは，行政，市営住宅の住民，市民団体，商業施設の運営者など，さまざまなステークホルダーが，「親水」というコンセプトを共有してつながることで，地域の活性化にダイナミックなイノベーションを生む文化がつくられる可能性が示されています。

　これらの地域活性化の取組みは，参加型のコミュニティの生成を指向するものであり，マーケティングにインターネットを積極的に活用し，既存のメディアでは難しかった潜在的な顧客を掘り起こし，多極的に知識を集積させる（distributed intelligence）プロジェクトとして，資本主義の論理と社会的な支援の間で調和のとれたバランスのよい社会を実現させる可能性があり，ソーシャル・イノベーションの影響力とその潜在力を示しています。

1.8　「マイルドヤンキー」の登場
——ソーシャル・ネットワークが広げる戦略の可能性

　最後に，日本国内のビッグ・データから発見された，面白い現象を紹介しましょう。若者文化を研究する原田曜平は，近年，外界とはある程度距離をとって「地元」の生活圏における心地よいネットワークの中で生きていこうとする，「マイルドヤンキー」が増えていると指摘しています。1980年代には，「ヤンキー」といえば集団でバイクや改造車を乗り回して暴れる，暴走族などのイメージが強かったものです。その特徴的な風俗を展示した「ヤンキー人類学」展が入場者数を伸ばしているという報道もあったようですが，一方で，現代版の「マイルドヤンキー」にはそれとは異なる特徴がある

　8　かつての日本の暴走族については，佐藤（1984）が参与観察に基づいて当時の彼らの実態を生々しく記述している。同書によれば，暴走族は社会病理による現象ではなく，むしろゲーム的なスリルを求める若者の通過儀礼として存在していたという。

といいます。「地元」が大好きで，自宅から5km以内だけで生活したい。「絆」「家族」「仲間」という言葉が好き。少し威圧的なデザインや色の軽自動車やワゴンタイプの車が好きだが，他人と競いたいわけではない。地元のショッピング・モールによく行く。EXILEの音楽が好き。このようにして，大学生になっても中学の友人と毎日遊び，地元で心地よく生活していることが安心だという若者が，ある世代においては3分の1程度にも達するというのです（NHK総合2014年5月12日）。

　ビッグ・データから浮かび上がってくる市場としての彼らは，サブ・カルチャーを持つ潜在的な下位集団です。この市場が有するビジネスとしての潜在力は大きく，実際に八王子のドン・キホーテでは，近隣にキャンプ場が多いことから，「地元」で遊ぶ層が購入するものかアウトドアグッズがよく売れ，地名入りのTシャツの販売も好調だということです。また，上述のように，威圧感のある黒系や銀色のサイドモールを付けたデザインの車を好んで求めるため，自動車メーカーにとっても国内における重要な市場になっています。こうしたビジネスが広がる先は地域限定の特産品に留まらず，地産地消やスロー・フードなど，ローカルにさまざまな商品・サービスを展開する，ソーシャル・ネットワークから考える戦略マネジメントの可能性を内包しています。

2　統合的な関係性の視点の必要性

　前節で見てきたように，対面のインタラクションを伴う集団や組織の活動と，オンラインでのコミュニケーションを，O2Oを含めた統合的なソーシャル・ネットワークの視点から眺めると，マーケティング戦略・事業戦略・企業戦略から組織のマネジメント，コミュニティ・プロジェクトのデザインに至るまで，関係性が生み出す

ビジネスやプロジェクトが，私たちの社会に深く根を下ろしつつあることがわかります。それらは，ソーシャル・イノベーションとして，IoT という概念の普及とともに，今後のさらなる展開が期待されるところです。

　とりわけ戦略の分野においては，もはやこのような関係性の観点を踏まえた包括的な理解が，マネジャーにとって不可欠のものとなっています。情報をカテゴリー化して分析してきた伝統的な企業戦略・事業戦略・競争戦略などの戦略マネジメントは，こういった関係性の視点を広く取り込むことで，一層の展開を図るべき時期に来ているのです。ソーシャル・ネットワークの視点が，さまざまな知識や斬新な知見によるプロジェクトの事業化の可能性を提供してくれます。本書では，次章以降で順次その意味を解説していきます。

第 **3** 章

戦略論からネットワークによる
ソーシャル・イノベーションへ

1 企業戦略論からの飛躍

1.1 4つの企業戦略論とその後の展開

　前章に示した通り，企業の事業やプロジェクトのマネジメント環境は大きく変化しており，ソーシャル・ネットワークからの関係性の視点を取り込むことが重要になりつつあります。そのことを具体的に議論する前に，経営戦略分野において展開されてきた組織や企業の戦略マネジメントに関する伝統的な考え方を振り返っておきましょう。その目的は，分析の対象を，社会的なプロジェクトなど個々の組織の境界を越えた人のコミュニティに広げる前に，組織の戦略マネジメントの考え方をネットワークの視点から整理することで，ソーシャル・イノベーションの戦略的なデザインを指向するマネジメントの基本を明らかにすることです。

　1970年代頃から発展した主要な企業戦略論（corporate strategy）のアプローチには，第1に「競争優位（competitive advantage）の戦略」とも呼ばれるポジショニング・アプローチ（positioning approach）が（Porter 1980；1996），第2に資源ベース論（resource-based view, RBV）が（Hamel and Prahalad 1989, Prahalad and Hamel 1990, Barney 2002,

Pinch and Trocco 2002, Barney and Clark 2007), 第3に「能力ベース・アプローチ」とも呼ばれるダイナミック・ケイパビリティ (dynamic capabilities) があります (Teece, Pisano and Shuen 1997, Eisenhardt and Martin 2000, 河合 2004)。また, 第4にゲーム理論 (game theory) を応用した戦略アプローチも存在します (Allison 1971, Axelrod 1984, マクミラン 1995)。

第1のポジショニング・アプローチでは, 特定産業の市場で競合するライバルに対する自社の立ち位置, すなわちポジショニングに焦点が当てられます。また, 企業が有するさまざまなコア・コンピタンス[1]を組み合わせ全社的な整合性 (fit) を持たせることで, 模倣困難性などをキーとして持続的な競争優位 (sustainable competitive advantage) をつくり出し, 差別化戦略によって競合を市場から締め出すことに主眼が置かれます。

こうしたポジショニング・アプローチへの批判として現れたのが, 第2の資源ベース論であるともいえます。このアプローチからは, 全社的な経営資源である統合的なコア・コンピタンスを, 戦略的な方向性に基づいて時間を掛けて育てることが主眼とされます。したがって, 自社の長期投資に着目することが基本的な経営のスタンスとなり, 競合の度合いといった市場環境やライバルとの競争状況, あるいは短期的な各事業の採算性などは副次的に扱われます。

資源ベース論は, 各企業が固有の強みとして社内に蓄積しているコア・コンピタンスを, 全社的な経営資源と捉えることから始まります。この場合, コア・コンピタンスとは, たとえば, 積極的な

---

1 コア・コンピタンスの定義はいろいろと考えられるが, ここでは,「企業にとって持続的な競争力の源泉となる最も重要かつ根本的な経営資源や能力」としておこう。プラハラッドとハメルによれば, 他者が容易に模倣できない, 最終的な成功までには時間が掛かるが多くの製品やサービスの根本に共通して応用でき将来的には他の市場においても役立つ可能性がある, などといったことが, コア・コンピタンスの条件とされる (Prahalad and Hamel 1990)。

R&D 投資によるイノベーションへの指向，独占的な先端テクノロジーやパテント，品質管理の知識，モチベーションが高く豊かな経験を持つ人材がつくる組織固有の文化，効率のよいサプライ・チェーン運用のノウハウ，信頼関係で結ばれた顧客やサプライヤーとの長期的な関係，高いブランド力，マーケティングのスキルなどです。マネジメントは，長期的な戦略的意図（strategic intent）を持って，このようなコア・コンピタンスを 1 本の糸で紡ぎ上げ（a thread weaving through different competencies），統一された方向性を持つ戦略的な構築物（strategic architecture）として，10 年程度の長期的な視野で時間を掛けて育て上げます。これらは，将来的にはさまざまな分野や他の市場に応用可能な経営資源として，最も大切な「根」（roots）のような存在となり，そこから「幹」や「枝」を通じて栄養が送り込まれることで，やがては多くの「果実」が実り，「葉」を繁らせ，いろいろな「花」が咲くことを，最重要の課題と考えます。

　これに対して，経営戦略には，EVA（economic value added），あるいは図 3-1 に示した BCG マトリックス（BCG matrix）に象徴される PPM（product portfolio management）などといった考え方もあります。ここでは，各事業部を戦略ビジネス・ユニット（strategic business unit, SBU）すなわちプロフィット・センターと捉え，経営トップは，各事業の将来性や市場シェアなどに基づき不採算部門を売却して収益性の高い事業に投資を集中させるべきと考えます。したがって，企業の一部である事業部などの SBU を，あたかも単独の独立した組織であるかのように見なし，事業間のシナジーなどにはあまり注意を払わずに，売却を含めて積極的な M&A 戦略による成長戦略を推進することになります。

　このような資源配分のための選択と集中は必要であるとはいえ，資源ベース論では，不採算事業の売却は，それによって「根」とし

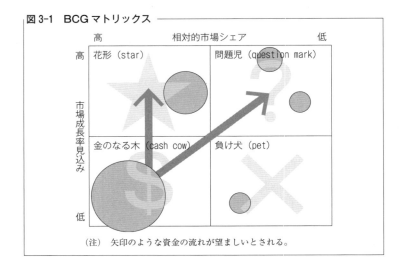

図 3-1　BCG マトリックス

相対的市場シェア

	高	低
高	花形 (star)	問題児 (question mark)
低	金のなる木 (cash cow)	負け犬 (pet)

市場成長率見込み

（注）　矢印のような資金の流れが望ましいとされる。

てのコア・コンピタンスを致命的に痛めてしまう可能性がないかを慎重に検討し，もし他の成功している事業やこれから伸びる可能性があるビジネスに対する潜在的なダメージが考えられるなら，慎むべきと考えるのです。

　第3に，1970年代以降，市場競争の内容やルールに大きな変化が起こり始め，それに応じて企業戦略でも，ダイナミック・ケイパビリティという考え方が生み出されました。ピーター・ドラッカー（Peter F. Drucker）が指摘したように（Drucker 1988），この時期に「情報化社会」（information society）が出現した結果，大衆向けの量産型商品・サービスには満足できず，高いクオリティや，色・スタイルにも個性的なデザインを求める消費者が生まれました。量産型のマス・マーケットに代わるニッチな市場に向けた多品種生産や，カスタム・メイドの高品位なサービスの提供が重要になったということです。それは「常に変化し続ける市場」（relentlessly changing markets）であり（Eisenhardt 1989），企業にとっては，要求が厳しく

移り気な消費者ニーズの動向へ素早く柔軟に対応し続けること，すなわち，技術的なブレークスルーや革新的な発想からの迅速な事業立上げおよび事業化プロセスの柔軟性が，課題となりました。

　それに加えて，2000年代以降にはICTインフラと情報処理技術が飛躍的に発展し，情報アクセスの主導権が生産者から消費者に移りました。その結果，マネジメントにとっては，いかにして変化し続ける市場の細かなニーズに応じて事業化のチャンスを見出し，変化に対応するリーダーの組織能力を持続的に開発し，スキルや知識を効率よく柔軟に応用できる体制をつくり上げるかが，重要となりました。いかにして経営資源を獲得し，組織化し，ダイナミックすなわち動態的に環境変化に対応するのか，ということが焦点となったのです。これが，ダイナミック・ケイパビリティ（能力ベース・アプローチ）の考え方の原点です。

　つまり，ダイナミック・ケイパビリティは，資源ベース論をより動態的に理論化し，スピード感を持って実践しようとするアプローチであるともいえます。変化の激しい環境の中では，投資の成果を得るのに10年単位の長期間待っていることができません。一方，市場環境のみならずビジネスの手法としても，R&Dへの投資と知識経営，テクノロジーとイノベーション戦略，アライアンスによる戦略的な互恵関係の構築や事業提携，M&A戦略などを駆使することで，ダイナミック・ケイパビリティでは，川上から川下へと流れる情報のループの中にあって，いかにリーダーが市場の潜在的な可能性にいち早く気づき，素早い意思決定と投資を行うかに力点が移っています。その結果，一般的には，フラットかつ柔軟な組織をつくって，イノベーションを喚起しながら，状況の変化に応じたダイナミックな戦略マネジメント（agile firm）を実践し続けることが，重要課題となります。

　最後に，第4のゲーム理論を応用した戦略アプローチは，不完備

情報下での意思決定，信頼関係の醸成，時間軸による競争関係の変化等を鍵に，寡占的な市場において市場参加者間の競争的なインタラクションからどのように信頼関係や均衡が形成されるのかといったことを，事業ベースで考えようとするものです。

　これら4つの従来からの戦略論は，学術的な理論のフレームワークとして実証への応用も進みました。また，次なるフレームワークや理論的な展開が求められるようになっています。たとえば，ビジネス・エコシステム（business ecosystem），地域クラスター（regional clusters），イノベーション，ベンチャー，CSR，ステークホルダーとの価値創造を図る CSV（creating shared value），途上国を中心とした最貧層マーケットである BOP（bottom or base of the pyramid）への戦略，制度化と多様性（institutional diversity），ステータスと正統性（status and legitimacy），現象学（phenomenology）を根本とする行為や意味の文化の考察などといったテーマに対する広がりを模索して，多くの試行錯誤が続いています。方法論的にも，従来型の統計分析に加え，制度論（institutionalism）からの制度ロジックの応用，ディスコース・アナリシス（discourse analysis）による会話や意味の研究，いろいろなネットワーク分析の応用など，新たな方向性が模索されています。結果として，戦略論と組織論の境界はきわめて曖昧になりつつあり，学術的なパラダイムの流行が短命に終わってしまうことにもつながっています。

　それでは，以上のような企業戦略論とソーシャル・ネットワークの考え方には，どのような違いがあるのでしょうか。両者の根本的な違いを理解するために，以下では，相違点のみならず共通点にも言及し，ソーシャル・ネットワークの視点から戦略論の再考を試みます。[2]

　2　戦略マネジメントにおいては，全社レベルでの「企業戦略」，個々の事業レベルでの「事業戦略」，市場の構造やルールなどに関する「競争戦略」など，異な

1.2　ポジショニング・アプローチとネットワーク

　まずは，企業戦略分野で最も有名な理論であり，経営戦略論に大きな影響を与えたポジショニング・アプローチを取り上げます。提唱者のマイケル・ポーター（Michael E. Porter）は，マネジメントが戦略（strategy）を持つということは，競合するライバルとの差別化（differentiation）をすることであり，「他の市場参加者（プレイヤー，player）と違うことをやる」か「他のプレイヤーと同じことを違う方法でやる」ことであると主張します（Porter 1996）。これが，ポジショニング・アプローチ の中心にある考え方です。

　この背景には，業界の最高水準である優れたサービス・技術・ノウハウは，ベスト・プラクティス（best practice）として競合他社がベンチマーキング（benchmarking）して徹底的に研究・努力を重ねる結果，すぐに模倣されて一方向に収斂するという考えがあります。このような状況になると，生産および製品品質の管理などといった業務効率性（operational efficiency）の改善だけで，企業がライバルに対して持続的な競争優位を維持することはきわめて難しく，過当競争が起こり，どの企業も収益を上げられない状態を招くことになります。

　ポーターは戦略を持つことが重要であると主張します。先述のように，具体的には他社との差別化を図ることを指します。そして，もし戦略にトレードオフ（trade-off）があるのであれば，「二兎」を追い求めることはできないので，何をやり何をやらないかをはっき

るレベルでの理論化と分析が行われるが，ここでソーシャル・ネットワーク概念を戦略へ応用するにあたっては，全社レベルの企業戦略との比較を行った。ソーシャル・ネットワーク概念に対するトップ・マネジメントの理解および実際の経営戦略への応用を期するのであれば，まずは全社レベルでの企業戦略や組織戦略を論じるべきであると考えたからである。もちろん，ソーシャル・ネットワークの視点は，これ以外にもさまざまなレベルの戦略および組織マネジメントへ戦略的な応用が考えられることはいうまでもない。

りさせることが重要であると説明しています。マネジメントは，戦略的にどのようなリスクをとるのかをはっきりさせた上で，市場に自らをポジショニングします。このとき，その企業が自社が持ついくつかのコア・コンピタンス全体を整合性のとれた形で統一した（フィットした）経営資源としてきっちりとまとめ上げることができれば（interlocked），競争優位は持続的なものになると考えるのです。なぜならば，競合他社がそのやり方を真似ようとしても，自らが強みを持つ市場において既存の経営資源をコア・コンピタンスとして競争力を保っている中で，新規参入する競合他社は新たな市場に参入するための追加的なコア・コンピタンスを積み上げていくことは簡単ではないからです。模倣できるコンピタンスがいくつかあったとしても，異なるコンピタンスの集まり全体を新たにコピーするのは，コスト的にも大きな負担となります。このことが自社のドメインに対する競合他社の新規参入の抑止につながるため，ポジショニング・アプローチによる持続的な競争優位の可能性が生まれます。

　ポーターはポジショニング・アプローチについていくつかの具体的な分析ツールを考案し，それらはビジネス実務においても広く用いられています。一例が，産業構造を分析するための「ファイブ・フォース（five forces）分析」です（Porter 1979）。図3-2 からわかるように，ファイブ・フォースとは，プレイヤーの企業を取り巻く産業固有の市場環境です。企業にとっては，これらのフォースをうまくコントロールし，そのプレッシャーを押し返すことができれば，大きな収益を得られる可能性が生まれます。ポジショニング・アプローチでは，そのような市場へは積極的にリスクをとって参加すべきだと考えるのです。

　また，図3-3 に示すような，「基本戦略」（generic strategy）では，市場でどのようにポジショニングをすべきかについて，どの程度ターゲットとする顧客を絞るのか，および，コスト優先で考えるのか，

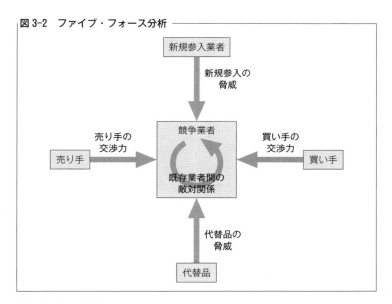

図 3-2　ファイブ・フォース分析

新規参入業者

新規参入の
脅威

売り手の
交渉力

競争業者

買い手の
交渉力

売り手

買い手

既存業者間の
敵対関係

代替品の
脅威

代替品

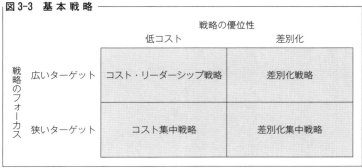

図 3-3　基本戦略

		戦略の優位性	
		低コスト	差別化
戦略のフォーカス	広いターゲット	コスト・リーダーシップ戦略	差別化戦略
	狭いターゲット	コスト集中戦略	差別化集中戦略

　それともコストが高くなっても差別化する商品やサービスを提供するのか，という 2 軸で考えます。

　上記ふたつの分析概念を見てもわかる通り，ポジショニング・アプローチは，カテゴリー化された競争要因から産業の市場構造を分析しようとしています。これらの根本にあるのは，現象を細分

化したカテゴリーとして概念化して捉える考え方です。情報を整理し，切り取り，加工することで，5つのフォースのぶつかり合いや，2×2の操作概念として，「市場」や「産業構造」を再構成して提示しているのです。

こうしたやり方には，複雑な情報をいくつかのカテゴリーに単純化して整理できるので，マネジメント戦略を論理的に考えやすくするというメリットがあります。そして，ここでもサプライヤーやバイヤーとの関係や競合他社との相対的な位置関係は考察されていますが，「ノードのペアのつながり」を分析単位の基本とする関係性の論理的なフレームワークや，ノードの複雑な関係性の意味を戦略的に捉えようとするソーシャル・ネットワークの視点は，深くは考慮されていません[3]。本項ではポジショニング・アプローチを少し詳しく説明してきましたが，ポジショニング・アプローチにおいては，カテゴリーとしての分断のもとに，関係性に関する情報の多くが矮小化され，時には切り捨てられているともいえるのです。

1.3　資源ベース論とネットワーク

資源ベース論は，その理論化のために，企業をさまざまな経営資

---

3 「ファイブ・フォース分析」に関しては後に，インテル（Intel）の創業者の1人であるアンディ・グローブ（Andrew S. Grove）が，6つめのフォースとして「補完財」（complements）を提唱している。これは，対象産業と補完性の強い商品・サービスの存在は，既存の5つのフォースが織り成すダイナミクスを通じて産業のプロフィールに影響を与えるため，戦略的に大きな意味を持つ可能性があるとの指摘であった。たとえば，ウィンドウズ95（Windows 95）が登場して以降，1990年代から2000年代半ばまでのPC市場においては，ウィンドウズPCが1台売れれば同時にインテルのチップも1個売れるという，両社の占有状態が続いた。その後ポーターも，このような関係性の視点を戦略分析に持ち込み，企業間関係と立地の意味を問うなどする地域の産業集積やクラスター（Porter 1998），インターネットと戦略（Porter 2001），企業と消費者による価値観の共有関係としてのCSV戦略（Porter and Kramer 2011）などについて，さまざまな提言を行っている。

源のつながりによってなる1本の「木」と捉え，前述したように，その土台となって「幹」や「枝」に養分を送る役割を果たす「根」を重要視しています。この「根」が企業の製品・サービスの底流には存在しているわけですが，前々項でも説明したように，資源ベース編ではこれをコア・コンピタンスのつながりと考えるのです。コア・コンピタンスには組織内の経営資源や事業部間関係が含まれますが，それらのつながりに焦点を当て，マネジメントの「戦略的な意図」がそれらを「紡ぐ糸」であるとして重視します。

　この「紡ぐ糸」という概念に見られるように，資源ベース論は，ある種の関係性の考え方に立脚していると考えられます。しかしながら，現象を「ノードのペアの関係」から捉えるソーシャル・ネットワークの視点に比べると，資源ベース論もまた，実践的な戦略分析における方法上の現実的な利便性のために，さまざまなスキルやコストという形に情報を概念化し，細かなカテゴリーに切り分けて考えるという特徴を有しているといえるでしょう。

1.4　ダイナミック・ケイパビリティとネットワーク

　ダイナミック・ケイパビリティでは，潜在的な市場を見出す経営トップすなわちリーダーによる認知を起点に，スピード感と柔軟性をもって参入のタイミングを計り，状況が急激に変化する中で，アライアンスといった企業間の戦略的提携やM&Aを駆使して必要なテクノロジーおよびスキル・知識を獲得し，素早い事業の立上げを狙います。

　たとえば，シリコンバレーが生んだ有名企業家の1人であるイーロン・マスク（Elon Musk）は，ITベンチャーとしてペイパル（PayPal）で大成功を収め，その後わずか2年半で衛星などの民生用ロケット打上げビジネスを立ち上げます。そのスペースX（Space X）社は，フランスやロシアなどの合弁会社アリアンスペース

（Arianespace），アメリカのボーイング（Boeing），日本の三菱重工など，ロケット打上げ技術を有する先進国のメーカーが鎬を削る市場で，破格の低コストにより商業衛星を打ち上げる道を開きました。これに留まらず，彼は電気自動車のテスラモーターズ（Tesla Motors）を立ち上げます。同社は，2015年春の時点で，戦略的提携などによってスポーツカー・タイプの電気自動車の販売では世界を牽引しつつあり，日本でも家庭用の電力ストレージ機器の販売を始めています[4]。

　また，日本でも2015年春に，NTTグループのドコモ・ベンチャーズが国内のベンチャー企業50社を招待し，自らの持つ要素技術をベンチャー企業に使ってもらうことで，共創によるイノベーションを起こそうという試みを始めました。これはすなわち，シリコンバレー型のスピード感を持った素早いビジネスの立上げを目指すものです。

　このように，ダイナミック・ケイパビリティに関しては，潜在的な市場の認知や素早いビジネスの立上げに発揮される経営トップのリーダーシップが注目を集めがちですが，その実践にあたっては，市場の変化を意識しながら経営資源・組織能力を蓄積し，変化に素早く対応できる組織を構築・維持し，投資についても柔軟かつ効率的な運用が求められるなど，戦略の実行プロセスも大きな意味を持ちます[5]。

---

4 2015年は，世界的に商業衛星の打上げ失敗が相次いだ。スペースＸも打上げに失敗しており，同社のビジネス・モデルが確立されたかについても，安全性と信頼性が問われる中で，2017年の現在，いまだ判断が難しい。また，2016年にはテスラの自動運転中の車も死亡事故を起こすなど，問題を指摘されている。

5 ここでの記述は，リスク（risk）という概念は，過去のデータなどの統計で予測し，確率計算によってある程度コントロールできるが，不確実性（uncertainty）は，過去のデータの分析からはさまざまな不確定要素が排除できず，予測不能なものであるとするフランク・ナイト（Frank H. Knight）の定義に従っている（Knight 1957）。

こうしたダイナミック・ケイパビリティとソーシャル・ネットワークのアプローチには，共通する部分と異なる部分があります。

前者においても，トップ・マネジメントが企業間のネットワークを駆使したアライアンスなどによりダイナミックに新たな組織能力を形成していくという戦略実践の姿勢に見られるように，関係性の視点すなわちソーシャル・ネットワークの諸概念が取り込まれている部分があります。

しかし，ダイナミック・ケイパビリティは，組織が状況の変化にダイナミックに対応できる能力をいかに効率よく獲得・維持し向上させ続けることができるかという実践的な知識を重んじることから，やはり情報を時に大胆にカテゴリーとして操作概念化して捉えようとするという特徴があります。

これに対してソーシャル・ネットワークのアプローチは，「つながり」の構造とその進化を捉え，関係性の深さ，信頼関係の構築，関係の多義性や多様性など，その意味を戦略と組織に応用しようと考える点が，決定的に異なります。このような違いがどういうことを意味するのか，次節以降で説明します。

2　情報のカテゴリー化から関係性のダイナミクスへ

このように，企業戦略論の既存のアプローチとソーシャル・ネットワークが異なるのが，その基本となっているノードの関係性に基づく考え方です。上でも述べた通り，ソーシャル・ネットワークのアプローチでは，「つながり」の複雑な構造とその進化を捉え，その意味を組織と戦略に応用しようと考えます。

前節で繰り返し指摘した通り，従来の企業戦略論のように現象をカテゴリーに分けて説明しようとすれば，概念化により，ある種の情報を切り捨てることで，操作可能な変数を便宜上つくることにな

ります。このようなやり方は，ソーシャル・ネットワークの観点から見ると，実際には「つながっている」社会現象を便宜上切り分けてしまうことで，関連し合っている情報の多義性や多様性を矮小化して捉えている可能性があることを意味します。

　ソーシャル・ネットワークから考える戦略マネジメントは，「つながり」の観点から，伝統的な企業戦略論の枠を広げうるものです。たとえば，SNS などのオンラインと対面での関係との境界を越えて企業活動にかかわっているステークホルダーをプレイヤーと見るとき，各プレイヤーをノードと捉えれば，「ノードのペアの関係」を基本単位として，その関係性の構造を計量することができます。さらにその結果をグラフ化して眼に見える形に表現することで，認識されていない集団を見つけ出し，その意味や関係性のダイナミクスを戦略的に捉えることも可能になります。

　こうしたアプローチは現実にも広がりを持ち，たとえばポーターらによる CSV 戦略（Porter and Kramer 2011）にも，応用することができます。CSV は CSR の限界を克服すべく提唱されたものですが，そもそも CSR は，前章で具体的に取り上げたように，フェア・トレードをはじめとする貧困・教育・女性差別・環境問題などに対して企業が調達から販売に至るまで真剣に取り組み，積極的に対応することを理想とします。これに対し CSV は，企業が，これらの問題に関連するさまざまなステークホルダーとの利害関係において価値の共有化を実現し，戦略的にウィン–ウィンの関係を築くことが，自らの持続的な成長をも可能にするのだと訴えます。CSR が短期的な利潤追求が必要とされる現実の企業活動とステークホルダーとの対立的な局面に注目するのに対して，CSV には倫理性を求める側面が弱いという批判もありますが（岡田 2015），CSV で重要なのは，企業の内と外，すなわち，組織内部のマネジメントと外部のステークホルダーとのネットワークの絡み合いを，ノードの関係性という

視点から統合的に考えることを可能にしている点です。

　このように，ネットワークの考え方を戦略マネジメントに応用する際には，組織内や組織間のマネジメントに関する関係性の力学と，組織外に張り巡らされている自社とステークホルダーとの関係が，「ノードのペアの関係」から見れば，いずれも関係性のダイナミクスの原理で動いていると認識します。第1章で組織について言及することが多い「社会ネットワーク」と，SNSなどのいわゆる「ソーシャル・ネットワーク」を分けて考えるべきではないことを強調しましたが，同じように，これらもソーシャル・ネットワークという統合的な概念によって捉えられるものです。そのことにより，組織の現場における人のマネジメントや，組織内のインフォーマル・ネットワークのダイナミクスから，ICTを介した人とモノとのつながりが生み出す潜在的な市場の発掘，企業間アライアンスが可能にする仕入れから配送までの効率的なシステム，ニーズに即した製品・サービスと消費者とのつながりを促進するようなソーシャル・メディアにおけるマーケティング，コーポレート・コミュニケーションのマネジメントなどに至るまで，前章に紹介した動向をはじめとする現代のさまざまな現象を，ソーシャル・イノベーションのデザイン戦略としてノードのつながりという同じ観点から捉えることが可能になります。現代の市場環境においては，以前にも増して，こういった研究や啓蒙活動が必要とされています。

　別の言い方をすれば，組織や集団に関する関係性のダイナミクスを，プレイヤーあるいはアクター（actor）というノードの社会的行為（social action）として理解できなければ，オンラインにおける人間関係やビッグ・データに示される関係性などといった，現代的な社会現象を深く解析したり，そこに潜在的な市場の可能性を認知したりすることはできないのです。また，何度も注意を促しているように，こうしたオンラインのSNSの「ソーシャル・ネットワーク」

の関係性とネットワーク組織論に代表される「社会ネットワーク」
は，その間にあたかも境界線のあるがごとく二元論的にアプローチ
されるべきではなく，たとえばステークホルダーとのコミュニケー
ションにソーシャル・メディアを駆使する企業にコンサルティング
を行う場合，現場での対面による集団や組織のダイナミクスも意識
して，より包括的なアプローチが応用されなければなりません。

　統合概念としてのソーシャル・ネットワークのアプローチを，現
代の戦略マネジメントに応用するには，社会現象の根本にある人の
行為の社会性の意味を深く考える必要があります。したがって，コ
ンピュータ・サイエンス，情報処理，工学，物理学などといった理
工系の知識に偏ったデータの分析には限界があり，こういった理工
系データ・サイエンスの技術的な知識と，現象学や，社会学，社会
心理学（social psychology），文化人類学，コミュニケーション論（com-
munication studies）などといった社会科学（social sciences）の諸学問
における知識の蓄積が統合されることが重要になります。現在，社
会科学系・理工系を問わず，組織，戦略，コミュニケーション，マ
ーケティングなどの研究者，マネジメント実務家，ITコンサルタ
ントやテクニカルなデータ・アナリストには，このような戦略的ア
プローチを広げる可能性を探ることが求められているのです。

3　関係性が広げるソーシャル・デザインの可能性

　前節で説明したように，情報をカテゴリー化して考える伝統的な
企業戦略論のアプローチに比べ，関係性の視点から見るソーシャ
ル・ネットワークのデザイン戦略は，戦略マネジメントに関して，
ステークホルダーとの関係により注目するものといえるでしょう。
このことは，消費者との対面でのインターフェース（山内 2015）や，
戦略的なオンライン・マーケティング（Kotler *et al.* 2010, Li and

Bernoff 2011）など，時に「需要サイド」とも呼ばれる川下におけるコミュニケーション戦略の重要性が高まっていることを意味し，また，それを実務へ応用する可能性を広げています（Monge and Contractor 2003, Velthuis 2005, Aspers 2010, Beckert and Aspers 2011, Beckert and Musselin 2013, Bogdanova 2013, Geiger *et al.* 2014, 安宅 2014, コトラー ＝ 高岡 2014, 武井 2015）。

　これまでの議論の帰結として，今後の企業の戦略マネジメントは，スピード・柔軟性・効率性・短期的合理性といった従来からの基準だけでは戦えず，認識や，表象的（symbolic）な意味と解釈，正統性，集合的な価値観などといった，商品やサービスについてのプラグマティックな価値評価（pragmatic valuation）の問題に直面します[6]。CSR，持続可能な成長，コーズ・リレイテッド・マーケティングなどの倫理性・哲学性や，文化的な資本（cultural capital）の多義的な意味などを表明するためのコミュニケーションに対して多くの資源投入が強く求められ，経営トップには，その企業独自の実践的哲学と社会的な貢献のあり方を掲げて組織をデザインし，これらのメッセージを発信する風土や組織文化を醸成する努力を続けることが重要なのです。そして，その実践にあたっては，マネジャーが，自らもコミュニティの一員として，表象的な視点からソーシャル・ネットワークの諸概念やものの捉え方を文化・制度と関連づけて理解し，メディア戦略などを策定・実行する，イノベーションへのデザイン戦略が必要となるでしょう。

　すなわち，組織の内部でなされているマネジメントと対外的に説明・宣伝していることに矛盾はないのかという問いが常に投げ掛けられ，企業内部の組織文化と外部のステークホルダーとのコミュニ

　6　プラグマティズム（pragmatism, 実践主義）は，ジョン・デューイ（John Dewey）等を起源とする哲学であり，近年，経験を基本にモノやサービスの価値を考える，この学術領域（valuation studies）が進化を続けている。

ケーションに一貫性への理解が求められるため（Avery, Fournier and Wittenbraker 2014），統合的な概念としてのソーシャル・ネットワークが有効になってきます。このことからもわかる通り，情報を分類カテゴリー中心に考える時代は終わりつつあり，次に見えているのは，つながり・関係性・多義性・多様性・持続的な成長・実践主義などをキーワードとして，構造と文化を統合的に捉え直すことで新たな市場が生成されたりイノベーションの可能性が生まれるという，未来の市場の形です。

　中世ルネッサンス以来の人類が経験した大きな変革というべきオンライン・コミュニケーションの爆発的な広がりが呼び起こした需要サイドからのプレッシャーにより，新たな時代の戦略マネジメントとして，ソーシャル・イノベーションを指向するデザイン戦略が求められるようになりました。ICT や IoT インフラの整備により，企業と消費者をつなぐ調達・生産・配送・販売システムは，その効率化のスピードと柔軟性をこれからも上げ続けることが予想されますが，市場システムに任せる限り，こうした企業間競争を止めることはできないでしょう。このように変化したグローバルな市場競争に際し，企業のオペレーションの効率性や柔軟性は前提条件です。今後はさらに，組織の文化が社会的なメッセージを持った情報としてソーシャル・ネットワークを通じさまざまなチャネルから発信され，ステークホルダーの目から見たその表象的な意味と解釈によって実践的にマネジメント戦略の正統性が担保されれば，そういった情報が市場における「エンジン」となって消費を動かすという側面が，一層重要になっていくと考えられます。ソーシャル・ネットワークの時代の経営トップやマネジャーに，新たな戦略マネジメントを開拓するチャンスが到来しているのです。

第 4 章

ネットワーク分析の基本概念と
戦略マネジメントへの応用

1 鍵となるネットワーク分析の概念

　第2章にも登場したジンメルは，20世紀初めという，まだソーシャル・ネットワークの概念がない時代に，個人と社会の間に広がる人の集まり（association）という単位にはじめて学術的な光を当て，社会を「いろいろな集団の重なり合い」（a web of group affiliations）と捉えました。ジンメルは，「社会は個人から出現し，人々の集団としての集まりの中から個人が現れる」（Society arises from the individual and the individual arises out of association）といっています（Simmel 1955, p. 163）。

　21世紀となった現代，ジンメルのこうした知見を具現化するかのように，社会そしてビジネスの世界でソーシャル・イノベーションという新たな潮流が生まれていることは，前章までに，ネットワークの視点から紹介してきた通りです。

　本章では，これらを生み出しているソーシャル・ネットワークのメカニズムの説明を試みます。さまざまな現象を，ノードの社会的行為の結果として，ネットワーク分析の視点から理解するために，中心性，凝集性・結合性，同値性と共起性（ホモフィリー），べき乗

則，コアと周辺部など，いくつかの鍵となる概念を導入します。

2　中心性，同値性と共起性
見えない集団を追う

　ネットワーク分析には，ネットワーク全体（whole network；global network）に注目する場合と，全体の中でのローカルな部分（local network）に焦点を当てる場合の，ふたつのアプローチ方法があります。本節では，それぞれの場合におけるノードの影響力を示す分析概念，すなわち中心性と同値性について確認していきます。

2.1　中　心　性
――ローカルな結合性から考えるノードの権力や影響力

　1970年代以降，計量的にネットワーク分析を行う方法は，めざましい発展を遂げました。そこで展開されてきた流れのひとつに，集団の中に存在する個人としてのノードに関する，主にローカルな分析に基づいた中心性（centrality）を巡る議論があります[1]。

　このアプローチでは，あるネットワークにおいて個々のノードが持つ権力や影響力が，点中心性（point centrality）という概念で分析されます。点中心性は，各ノードが，ローカルなネットワークの中で，どのくらい中心的な位置を占めたり，どのような役割を担ったりしているかを表す概念です。そのため，あるネットワークにおいて，クリーク（本章第4節参照）を形成するなどしてつながりが強くなっている部分，すなわち凝集性（cohesion）あるいは結合性（connectivity）の高いローカルな部分を探し出すことに注力します。

　リントン・フリーマン（Linton C. Freeman）やフィリップ・ボナ

　1　中心性に関する詳しい説明は，中野（2011）66-85頁を参照。

チッチ（Phillip Bonacich）は，ネットワークの中心にあるノードには，周囲のノードに与える大きな影響力からローカルな集団の文化を形成する可能性があると指摘し，その社会的な意味を問いました。実際，企業や組織内のチームなどで，中心的なノードの影響力や権力がネットワークを通じてローカルな文化を形成しているケースは，容易に想像がつくと思います。また，このようなノードが，オンラインの世界でも，特定のグループにおけるインタラクションによりサブ・カルチャーを生み出すと考えることも可能です。

なお，以上のような点中心性は，基本的に，ひとつのネットワークにおけるノード間の相対的な位置関係によって決まるため，そこには，ノード同士が直接あるいは間接に結び付いているという前提があります。

2.2 同 値 性
──いくつものネットワークに跨がるサブ・グループ存在の可能性

一方，同値性（equivalence）という概念は，ノードのネットワーク上での位置や役割を計量する点では中心性と同じですが，ノードのリンクの構造に類似性を見出し，その意味を探ろうとする議論は，ローカルな部分よりネットワーク全体に目を向けたものといえます。

あるひとつのネットワークにローカルなネットワークが複数あり，それぞれのローカル・ネットワークに同じようなパターンで結び付くノードの構造があるとすれば，それらのノードを指して，そのネットワーク全体の中で，構造同値（structural equivalence）であるといいます（Lorrain and White 1971, Sailer 1978-79）。さらに，複数の異なるネットワーク間の比較においても，同じようなローカルな結付きの構造を持つノードは，同値性が高いと表現されます（regular equivalence，正則同値）。

このような同値性への着目は，さまざまなネットワークに共通す

る「役割同値」(role equivalence) のノードを見出すことにつながります。すなわち,複数のネットワークそれぞれにおいて,似たような結付きのパターンを持つノードは,個々のネットワークにおける役割が似ていると考えられるからです。たとえば,ローカルなハブ (local hubs) として隣接するノードをまとめる位置にいたり,結合性の高いクラスター (cluster) をつなぐ媒介者すなわちブローカーとしての役割を担ったりしているノードを見つけられることがあるのです。

ピーター・ブラウ (Peter M. Blau) の組織研究の伝統から,ネットワーク全体を考えて,各ノードの位置や役割の分析を進め,以上のような議論を展開したのがハリソン・ホワイト (Harrison C. White) らで,一連の研究は「ハーバード革命」(The Harvard Revolution) といわれました。

ここで注目すべきは,ひとつあるいは複数のネットワークにおいて同じような位置を占めたり同じような役割を演じたりしているノードが社会集団を形成していると捉えたことです。この結果,これらのノードが同時に社会的な行為を起こす共起性(ホモフィリー,homophily) から,大きな社会的現象,たとえば社会運動あるいは流行やヒット商品の誘発・普及・活発化などを,そうした同値性の高い集団の集合的な行動として説明できる可能性が生まれます。すなわち,ソーシャル・ネットワークにおけるノードのつながりの類似性という視点により,私たちが日常的に目にしている単なるグループなどといった概念を超えて,直接につながりがなく眼には見えない社会集団が生み出す現象に対するより深い考察が可能になるかもしれないのです。

2.3 共 起 性

同値性を巡る議論が革新的だった点に,ノード間の直接のつなが

りを前提としなかったことがあげられます。このことは，共起性に関する議論の展開につながります。

　共起性とは，同じようなネットワークに属し，同じような他者との関係を持つ同値性の高いノードは，アクセスできる情報，外部環境についての状況認知や思考のパターンなどが似てくるため，社会的な行為に至る過程でも，外部からの同じ刺激に対して同じような意思決定のプロセスを辿り，その判断や趣味・嗜好にも類似性が生まれるという，ノードの社会心理を表した概念です。これについて，因果関係を特定して厳密に実証することは難しいのですが，その応用においては，議論の前提すなわち公理（axiom）のように扱うことが可能です。

　すなわち，ここから，社会現象は個々のノードが直接のつながりの中で権力や影響力に動かされることによって起こるというよりも，社会に存在している同じような位置・役割のノードで形成された下位集団が，その同値性により，刺激や環境変化に対して何らかの眼に見えない関連をもって同時多発的に同じような社会的行為に至ることで，社会現象が生成している可能性が示唆されるのです。共起性による社会現象のひとつのパターンです。ビジネスの世界においても，ノードのつながりのダイナミクスによって流行やヒット商品が生まれ，同じようなネットワークを通じて社会に広く伝播する可能性を説明します。

　このようなネットワークの同値性によって大きく成功したプロジェクトとしては，ムハンマド・ユヌス（Muhammad Yunus）が設立したグラミン銀行（Grameen Bank）によるマイクロファイナンスが有名です。それ以外にも，感覚的には，1980年代の日本における金融や不動産のバブル，2000年前後の世界的なITバブル，2000年代後半のリーマン・ショックによって破綻を見た金融デリバティブの流行，2000年代以降の液晶テレビやスマートフォン，SNSやソ

ーシャル・ゲーム等の急激な普及やファスト・ファッションの流行などには，同様のメカニズムが見られるように思われます。つまり，直接にはつながっていないが同値性の高いノードからなるさまざまな下位集団が同時に動いた結果，これらの現象が起きたと解釈することができます。

　以上，本節で見てきたように，中心性・同値性というアプローチの異なるふたつの共起性の概念からはさまざまな議論が派生し，社会における集団の単位，すなわち，下位集団とは何かということを，私たちに問いかけています。これらの議論は，今日まで，社会階層論・組織論などと関連しながらグループやクラスター等の研究に至るなどして，ネットワーク分析の流れを形成しています（Mizruchi 1993）。

3　ソーシャル・ネットワークの視点から見るBOPビジネス戦略

3.1　ユニリーバのインド市場進出

　ソーシャル・ネットワークの諸概念の戦略マネジメントへの応用を考えるために，まず具体例を見てみましょう。本節では，途上国の最貧層をターゲットとするBOPビジネス（Prahalad 2006）の成功例を紹介します。

　BOPビジネスはソーシャル・ネットワークの概念と親和性が高く，社会性を持った巨大な音楽教育プロジェクトへと成長したベネズエラのエル・システマ（El Sistema）なども，その一例といえるでしょう（NHK BShi 2009年4月4日）。この事例は，ビジネス・モデルとしても革新的なものでしたが，結合性と凝集性，同値性と共起性，正統性，ロング・テールとべき乗則など，これから説明するものも含めて，さまざまなソーシャル・ネットワークの概念が応用されています。

本節では，世界的トイレタリー企業であるユニリーバ（Unilever）が，インド市場へ進出した事例を見ていくこととします。インドでは現在，ITや，ジェネリック医薬品の製薬等をはじめとするバイオなど，諸産業が急速に発展しつつあります。それに伴って都市部には専門職に従事する中間層が生まれ，また，古くからごく一部には富裕層も存在しますが，人口が世界で最も多い国のひとつでもあり，さらに，その大部分は貧困層に占められています。たとえば2008年の時点で，同国の貧困層家庭の平均年収は16万円ほどしかありませんでした。1世帯当たりの購買力から考えれば，こうした貧困層を顧客として大きなビジネスを展開することは非常に難しく，インドは長い間，先進国企業から見捨てられていました。しかし，一方で，その巨大な人口を考えれば，「塵も積もれば山となる」という諺の通り，これら貧困層の市場規模は25兆円に達するという見方もあったのです。

　ユニリーバは，この市場にいち早く着目し，1990年代から進出を図っていました。当初の商品戦略は，石鹸・シャンプーや洗剤などの製品を小分けして包装を簡易にすることで，単価をきわめて低く抑えた商品を投入するというものでした。その結果，インドに60万あるといわれる農村のうち，まず都市近郊の10万村程度への売込みに成功します。しかしながら，テレビも新聞も普及していないような地方に位置する貧しい農村の大部分については，そうしたインフラの整備の遅れに起因する情報伝達システムや物流システムの脆弱さから，市場開拓が難しい状況が続きました。

　この状況を打開すべく同社の考えた戦略が，インドの農村社会に伝統的に存在するソーシャル・ネットワークを利用したものだったのです。それによってユニリーバのインド・ビジネスは急激に発展しました。この戦略の具体的な立案過程において，ネットワーク分析の概念がどこまで意識されていたかは明らかではありませんが，

一連の現象はソーシャル・ネットワークの視点から解釈できるものです。第1に，同値性と共起性，第2に，結合性の高いネットワークにおける「強いつながりの強さ」(strength of strong ties, SST) および「埋込み」(embeddedness) の概念が，重要な意味を持ちます。以下で，もう少し詳しく説明することにしましょう。

3.2 子どもたちをアクセス・ポイントとしたネットワークづくり

　インドでの石鹸販売にあたって，ユニリーバは，7〜13歳の子どもたちをターゲットにしました。かつてインドの農村には泥などで手や頭を洗う習慣があり，石鹸で手を洗うということはありませんでした。そのような習慣が身についた大人たちを変えるのは容易ではないので，むしろ子どもたちに石鹸で手を洗う意味を理解させ，それを習慣化してもらえば，長い将来にわたる顧客の獲得が期待できます。

　そこで同社は，都会から離れた地方の農村にある学校を訪問し，紙芝居を使って石鹸で手を洗うことの重要さを教えるというキャンペーンを展開していきます。訪問回数は，6年間で実に4万回にも及びました。話を聞いた子どもたちは，帰宅すると家族に，ユニリーバの石鹸で衛生的に手を洗うことが大事だと，学校で教わった通りに伝えます。テレビも新聞もないような貧しい農村の家庭では，子どもたちが学校から持ち帰る口コミの情報は，信頼に足るものとして真剣に受け止められ，親の文化的な習慣まで変えてしまう力を持ちえます。

　ここに，先述の同値性および共起性の概念を応用することができます。こういった貧しい農村には，同じような学校と，そこに通う多くの子どもたちが存在します。学校と子どもたちの関係は，どの村においても，教師を通じて教育という目的でつながっている点で，同値的なネットワークだといえます。また，子どもたちの家庭は大

家族であることが多く，両親をはじめとする親族関係も構造同値的になっています。

　こうした中でユニリーバは，学校を起点として情報を流し，子どもたちに親世代にまで至る情報交換を媒介させました。すなわち，このキャンペーンによって，正統性を持つ教育機関から発信された商品の必要性に関する情報が，伝統的なコミュニティに根差したソーシャル・ネットワークを通じて需要を喚起し，さらにそこへブランドまで植え付けていくことになります。

　しかも情報発信は大規模に行われたので，インド全土に構造同値的に存在していた無数の貧しい家庭が，互いに直接的なネットワークのつながりを持たないにもかかわらず，共起性から同じように石鹸を使い始めました。それらが習慣化すれば，商品は生活必需品の消費財となって，ある時点から爆発的な普及と広がりを見せるに至ります。たとえ石鹸ひとつはきわめて安いものだとしても，ユニリーバにとっては，世代を跨いだ大変な数の長期顧客が生まれたことになったのです。

3.3　主婦たちの同値性と「強いつながり」による販売ネットワークの広がり

　ところで，インドには，カースト制度という文化的に根強くその跡を残す身分制度が見られることはよく知られています。その考え方の影響もあり，低いカーストに属する貧しい農家に生まれたことで，幼少時から教育の機会をほとんど与えられずに農作業と家事労働に従事してきたという女性たちが多くいます。ユニリーバは，このような女性たちを販売員にして，村内の友人宅を1軒ずつ回りながら対面販売をしてもらうという戦略を実行しました。

　同社は，彼女たちに対し，セールス研修を実施しました。研修では，お金を稼ぐということ自体の，またそれによって貧困家庭の生活向上という経済的なメリットが得られるということの意味が，繰

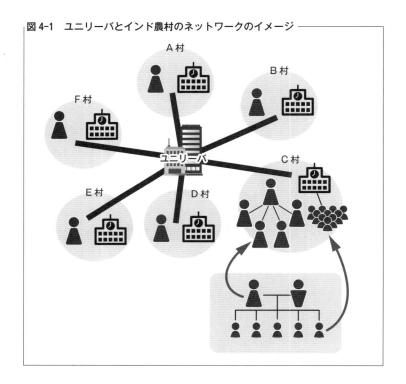

図4-1 ユニリーバとインド農村のネットワークのイメージ

A村
B村
F村
ユニリーバ
C村
E村
D村

り返し教えられます。それまで仕事でお金を稼ぐということがなかった貧困層の女性たちにとって，こうした販売員としての経験は，自らが達成感・充実感を得ると同時に家族の生活も助けられるという二重の幸福感と，自立の意識を与えてくれるものとなります。

　彼女たちが主婦として暮らす農村には，伝統的なカースト制度のヒエラルキーを巻き込んだ，地縁と血縁に基づく濃密な人間関係がありました。したがって，インド全土に点在する 60 万にも上る村々を，結合性の視点から，ひとつひとつ孤立したクラスターと見ることも可能でしょう。それらは，ローカルな凝集性が高く，いわゆる「埋め込まれた関係」として成り立っています。

ソーシャル・ネットワークの視点からユニリーバのインド市場戦略を見たときに，もうひとつ注目すべきなのが，こうした人間関係のもとに結ばれていた主婦たちの友人関係のネットワークです。この結付きは，女性たちが互いに助け合いながら築き上げた信頼関係を基本とする「強いつながり」（strong ties）です。

　ユニリーバは，このような結合性および凝集性の高いネットワークを通じ，「強いつながりの強さ」のメリットを応用して，商品を販売しようとしたのです。こうしたネットワークは伝統的に，日常生活や家族の健康を守るための重要な情報を伝える機能を有していました。したがって，これらの農村では，生活必需品についての情報が，口コミや噂としてすぐに行きわたります。

　さらに，そうした情報が村を越えて伝わるとき，村々の直接のコンタクトによる口コミという経路はもちろんありえますが，以下のような普及のパターンも考えられます。販売員となった女性たちは，各々のネットワークの中で家事を担い家庭を守るという同じような役割を負っており，インドの貧しい農村に存在する無数のネットワークのそれぞれは，構造同値性が高いといえるのです。したがって，ここでも共起性を想定すれば，彼女たちが各ネットワークのハブとなり，そのソーシャル・ネットワークを通じて，多くの村々で同時的にユニリーバの石鹸が売れ始める可能性が考えられます。実際，こうした結果として，インドの大多数を占める貧困層を対象としたビジネスが成立し，ユニリーバ製品は爆発的な普及に至りました。[2]

　このときの普及あるいは伝播のプロセス（diffusion process）は，どのようなものだったと考えられるでしょうか。横軸に時間をとり，縦軸で普及率を示すグラフを描いたとすると，図4-2のようなS字型の曲線になります。すなわち，当初なかなか普及は進みません

　2　これに似たビジネス・モデルとして，ヤクルトが中南米やアジアで展開している乳酸菌飲料販売の成功例をあげることができる。

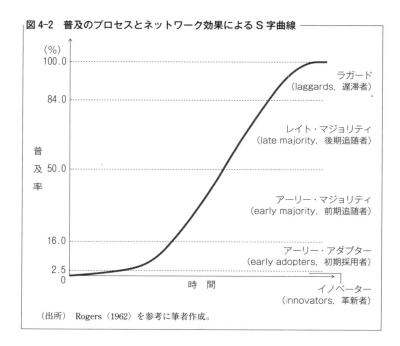

図 4-2 普及のプロセスとネットワーク効果による S 字曲線

(%)
100.0

84.0

普及率 50.0

16.0

2.5
0

時　間

ラガード
(laggards，遅滞者)

レイト・マジョリティ
(late majority，後期追随者)

アーリー・マジョリティ
(early majority，前期追随者)

アーリー・アダプター
(early adopters，初期採用者)

イノベーター
(innovators，革新者)

（出所）　Rogers（1962）を参考に筆者作成。

が，ある時点（tipping point；threshold）を境に上述のようなネット
ワーク効果によって急速に普及が進行し，やがて頭打ちになるとい
うプロセスです。

3.4　ソーシャル・キャピタルの変質

　以上から，ユニリーバの BOP ビジネスにおいては，同値性・共
起性，および「強いつながりの強さ」という概念がキーワードにな
るといった意味がわかったことと思います。これは，企業が大規模
ネットワークの形成メカニズムを応用した戦略であったといえる一
方で，企業の発信する生活情報がコミュニケーション・ネットワー
クを通じて交換された事象と見ることもできます。

　そこには，前項や前々項で見たような，子どもたちと学校の教員

との師弟関係や、家族関係、農村内の姻戚関係や主婦同士の友人関係など、異なる種類のソーシャル・ネットワークがいくつか介在していました。これら重層的にオーバーラップする複数のネットワークが、村々のコミュニケーション・チャネルになっていたわけです。この中に販売員となった女性がハブとして存在し、それぞれ数百人単位のクラスターをユニリーバにつないでいました。こうして60万もの村々がユニリーバにつながっていき、何億人といった規模の大きなコンポーネント（次節参照）が生成されました。

　ここでユニリーバは、伝統的な地域に重なり合って埋め込まれているネットワークが持っていた、教育、あるいは、家族・親類のソーシャル・サポート、生活のためのコミュニティ・サポートといった目的を転換したといえます。営利企業としての目的は、いうまでもなく経済的な利益の獲得です。したがって一連の現象は、見方を変えれば、企業が、伝統的な地域に深く根差した巨大なソーシャル・キャピタルをファイナンシャル・キャピタルに変質させ、コミュニティの共有財産であるネットワークを戦略的に独占しようとする試みだったともいえるのです。

4　結合性から考える集団の影響力
権力はどこに存在するのか

　前節の事例は同値性の重要性に関して示唆的でしたが、本節では、第2節で確認したもうひとつの概念、すなわち点中心性に関連した近年の議論を紹介します。点中心性は、すでに説明したように、さまざまな組織フィールド（organizational field）におけるノードの影響力や権力関係を示すことで、各フィールドに固有の権力構造の存在を示唆します。それを分析しようとソーシャル・ネットワークの全体構造における結合性や凝集性についての研究が進んでいく中で、

新たに提唱されたいくつかの概念は，実証研究にも応用されていま
す。こうした研究は，あるネットワークにおけるサブ・ネットワー
クとしての集団がどのような意味を持つのかを議論するものです。

4.1　べき乗則——大規模ネットワークの形成原理

　2000年前後に，大規模ネットワーク形成のメカニズムに関する
研究が活発化した時期がありました。そうした中でわかってきたこ
とに，複雑系（complex system）のネットワークとも呼ばれる，何
百・何千・何億という多くのノードが緩やかにつながった大規模な
ソーシャル・ネットワーク（large-scale sparse network, LSN）では，
ノードをつなぐリンクの分布が均一でなく，ほとんどのノードはき
わめて少数のリンクしか持たないのに対し，ごく一部のノードが極
端に多くのリンクを持つことがあります。

　アルバート–ラズロ・バラバシ（Albert-László Barabási）は，このよ
うな特徴的な構造を生み出すノードの行動原理として「選好による
接触」（preferential attachments）という概念を提唱し，リンクの分布
のべき乗則（power law）を説明しました（Barabási 2002, Barabási and
Bonabeau 2003）。それによれば，あるソーシャル・ネットワークが
存在するとして，新たにそのメンバーになろうとする外部のノード
は，なるべく人気のある，すなわち次数中心性（degree centrality）
の高いノードへコンタクトしようとするので，すでに多くのリンク
を持って目立つノードはより多くのリンクを獲得するのに対し，リ
ンクを少ししか持たない一般的なノードへの新規のアクセスはきわ
めて限られたものになります。その結果，一般的に，ネットワーク
の中に存在するノードの数と各ノードが持つリンクの数との関係は，
べき乗則に従って，いわゆるロング・テール（long tail）の形状を示
し，これを両対数グラフ（log-log graph）で表現すると，図4-3のよ
うな直線に近似する線形となります。また，このように次数分布が

図4-3　べき乗則のグラフとロング・テール現象
　　　　──大田区の産業クラスターにおける下請関係のネットワーク

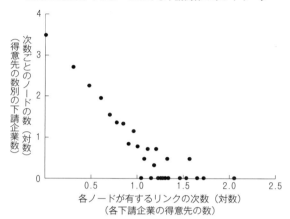

(注)　大田区の産業クラスターの下請関係のネットワークにおける
　　　リンクの分布では，ほとんどの企業がごく少数の得意先しか持
　　　っていないのに対し，ごく一部の大手企業が多くの下請企業の
　　　得意先となっている。企業をノードとすると，ネットワーク全
　　　体のリンクの分布はランダムでなく，X軸にノードが持つリン
　　　クの次数，Y軸にそのノードの数をとって，両軸を対数で表示す
　　　ると，グラフでは右下がりの線形となり，べき乗則に従うスケ
　　　ールフリー性を持っていることがわかる。
(出所)　White and Johansen（2005）p. 17 および Goldstein, Morris
　　　and Yen（2004）を参考に筆者作成。

　べき乗則に従うネットワークのことを，「スケールフリー・ネット
ワーク」といいます。こうしたべき乗則は，ネットワークの中心性
や権力あるいは下位集団といった諸概念に，さまざまな示唆を与え
るものです。[3]

　なお，巨大なネットワークが成長するメカニズムに関しては，こ
れとは異なる理論もあります。たとえば，べき乗則と比較されるこ
とも多いスモール・ワールド（small world）のモデルでは，ネット

<hr />

　3　複雑系のネットワークについて，より詳しくは，今野・井手（2008）67-84 頁，
　　今野・町田（2008）179-185 頁が参考になる。

4　結合性から考える集団の影響力　●83

ワークの中にいくつもあるローカルな部分であるクラスターの間を，短いパスで効率よく結び付けることで，巨大なコンポーネントがつくられていくと考えます（第5章参照）。

4.2　コアと周辺──個の権力争い

ソーシャル・ネットワークには，その中心部として核となるコア（core）の部分と，周辺（periphery）の部分が存在するのが一般的です。このことは，私たちの日常的な感覚としても理解できると思います。サークル活動などでも大概，代表や委員としてネットワークを中心から動かしているメンバーのサブ・ネットワークがある一方で，特段委員などの目立った活動はせずに中心的なグループとは少し距離を置いて参加している，周辺部で動いているようなメンバーがいたりします。本項では，このようなネットワークの構造を見るための分析視角として，コンポーネント（component）や，中心性，クリーク（clique）といった概念を紹介します。

まず，"Krackhardt's high-tech managers-advice tie" という公開データを用いて，実際にネットワークの例を見てみることとしましょう。これは，1980年代に，デヴィッド・クラカート（David Krackhardt）が，アメリカのあるハイテク企業のマネジャー21人について，プロフェッショナルな仕事上のアドバイスを求めるつながり（professional advice seeking tie；advice tie）と，友人関係（friendship tie）という，2種類の関係性から調べたデータです。ここには，年齢，就業年数，職責あるいはマネジャーとしての公式のランク，所属部署といった，属性に関するデータも含まれています（表4-1）。

この表からわかる通り，21人の年齢は27〜62歳，就業年数には3カ月〜30年という幅があります。マネジャーのランクは3段階で示されており，CEOが1で，数字が大きくなるに従ってランクが下がっていきます。所属部署は4つあり，そのほかにCEOが0と

表4-1　21人のマネジャーの属性と
　　　　それぞれのネットワークにおける出次数・入次数

番号	属　　性				仕事上の ネットワーク		友人関係の ネットワーク	
	年　齢	就業年数	ランク	所属部署	出次数	入次数	出次数	入次数
1	33	9.333	3	4	6	13	5	8
2	42	19.583	2	4	3	18	3	10
3	40	12.750	3	2	15	5	2	5
4	33	7.500	3	4	12	8	6	5
5	32	3.333	3	2	15	5	7	6
6	59	28.000	3	1	1	10	6	2
7	55	30.000	1	0	8	13	0	3
8	34	11.333	3	1	8	10	1	5
9	62	5.417	3	2	13	4	0	6
10	37	9.250	3	3	14	9	7	1
11	46	27.000	3	3	3	11	13	6
12	34	8.917	3	1	2	7	4	8
13	48	0.250	3	2	6	4	2	1
14	43	10.417	2	2	4	10	2	5
15	40	8.417	3	2	20	4	8	4
16	27	4.667	3	4	4	8	2	4
17	30	12.417	3	1	5	9	18	6
18	33	9.083	2	3	17	15	1	4
19	32	4.833	3	2	11	4	9	5
20	38	11.667	3	2	12	8	2	3
21	36	12.500	2	1	11	15	4	5

（出所）"KRACKAD" "KRACKFR" のネットワーク・データから，UCINET V を
　　　用いて筆者作成。

なっています。

　コンポーネントとは，すべてのノードが1本以上のリンクで直接
あるいは間接につながっている状態にあるサブ・ネットワークのこ
とをいいます。図4-4を見ると，仕事上の関係については，21人
を表すノードすべてが直接あるいは間接につながっており，孤立し
たノードのないことから，ひとつのコンポーネントが形成されてい
ることがわかります。このことから，この組織では専門性の高い知

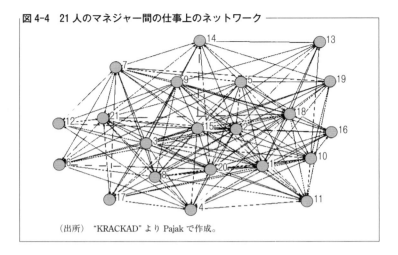

図 4-4　21 人のマネジャー間の仕事上のネットワーク

（出所）"KRACKAD" より Pajak で作成。

識の情報交換ネットワークがうまく機能していたことが推測されます。これは，マネジャー間の専門的なコミュニケーションの重要性を示しています。

　一方，同じデータによって21人の友人関係を見てみると，図4-5にあるように，ここでもコンポーネントが形成されていたことがわかります。しかし，仕事上のコミュニケーションに比べるとインタラクションは全体的に活発でなく，中には友人関係を積極的には結ぼうとしなかったように見受けられるメンバーもいます。営利企業という組織において，互いに利害関係のある中で働いている場合，友人関係を構築するのが難しいこともあると推察されます。

　これらふたつのネットワークを比べると，仕事上のネットワークには点中心性の高いノードが比較的多く，むしろ際立ったコアと周辺がないように見えます。一方，友人関係のネットワークには中心的なグループの存在が見られ，4分の3程度のメンバーがその中に入っています。このことは，中心性の指標からもわかります。仕事上のネットワークは，出次数（out-degree）による中心性が 0.5750，

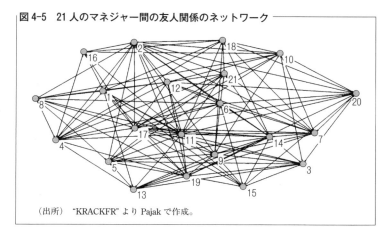

図 4-5　21 人のマネジャー間の友人関係のネットワーク

（出所）　"KRACKFR" より Pajak で作成。

入次数（in-degree）によるほうが 0.4700，友人関係のネットワーク
は，出次数 0.6900，入次数 0.2700 となりました。この数値からも
やはり，前者に関しては，アドバイスを求めるノードと求められる
ノードのいずれについても特定のノードへの集中はそれほど見られ
ませんが，後者に関しては，友人と指名されるノードについては特
定のノードに集中する傾向があるといえます。

　以下では，いくつかのノードについて，次数中心性と属性を紐づ
けることで，その意味を考えてみます。たとえば，表 4-1 の 2 番の
ノードは，42 歳で，勤続 20 年近く，マネジャーとしては 55 歳の
CEO に次ぐランクにいる人物です。仕事上のネットワークの出次
数は 3 ときわめて低いのに対し，入次数は 18 と全体の中で最も高
くなっています。友人関係のネットワークでも，出次数は 3 と低い
のですが，入次数は 10 とかなり高く仲間内での人気が窺われます。
つまり，多くの仲間から信頼されてプロフェッショナルとしての助
言を求められ，また，自分からは友人関係を求めていないにもかか
わらず，多くの仲間から友人と認められている存在といえそうです。

　一方 15 番は，40 歳で，8 年半ほど勤続，マネジャーとしてのラ

ンクは3段階のうちの1番下です。仕事のアドバイスを求め合うネットワークの中では，出次数が20と最も高いのに対し，入次数は4とかなり低い値を示しています。すなわち，多くの同僚にアドバイスを求めながら，他のマネジャーからはアドバイスを求められていないのみならず，友人関係のネットワークにおいても，自らは友人として8人をあげていながら，4人からしか友人と見なされていません。知識と人間関係いずれを見ても，あまり活躍できていないマネジャーの姿が想像されます。

また17番は，30歳と若いながらも，12年半の勤続経験があり，一番下のランクにいるマネジャーです。アドバイスのネットワークでは，出次数5，入次数9と，いずれも比較的高く，友人関係のネットワークでは，出次数が18と全体の中で最も高く，入次数は6と平均的です。若くやる気があり，組織の中で仕事上のコミュニケーションを求めて動き回っているのですが，少し目障りで他のマネジャーから煙たがられている存在であるように推測されます。

最後に18番は，これも33歳と若く，9年の勤続ながら，すでにCEOに次ぐ上から2番めのランクにいるマネジャーです。アドバイスを求めるネットワークでは，出次数17，入次数15と，どちらも際立って高い数字を示していますが，友人関係のネットワークでは，出次数が1，入次数が4となっています。若く有能で，仕事の面では同僚のマネジャーと活発に専門的な知識を交換していますが，会社には友人関係を求めないという，クールな人物像が見えてきます。

以上はきわめて単純に考えた例であり，実際は所属部署および仕事の内容や職種の性格なども考慮する必要がありますが，このようなネットワーク分析によって，社内の人間関係やそれぞれの人物像が見えてくるということが理解できると思います。

次に，有名な「ホーソン実験」から，基盤の配線作業室（Bank Wir-

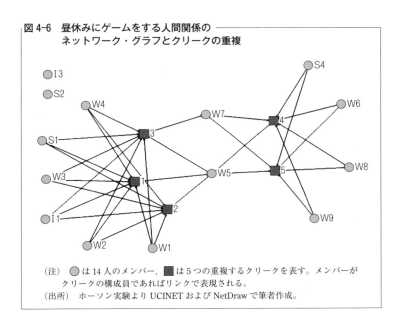

図 4-6　昼休みにゲームをする人間関係の
　　　　ネットワーク・グラフとクリークの重複

I3
S2
W4
S1
W3
I1
W2
W1
3
1
2
W7
W5
S4
4
W6
5
W8
W9

（注）　🔵は 14 人のメンバー，■は 5 つの重複するクリークを表す。メンバーが
　　クリークの構成員であればリンクで表現される。
（出所）　ホーソン実験より UCINET および NetDraw で筆者作成。

ing Observation Room）における 14 人の人間関係を，データを使っ
て見てみることとしましょう。クリークの重複（overlap）という視
点から，ネットワークを中心と周辺に分けることができます。クリ
ークとは，すべてのノードが他のすべてのノードと直接につながっ
ている（adjacent），凝集性の高いサブ・グループであり，条件を変
えなければこれ以上メンバーの数を増やせないネットワークのこと
をいいます（complete and maximal[4]）。

　たとえば，この 14 人について昼休みにゲームをするという関係
を見たとき，凝集性の高い集まりとしてクリークを探し出すための
特別なアルゴリズム（clique participation matrix）を使うと，図 4-6 の

　4　この定義通りの状態は現実にはほとんど存在しないため，「クリーク」という
　　表現は，凝集性あるいは結合性の非常に高いサブ・ネットワークを形容する場合
　　にも慣例的に用いられてきた。本書でもこの用法を踏襲している。

ようなネットワーク・グラフを描くことができます。ここでは，ホール・ネットワークの中のサブセット（subsets）として5つのクリークが示され，14人がどのクリークのメンバーであるかがグラフ化されています。ノードは14人のメンバーと5つのクリークという2次元（2-mode）になっており，クリーク同士がどのように重複しているかによって，全体のメンバーがサブ・グループとしてどのように分かれているかが表されます。図4-6では，左右に広がるふたつのグループの存在が明らかに浮かび上がってきました。また，そのいずれにも属さないふたつのノードがあることもわかります。

4.3 構造的な凝集性──集団の影響力と権力へ

前項で説明したコンポーネントは，その定義からも，一般的にはそのメンバーの間で切れ目なく情報が共有されている下位集団であると考えられます。これに対して，すべてのノードが2本以上のリンクで直接あるいは間接にその他のノードにつながっているサブ・ネットワークを，バイ・コンポーネント（bi-component）と呼びます。コンポーネントは，ノード間のリンクが1本しかない場合があるという状態のため，ネットワークからのノードの離脱に脆弱です。これに対してバイ・コンポーネントは，ノード間のリンクが必ず2本以上あるため，そのうちの1本が失われても残りのリンクでネットワークが維持され，大きな環境変化に対してより頑強であると考えられます。

このように考えていくと，ノード間のリンクの次数の基準を上げていけば，より頑強につながった強力なサブ・グループを見つけ出せる可能性が出てくるということがわかります。これを k-core と呼び，k はリンクの数を示しています。

高次のリンクの数でその他のノードとつながっているグループは，それより低次のリンクの数でつながっているノードに埋め込まれて

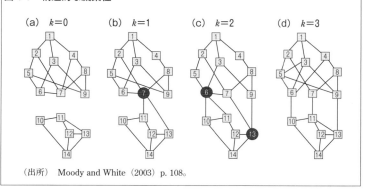

図 4-7　構造的な凝集性

(a) *k*＝0　　(b) *k*＝1　　(c) *k*＝2　　(d) *k*＝3

（出所）　Moody and White（2003）p. 108。

いることになります。したがって，*k* の値が大きく，高次でノード
がつながっているサブ・ネットワークの存在するネットワークの全
体は，「入れ子」のように同心円状に埋め込まれたいくつものサ
ブ・グループによって階層的に描き出すことができます（hierarchi-
cal decomposition）。ただし，現実のネットワークにおいて，高い次
数のつながりを持つサブ・グループが存在するのは，比較的まれな
ことです。

　そこで，この概念をより現実的に応用して発展させたものが，
ジム・ムーディ（James Moody）とダグラス・ホワイト（Douglas
R. White）の考案した「構造的な凝集性」（structural cohesion）です
（Moody and White 2003）。これは，すべてのノードが 2 系統以上の独
立したリンクのパスでつながっているサブ・ネットワークを探し出
すというアルゴリズムです。図 4-7 が示すように，このサブ・ネッ
トワークにおけるふたつのノード間には，他のノードを介して連続
的につながったリンクのステップとしての経路がふたつ以上ありま
す。この場合，たとえひとつの経路が失われても，もうひとつ経路
が残るので，ネットワークのつながりは頑強です。

　また，このような複数の経路を持つノード間のつながりは，ネッ

トワーク自体を安定させるため，ネットワークを動かすコアとなる強力なグループになる可能性が高いと考えられます。すなわち，点中心性の概念が，権力や影響力を持つ個々のノードを特定しようとするのに対し，構造的な凝集性では，権力や影響力を持つ集団としてのコア・グループを見つけ出そうとしています。

こうした集団が，ネットワーク全体を中心から動かすエリート・グループの安定に結び付き，時にはネットワークを閉鎖的なものにすることがある（network closure）ということには留意が必要です。たとえば，この分野の古典的な研究とされている，ランジェイ・グラティ（Ranjay Gulati）による企業の戦略的提携についての実証研究（Gulati 1995）でも，アライアンス・ネットワークにおいて企業は，過去に提携が成功した相手と繰り返しアライアンスを組もうとする傾向があるため，時間の経過とともにそれらの企業間による閉鎖的なネットワークがグループとして力を持って制度化されやすいと主張されています。

本項や前項で見てきた以外にも，ネットワークの中からコアと周辺を探し出し可視化するアルゴリズムは数多く存在します。それらは，ノード間の連携によってネットワーク全体の中に力を持つサブ・グループが生まれ，それらがどのようなダイナミクスで動いているのかを分析するツールとなりえます。こうしてさまざまな分析を加えることで，ネットワークの権力構造がより詳細かつ正確に見えてきます。

4.4 戦略グループとネットワークの制度化

ここまでの議論からわかるように，社会現象における集団の影響力の形成に関し，ソーシャル・ネットワークの視点からは，さまざまなメカニズムが考えられます。第1に，点中心性から考えるコアと周辺など，ネットワークにおける個々のノードのリンクによるも

のがあります。第2に，構造的凝集性など，ひとつのネットワークにおける点中心性の高いノードの集まりがつくり出す凝集性の高い集団としてのサブ・グループによるものが考えられます。そして第3に，ノード間に直接のつながりはなくても，いくつものネットワークを跨いだ同値性の強いノードがサブ・グループとしてつくり出す共起性に起因するものがあります。

　このようなコアと周辺あるいはサブ・グループの存在が，社会現象にさまざまな影響を与えています。たとえば，ネットワークを通じたイノベーションの普及（diffusion of innovations）のプロセスにおいて，標準的な技術でプラットフォームを形成し，制度を普及させようとするときに重要な役割を演じることもあります。一度ネットワークが制度化されると，それを覆すことは容易ではありません。一例として，製薬業界には，大規模かつ長期的な開発投資と引換えに特許を取得して商業的に大成功するブロックバスターをつくり続けてきたグループと，特許切れのジェネリック医薬品に特化してきたグループが存在しますが，これらの企業に関する戦略的なイメージは，一旦でき上がってしまうと消費者にも固定化されたものと捉えられ，眼に見えない境界を越えることが難しくなるといわれています。スマートフォン，PCの基本ソフト，ブラウザ，ビデオ・ゲームやソーシャル・ゲームのOSなどにも見られる，こうした戦略グループの存在には，ソーシャル・ネットワークのグループ化が大きく関係しているのです。

第 5 章

市場とネットワーク

競争から協調による価値の安定化へ

1 ソーシャル・ネットワークと市場のメカニズム

1990 年代以降，ネットワーク分析のいろいろな概念や手法を用いて，市場のダイナミックなメカニズムと構造を解き明かそうとする研究が欧米の経済社会学分野で盛んに行われてきました。そこには，中心性や同値性などの概念を構造分析に応用しながら，市場参加者のネットワークの中で，ノードがどのように競合するプレイヤーを認知し，自己の位置を戦略的に解釈しようとするのか，そしてネットワーク上の評判（reputation）や社会的なステータスをどのように戦略的に使うのかということに重点が置かれます。それらは，個の状況の主観的な認知と社会的な象徴としての意味づけや集合的な解釈など，行為がどのように「社会的な現実として構成される」のかという正統性を巡る現象学的な視点をも含みます。以下でそれらの基本的な考え方を説明した後，代表的ないくつかの理論とモデルを紹介します。

1.1 企業戦略論に見る市場の概念

第 3 章で説明したように，伝統的な企業戦略の考え方には，競争

優位のポジショニング・アプローチ，資源ベース論，ダイナミック・ケイパビリティの考え方などがあります。また，ゲーム理論の企業戦略分野への応用についても簡単に触れました。要約すれば，競争優位のアプローチでは，市場でのライバルに対するポジショニングに注力しながら，自社が保有するコア・コンピタンスの全体のフィットによる統合性を持たせることで，競合を市場から閉め出し，持続的な競争優位をつくり出すことに重点が置かれます。これに対し，資源ベース論は時間を掛けて全社的な経営資源としてのコア・コンピタンスを社内に育てることを主眼とするため，長期投資に注力し，現状での市場でのライバルとの競争は二次的な扱いです。

　また，その後 ICT の発展もあり，市場の情報について生産者から消費者に主導権が移り，「常に変化する市場」が生まれたため，変化の激しい市場のニーズに対応しながら，どのようにして新たなビジネス・チャンスを見つけ，能力を持続的に開発し，環境変化に素早く対応していくのかということが焦点となる中で，ダイナミック・ケイパビリティなどの「能力アプローチ」の考え方が広まりました。ダイナミック・ケイパビリティのアプローチでは，サプライ・チェーン・マネジメント，知識経営，テクノロジーとイノベーション戦略，アライアンスによる戦略的な互恵関係の構築，M&A 戦略など，川下での市場動向に注意を払いながら，川上から川下までのプロセスにおける情報の流れのループの中で，トップの強いリーダーシップにより，素早い意思決定で戦略マネジメントを実践するべきとの主張があります。

　これら伝統的な戦略論の考え方は「市場」というものをどのように捉えているのでしょうか。ポーターは産業分析（industry analysis）のために，ポジショニング・アプローチのいくつかの具体的な分析ツールを考案しました。たとえば，第 3 章で説明した「ファイブ・フォース分析」では（Porter 1979），5 つのフォースは，企業として

のプレイヤーを取り巻く環境であり，操作概念としてカテゴリー化された市場の要因として捉えられています。これらのフォースをうまくコントロールし，押し返すことができれば，そこには大きな収益を得られる可能性があり，そういった市場には積極的にポジションをとって参入するべきだと考えます。その中でのプレイヤーのとるべき戦略については，どのようにリスクをとり，何を諦め，競合他社に対し，いかにポジショニングできるのかということが最重要です。

このように，ポーターにとっての「市場」とは，さまざまな競争要因の力学のダイナミクスから成り立つ産業全体の構造であり，そこはライバルがひしめき合い，異なるフォースがぶつかり合う場所であり，ノードの関係性の視点は乏しく，市場に関する情報は便宜上カテゴリー化した要因として捉えられています。

1.2　不確定性と「埋込み」——信頼関係と中古車販売

これらの伝統的な戦略論の概念化やアプローチの方法に対して，ソーシャル・ネットワークの基本にある考え方は，市場におけるプレイヤーの社会的な関係性を重視することです。その概念のひとつが，経済社会学において重要なキーワードである「埋込み」です（Granovetter 1985，Granovetter and Swedberg 1992）。売り手と買い手の取引にあたり，ノード間の関係の強さや深さが，商品・サービスの価格や品質に影響を与えるというものです。

具体例として，日本におけるある企業の中古車販売を説明します。ヨーロッパを中心とした海外製自家用車の中古販売は，インターネットによるオンラインの取引の「弱いつながり」と，地縁などによる「強いつながり」の両方のチャネルを使い顧客との信頼関係を築くビジネスです。A社は関西の主要都市で周囲数十 km 程度を主な商圏として抱えています。数十年の歴史があり，1000 人程度の顧

客を社長以下数人の営業マンで担当し，2店舗での車の展示販売およびインターネットを通じた情報収集と仕入れ・販売を行います。取り扱うのは比較的高額な中古車であり，車歴などの点で非常に不確定性の高い商品です。また，価格がすべてではなく，客の好みやライフスタイルに合う，あるいは流行の色，そして何より質のよい中古車を提供できるかが基本になります。高級な車が多いため，アフターサービスの大切さはいうまでもなく，部品などについての的確なアドバイスができるかどうかは，顧客から信頼を得る上できわめて重要です。さまざまな車種の修理ができる技術やノウハウを持っているのかどうかも鍵になります。

　既存の顧客からの口コミや紹介で顧客を増やしてきたので，ビジネスとしては何といっても顧客からの信用が第一です。定期点検時期の連絡，修理の際の代車無料貸出しのみならず，近隣であれば送迎まで行います。店舗に展示しているのは在庫の一部であり，そもそもあまり多くの在庫を持ちません。注文を受けてから，長年の経験によって質のよい車をオークションで競り落とし，車の部品を交換し，内装と外観を磨き上げ，ナンバー・プレートの取得や登録まで代行した上で納車することもあります。

　営業担当者が持つ人間関係のスキルと市場の価格や流行についての情報が重要になってくるため，担当者は，東京出張の際には名古屋で高速道路を降りて，何軒もディーラーを回りながら東京に向かい，どのような色やスタイルの車が店頭に並んでいるのかなど同業者の動向を含めた生の情報を仕入れるようにしています。

　車の整備と修理は隣接する工場が担当していますが，これらのサービスの経営は別々になっており，互いに長年にわたる協力関係を築いています。バリュー・チェーン（value-chain）で考えれば，川上の仕入れや川下の販売は中古車ディーラーが行い，整備や修理などの中間工程はパートナーとして隣接する工場が行うという分業体

制をとっているといえます。また，範囲の経済を狙って保険や緊急時対応サービスの代理店も営んでいます。そして，タイヤやホイール交換についての相談に関しては，近所のタイヤ専門業者を紹介するという分業体制も築いており，仲間内でのソーシャル・ネットワークを柔軟に使う戦略マネジメントでもあります。

　顧客にとっては，正規ディーラーや大手の中古車販売店で，直接エンジニアや修理作業を担当するメカニックと話すことは難しくても，このような小規模の専門ショップであれば，現場で直接車の整備をしてくれるメカニックと詳細な相談ができることはメリットになります。このようなビジネスは，クラフトとしての熟練の技術と経験を重ねた知識に基づいて，きめ細かに相談に乗ることで，質の高いサービスを提供し，的確にニーズに応えようとするものです。顧客のリクエストに丁寧に対応することで，顧客からの信頼を得て，長期的な関係をつくり，新たな顧客の紹介によりビジネスを広げてきました。

　店舗と現場を通じた顧客との信頼関係の構築により結ばれた「強いつながりの強さ」（SST）に，SNS を顧客との接点の一部として加えることで，店頭での接客サービスに SNS の情報を連動させ，「弱いつながりの強さ」（strength of weak ties, SWT）も使いながら，オンラインの EC や対面での口コミでさらなるビジネスの展開を図ります。戦略的には，既存のビジネスを徹底的に活用しながら，新たな展開を探索する「両刀使い」（ambidexterity）ともとれますが（March and Olsen 1976, O'Reilly and Tushman 2008），質の異なる 2 種類のソーシャル・ネットワークを使いながら，リンクの相乗効果により，価格競争とビジネスの効率性だけではない「埋め込まれた関係」を基礎に，ビジネス展開を可能にしているともいえます。

　このような関係性を駆使するビジネスを列挙すれば，たとえば，信用金庫による地域企業の訪問（「御用聞き」），高級な宝石の販売，

生命保険のセールス，高級料亭への陶器の販売，街の小店舗での眼鏡の販売，地域の電気店の訪問サポート，銘酒の蔵元による直接販売など枚挙に暇がなく，こうした「埋め込まれた関係」こそが商売の基本であることは，インターネットの物販が増えている今でも変わりません。ここに経済社会学から見る市場メカニズムの原型があります。

1.3 新制度学派の市場メカニズム

経済社会学から市場の構造を解明しようという研究は，1980 年代に欧米を中心として始まり，盛んになりました。きっかけとなったのは，1970 年代の終わりに，新制度学派（new institutionalism）により，市場の制度化についての理論化が進んだことでした。その根幹にある革新的な考えは，組織は，外部環境からの 3 つのプレッシャー（forces）によって特定の方向に制度化されるというものです（DiMaggio and Powell 1983）。すなわち，企業は資本主義の市場経済の中で，効率や合理性を求めて活動するために同質化され（isomorphic），ライバル企業の戦略を模倣し（mimetic），法律や諸制度によってその活動に強制的な拘束を与えられる（coercive）という，3 つのプレッシャーを市場から受けることによって，多くの組織とそれらの市場での戦略はひとつの方向に収斂する（conversion）ことになります。

具体的には，多くの組織が，効率性や合理性を持つと見なされるベスト・プラクティスに向かいベンチマーキングします。しかし，合理化へのプレッシャーを受けながらも，現実の組織の中枢部分には，実態として効率性や合理性を備えていない活動が多いため，マネジメントは組織と外部環境との間に遮蔽物としてクッションを置き（buffer），両者を切り離すことによって（de-coupling），外部環境から組織の非効率な中枢部分を守ろうとします。

ここで重要なのは，実際に効率よく経営されているかではなく，組織が外部から，当然合理的で効率よく経営されているものであると見なされることです。つまり，その実態はともかく，市場から正統性のある組織としての認知を得ることが大事なのであり，資本市場の原理である合理性のもとにあって優れた企業として利益を上げていると見なされることで，繁栄を享受することが可能となります。市場では，効率がよく，合理的であると見なされるガバナンスや組織の形態，マネジメントのシステムが，「神話化」（rationalized myth）されます。この結果，内実はともかく，外見は社会的に正統であると見なされる同じような組織が発展し，制度化されていきます。このような「合理性」への個々の企業へのプレッシャーはきわめて強大であり，ここにおいて，市場とは，合理性や効率性に関係なく，「社会的に構成される現実」（social construction of reality）として存在することになります（Meyer and Rowan 1977，Meyer 1994，Scott 1995）。

　すなわち，コンサルティング・ファームの活動，MBA教育，従業員の評価システム，取引の効率化などについて，市場が参加者に「合理性」を求め，その「神話」による市場の制度化が進む結果，個々の企業が効率性の追求を止めることは不可能であると考えられ，組織のガバナンス，形態やマネジメントのシステムなどは「合理的」と考えられる方向に向かって同質性を高めていくのです。こうした中では，組織の正統性について，市場からの認知を得ることが至上命題となるため，企業のマネジメントによる市場とのコミュニケーション戦略はきわめて重要になります。

　たとえば，このような新制度学派の実証研究には，組織構造面での複数事業部制の制度的な広がりや（Fligstein 1985），金融をバックグラウンドに持つ経営トップが駆使する制度としてのM&Aの流行（Fligstein 1990）などの研究があります。その後，従来は金融経済学

の対象であった市場メカニズムや市場価値に関する分析（valuation）でも，このように制度や構造の意味を考える，経済社会学のアプローチからの実証研究が盛んに行われました（Zelizer 1978, Mizruchi and Stearns 1994, Lie 1997, Abolafia 1998, Callon 1998, Davis and Mizruchi 1999, Uzzi 1999, Mizruchi and Stearns 2001, Rauch and Casella 2001, Bestor 2004, Zajac and Westphal 2004, Zuckerman 2004, Knorr-Cetina and Preda 2005, Noussair, Plott and Reizman 2007, Padgett and Powell 2012a）。

　目的合理性を前提とする無個性の個人の参加者によりつくられ，情報が完備された市場を仮定している新古典派経済学（neo-classical economics）に対し，これらの研究は，一見しただけでは眼に見えない企業間の関係性，ネットワークがつくり出す伝統的な慣習，社会的な儀礼や儀式なども含めた諸制度，文化としての取引の「掟」などの構造が，市場参加者の行動にさまざまな制約を与えるという考えに立脚しています。

1.4　ソーシャル・ネットワークから価格決定モデルへの挑戦

　市場メカニズムに関する経済社会学分野の研究として，ホワイトは，新古典派経済学の基本である市場価格決定の均衡モデルを批判し，ソーシャル・ネットワークの視点から，革新的なモデル（W-モデル）を提示しました（White 1981：2002）。前項でも少し説明したように，従来の経済学における基本的な考え方は，市場参加者は完備された情報のもと，経済的に目的合理的な行動をとり，個々の参加者が独立した意思決定を行い（rational actor），市場でモノやサービスの売り買いに参加するという前提に立っています。売り手は商品をできるだけ高く売り，買い手はできるだけ安く買うことで，自らの経済的な利益，すなわち効用の最大化（utility maximization）を目指します。

新古典派経済学の基本は，図 5-1(a)のように，数量と価格に関して，多くの市場参加者の間で，売り手の希望を反映する供給曲線（supply curve）と買い手の欲求を反映する需要曲線（demand curve）が概念化され，その需要と供給が見合うところで市場の均衡点（equilibrium）が決まると考えます。また，景気の変動，新商品の登場，テクノロジーの進歩など，市場の商品の需給に影響を与える経済的な要因で需要や供給に変化が生じれば，それぞれの曲線のカーブの形状が変化したり，曲線全体の位置がシフトします。その結果，均衡点はそれらの状況に見合う数量と価格に変化します。

　これに対し，経済社会学分野からホワイトが提示した W- モデルは，その理論化の発展段階（White 1981；1993）から精緻化（White 2002）までに実に 20 年以上の歳月を要しています。これは基本的には，生産者である市場参加者の間の関係性の構造から，市場での均衡価格と数量がダイナミックに決まると考える概念的なアプローチです。とくに，比較的少数の企業などの生産者が市場で大きなシェアを持ち，それらが市場価格に大きな影響力を有するような寡占的な市場（oligopolistic producer market）を想定した価格決定モデルです。

　このモデルでは，生産者市場において，ネットワークへの参加者であるノードとしての企業には，そのメンバー間の関係に，企業としての評判や正統性に基づき，互いに認知しているインフォーマルな相対的なランキングがあると考えます。その基礎にあるのは，ネットワーク分析におけるノードの点中心性等，位置についての情報に基づいた社会的なステータスや役割の概念です。

　モデルの単純化のために，問屋などの卸の存在は考慮されていませんが，ホワイトによれば，こうした市場には，商品を供給する生産者の間で，その品質，ブランド力，販売力，テクノロジー・レベルなどの評判が最も高いプレイヤーが，マーケット・リーダーとし

て存在します。自他ともに認めるこのような正統性を持つリーダーが，市場の需要予測，過去の販売実績，生産・販売のコストなどを参考に，今期の自らの製品価格と生産量を経験的に決定することから，市場均衡に至るプロセスが始まります。

　この生産曲線は，新古典派経済学でいう供給曲線に相当するものですが，このようなマーケット・リーダーの生産関数としてのプロフィールは，市場へのシグナルとなる重要な情報として（Spence 1974），マス・メディアや関係者のフォーマルおよびインフォーマルなネットワークを通じて広がります。その結果，寡占的な生産者のネットワークの中で，ノードの中心性などから見たステータスが第2位，あるいは第3位，そしてそれ以下のランクにある生産者は，「意味世界」での認知として，集合的に共有された相対的なランクを基準に，主観的な戦略的判断から，自らのネットワーク上のランクに見合う価格と生産量を決定します。

　このようなネットワーク上の生産者のランクは，長年の伝統やブランド力，市場シェア，販売力などに関する情報として，参加者が経験的に理解し，互いに集合的な暗黙の了解として認知されていると考えられ，そこにはノードのネットワークにおける位置に関する同値性が伴うこともあります。ランクが次点の生産者は，同ランクにあるプレイヤーの今期の生産プロフィールを真似る（mimicking）ことで，ライバル関係の中で自らのランクに見合った販売価格と生産量を決めます。こうした結果，図5-1(b)のような，市場の生産者のネットワークからの価格と生産量のプロフィールとしての市場全体の供給曲線ができ上がります。なお，需要曲線は，過去の生産者の販売実績についての情報から所与であると考えます。

　ホワイトの考え方を一言で表現するなら，寡占的な市場では，生産者としての参加メンバーの間に，ソーシャル・ネットワークを基本とした仲間内での過去の実績などから共有されたステータスの序

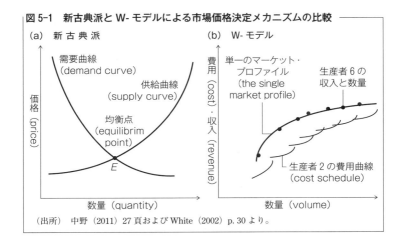

図5-1 新古典派とW-モデルによる市場価格決定メカニズムの比較

(a) 新古典派

需要曲線
(demand curve)

供給曲線
(supply curve)

価格
(price)

均衡点
(equilibrim
point)

E

数量（quantity）

(b) W-モデル

費用
(cost)・収入
(revenue)

単一のマーケット・
プロファイル
(the single
market profile)

生産者6の
収入と数量

生産者2の費用曲線
(cost schedule)

数量（volume）

（出所）中野（2011）27頁および White（2002）p. 30 より。

列に関する集合的な認知があり，こうしたネットワークのメカニズムと構造が，生産者の間でダイナミックに市場価格と生産量を決めるということになります。

1.5 W-モデルと現実の寡占市場のケース

W-モデルは，市場を，ライバル間のつながりの中で社会的な存在であるノードのインタラクションから説明しようとするものであり，きわめて現実的かつ実践的なモデルです。家電や自動車販売など多くの産業における小売り販売では，ライバル社は，過去の売上げデータや現状の景気判断・需要予測などを考慮しながら，業界のリーディング・カンパニーの次期モデルをベンチマークして，その発売のタイミングや価格予測から自社の製品の販売予想とその価格を決めることが，一般的な慣行です。たとえば，ホンダがハイブリッドの「インサイト」を市場投入した際に，その価格や販売台数の基準となったのは，先行したトヨタの「プリウス」でした。

別の例として，2009年頃からの大画面の液晶テレビの価格競争

では，日本国内で高品質の液晶としてのブランド力を持っていたシャープ「アクオス」の亀山モデルに対し，伝統的にファンの多かったソニーの「ブラビア」，東芝の「レグザ」，パナソニックの「ビエラ」などが競合する中で，2012年頃までには，世界に躍進しブランド力を高めたサムスン（Samsung）などの韓国メーカーが世界市場でのシェアを大きく伸ばし，日本のメーカーは2011年以降の世界市場で苦戦を強いられ，国内でも値下げを余儀なくされました。

　また，小型携帯音楽プレイヤーの国内市場では，2000年代の後半には，ソニー，ビクター，ケンウッド，テクニクス，サンヨー，韓国メーカーなどが競争的な市場を形成し，携帯機器としての利便性，音質やファッション性などを競いながら価格競争を繰り広げていました。しかし，テクノロジーの普及とアップルの「iPod」が，PCやオンライン・ストアとのリンクによる利便性やファッション性を武器にブームを巻き起こし，世界的な市場の勢力図を大きく塗り替えました。小型携帯音楽プレイヤーは瞬く間に製品としてコモディティ化し，メーカーのブランド間のヒエラルキーのもと，2011年頃の国内市場においては，これらの企業の多くが一旦は市場からの撤退を余儀なくされました。その後，国内ではアップルとソニーの「ウォークマン」の覇権争いが続いていますが，2016年時点では，その他のメーカーは「ハイレゾ」など高音質を求める分野に特化することで生き残りを図っています。

　これらのケースに共通するのは，競合との競争が厳しい寡占的な市場においては，商品の販売価格と数量のプロフィールは，競合する生産者のネットワークの中で，ブランド力や販売力などから，仲間内での相対的なステータスについての認知により決められていくというダイナミックなメカニズムが存在するということです。このような寡占市場は，W-モデルが考えたものにきわめて近く，モデルが現実的な市場メカニズムであることを示しています。

1.6 「ステータス」からの価格決定メカニズム

　ホワイトの市場モデルの研究に直接・間接に大きな影響を受け，ネットワーク分析の視点で新たな市場モデルを提唱したのが，ジョエル・ポドーニ（Joel M. Podolny）の一連の研究です（Podolny 1993；1994；2005）。そのひとつは，企業が主に法人投資家向けに発行する適格社債の発行市場の分析にネットワークの概念を応用したものです。W-モデルでは，生産者と最終消費者との関係について，市場のリーダーである生産者が過去の販売実績や需要予測に関する情報から供給量と価格を決め，下位の生産者が，競合間の相対的なネットワーク上でのそれぞれのノードのステータスに関する序列の認知に基づいて，上位の位置にあるノードの販売価格と数量を見ながら自らの価格戦略を定めることで，競合間の競争的なネットワークを通じて，市場価格と生産量のプロフィールが現れると考えました。

　これに対して，ポドーニのモデルは，生産者に加え，卸としての仲介業者（intermediary）がネットワーク上で果たす役割の意味に焦点を当てます。金融経済論から見た実証研究によれば，社債の発行市場において，市場価格は，第一義的には，債券の発行主体（issuer）としての企業の本業の業績や将来性，そして，財務力などをムーディーズ（Moody's）やスタンダード・アンド・プアーズ（Standard & Poor's）等の格付け機関が審査して決める債券の発行主体の信用力（credit）が，発行価格（issue price）に反映されて，市場の需要と供給の中で決まります。これらの諸条件がよければ高い価格での債券の発行が可能となり，発行する企業は市場からよい条件で資金を調達することができるので，その資金を使った設備投資などの経営計画を有利に運び，企業としての財務面の体力を強化できます。

　このような社債発行の実務においては，最終的に債券を購入する投資家と発行主体の間を，投資銀行すなわちインベストメント・バ

ンク（investment bank）が仲立ちします。これは引受け業務（under-writing）と呼ばれるもので，債券発行のプロセスの立案，スケジュール管理から，最終的な発行に至るまで，その一部始終について，発行体としての企業にアドバイスをしながらサポートします（advisory）。

　彼らは，一旦は債券を引き受けて，それらを投資や資産として保有し投資家に販売することになります。実務において，一般的に規模の大きな社債の発行は，投資銀行1行単独では債券を購入してくれる投資家を探して引き受けた債券を捌き切ることが難しいので，シンジケーション（syndication）と呼ばれる投資銀行団を組んで，グループとして債券の引受けとさまざまな投資家への販売業務を行います。

　インベストメント・バンクは，このようにネットワークを組むことで，資産運用の一環として優良な投資先を探す事業法人の財務部門，銀行などの金融機関，保険会社や年金基金などの長期投資の機関投資家，自治体などに広くアクセスすることが可能となります。さまざまなインベストメント・バンクが，引受け会社としてリスクをとりながら，仲介業者として自らと付合いのある投資家にそのネットワークを通じて債券を販売し，その対価としてフィーを受け取ります。この一連のプロセスにおいて，投資銀行団をまとめ，債券の引受け額を各インベストメント・バンクに割り当て，リーダー役として全体を取り仕切るのが，主幹事行（lead manager）の役目です。

　その発行価格決定プロセスに関して，発行主体の信用力を基本とする従来の金融経済論からの説明とまったく異なる価格決定のメカニズムを提示したのが，ポドーニのネットワーク分析に基づく市場モデルです。ポドーニは，発行価格には発行主体の信用力も関係しますが，その決定により重要なのは，シンジケーションとして銀行団を組織し，発行を引き受け，投資家への販売取引を仲介するイン

ベストメント・バンクの，投資銀行業界のネットワーク上における
ステータス，すなわち仲介業者の仲間内での正統性と評判であると
理論化します。

　実証としては，新聞などに公示される社債の発行価格と金額，シ
ンジケーションを組んだインベストメント・バンクのリストから，
ネットワークのメンバーと発行条件の情報を集め，ネットワーク分
析と回帰分析を行いました。その際，インベストメント・バンクの
「ステータス」は，ネットワークにおける点中心性の指標である
「ボナチッチの権力」（Bonacich's power）から算出した値を指標とし
ています。この指標はいろいろあるノードの中心性の指標の中でも，
あるノードと直接につながっているノードが，それ以外のノードと
どのようなリンクを持っているのかを考慮に入れているため，個々
のノードの持つ力を全体のネットワークの中での相対的な位置とし
て測ろうとする方向性を持つもので，インベストメント・バンクの
同業者仲間の中での個々のステータスを測るのに適しているといえ
ます。

　ポドーニは，このような中心性の概念から求めた引受け会社であ
るインベストメント・バンクのステータスに，社債の発行条件は影
響を受け，債券の引受け価格が大きく異なることを実証しました。
このことは，社債の発行市場では，発行主体の企業の信用力という
金融的あるいは経済的な指標ではなく，その業務を取り次ぐ引受け
会社の仲間内で認知されている評判のメカニズムとして，ネットワ
ークの関係性の構造から市場のメカニズムがつくられていることを
意味し，新古典派的な経済合理性による市場モデルの考え方を部分
的に否定する，関係性からの市場メカニズムの存在を提示していま
す（Podolny 2001；2005）。別の実証研究としてポドーニは，カリフ
ォルニア・ワインのシャトーの銘柄と流通ネットワークから市場
価格が決定されるメカニズムの研究も行っています（Benjamin and

Podolny 1999)。

1.7 市場メカニズムに関するアプローチの広がり

　第3章で説明したように，企業戦略分野におけるポジショニングの理論は，フォースを操作概念として5つに分類するなど，便宜上情報をカテゴリーに切り分け，定性的に簡略化された代理変数として整理し，論理を組み立てることで，「市場」の競争原理を描き出そうとするものです。また，伝統的な経済学が無個性の個人が目的合理性のもとに市場に参加すると考えたのに対し，ゲーム理論の応用は，寡占的なゲームとして市場を概念化すると，参加者の協力によりゲームのルールが進化する可能性を示しました。そして，行動経済学のアプローチは，市場の均衡点が，個々のプレイヤーが集合的な心理により，目的合理性から乖離した状況をつくり出す可能性があるという社会心理的な考え方によっていました。

　これらに対し，経済社会学の伝統は，もともと市場には眼に見えない文化的な「掟」や不文律，制度的な風習，伝統的な商習慣などからつくられた社会構造があり，市場参加者としての個人の行為は，このような文化や制度によりさまざまな制約を受けていると考えます。また，市場参加者はこれらの構造をダイナミックに変えていくエージェントでもあり，市場の価格形成や価値評価を考えるには，文化からの認知と集合的な意味づけのプロセスを探ることが必要であると主張します。中でもネットワークの考え方は，戦略論のアプローチが概念をカテゴリーに切り分けるのに対し，「ノードのペアの関係」を切り口として，参加者としてのノード間の社会的なつながりの構造とインタラクションから「市場」のメカニズムを問い直すものです。

　これら社会学からの市場に関するアプローチの根本にある考え方は，市場のメカニズムとは，個人の買い手と売り手の独立した合理

的意思決定には還元できないものであり，関係性により文化や制度が意味世界の構造をつくっているフィールド（institutionalized organizational field）であるというものです。その根本原理は，無名の参加者ではなく，仲間内でのネットワークにおけるプレイヤー間で集合的に認知されたノードの相対的な位置や評判が，ランクと同値性から，ノードのアイデンティティを決めているというもので，市場の価格の決定メカニズムに新たな知見を提供します。

　新古典派経済学の需要と供給から市場価格と均衡が決まると考えるモデルに対して，近年では，ソーシャル・ネットワークや「制度ロジック」（institutional logic）の視点を取り入れながら（Thornton, Ocasio and Lounsbury 2012），市場の構造について考える研究も増えつつあります。

2　価値・評価と市場に関する研究

　近年，モノやサービスの価値がどのように決められるのかに関する評価基準（evaluative principles）や価値の安定化（valorization）についてさまざまな研究が行われています（Zukin and DiMaggio 1990, Zelizer 1994, Callon 1998, Velthuis 2005, Aspers 2006, Callon, Millo and Muniesa 2007, Aspers and Beckert 2011, Beckert and Musselin 2013, Geiger *et al.* 2014）。それらには個人の主観的な認知や好み（taste）が，集団による集合的な合意（agreement）をつくり出すプロセスを描き出すことで，価値の形成プロセスに影響する個の認知，象徴的な意味づけ，エージェントとしての個のインタラクションに見る社会性と集団の規範のプレッシャーなどを考慮しながら，実践的な知識や経験の見地から判断のプロセスを探ろうと試みるものです（pragmatic valuation）。

2.1 市場と価値の問題——経済社会学からの知見

ネットワークの視点を取り込みながら経済社会学分野で発展した価値に関する研究をひとつ紹介します。ヤンス・ベッカート（Jens Beckert）とパトリック・アスパース（Patrik Aspers）は、「市場」と「ヒエラルキー」としての企業との間には「ネットワーク」が存在するという経済社会学の立場を踏襲します。そして、市場では3種類の価値が交換されます。それは、金融的な投資利益などの経済的な価値（economic value）、芸術性や美しさを評価する審美的な価値（aesthetic value）、そして、CSRなどモラルを問う倫理的な価値（ethical value）です。

また、市場には、標準的なコモディティを取引するもの（standard market）と、ステータスの高いモノを取り扱うもの（status market）とがあります。後者においては、商品の機能的な側面よりも、シンボリックで表象的な意味づけ（symbolic meaning）が重要であり、ブランドは持ち主の社会的なステータスに関してシグナルを送ります（Aspers 2010）。たとえば、高級な洋服、流行の先端の高級ファッション、高価な自動車、スイス製の高級腕時計、世界のトップ・ブランドが売る宝飾品などがこれにあたります。経済的な価値は社会的に構成される（socially constructed）という考え方です。

アスパースとベッカート（Aspers and Beckert 2011）によれば、これらの3つの価値を包括するのが「統合的な価値」（worth）という概念ですが、市場ではこれらの異なる原理からの評価がぶつかり合います。その際に必要となるのが、これらの異なる価値をいかにして評価するのか（evaluation）、すなわち、いかに翻訳し（translation）、カテゴリー化し（categorization）、安定化させる（valorization）のかに関する、市場参加者のネットワークを通じたメカニズムです。

ここで重要になるのが、たとえば、批評家（critics）や評論家（reviewers）の役割です。彼らは、学術的素養や、専門知識、さま

ざまな実務経験といった正統性を持っています。彼らは，売り手・買い手・投資家などに対して，商品の価値を評価し，翻訳し，正統性を与えることで，時に象徴的な意味づけを行う役割を担っています。異なる価値を解釈し，認知のフレームから再構成し，個人の認知を超え，一般的に共有される実践的な価値基準を集合的につくり出します（constructing meaning）。ここにおいて，市場とは意味を社会的に構成するダイナミックなコミュニティであると理解できます。

2.2 「プラグマティックな価値評価」と価値の安定化
──ハイエンド・オーディオ市場における協調のメカニズム

先端の研究分野である「プラグマティックな価値評価」とネットワークを通じた市場の安定化について説明します。これまでいろいろと紹介してきたように，経済社会学の一般的な立場からは，企業・組織・個人といったさまざまなレベルでの市場の構造が，取引に大きな影響を与えることが論じられてきました。また，組織ネットワークの分析からは，ノード間の関係性が市場のダイナミズムにさまざまな影響を与えることが研究されてきました（Granovetter 1985, Powell 1990）。その一方で，近年ヨーロッパを中心に，市場におけるモノやサービスの価値の評価を，計量的な手法に加え，実践的な経験に基づく知識により多面的に捉えようとする試みが大きく発展しつつあります（Beckert and Aspers 2011, Kornberger *et al.* 2015）。その根底にはプラグマティズム哲学（Dewey 1939）があり，市場と価値の研究（markets and valuation studies）として発展を続けています（Callon 1998, Muniesa 2011, Muniesa and Helgesson 2013）。

また，この「プラグマティックな価値評価」には，さまざまな「評価の装置」（valuation devices，価値評価のためのデバイス）が実証研究から提案されています（Callon, Millo and Muniesa 2007）。同時に，売り手や買い手などの行為者（actor）と対象物（object）との複雑な

関係を，さまざまなエージェント（agent）が仲介あるいは干渉することで（intermediaries），市場において価値が安定化するという側面も指摘されています（Callon 1991, Bessy and Chauvin 2013）。それは，個人のレベルでの認知，および経験と知識が，集団のコミュニティ・プラクティスとして合意される複雑なプロセスを捉えることで，市場のダイナミクスを深く分析しようとするものです。

既存の研究では，現実の市場で価値評価をする際には（valuation practices），さまざまに異なる地点（sites），歴史上でのさまざまな瞬間（moments），異なる空間（spaces）が多様に存在することが指摘されています（Antal, Hutter and Stark 2015）。このようなアプローチへの批判のひとつとして，さまざまな評価基準と「評価の装置」，そして，いろいろな市場のプラクティスの実証が進み，その豊かな多様性が新たな学術フロンティアを開く一方で，実証の方法および具体的な学術的な用語や見解が統一性に欠けるという点があげられます。

実証研究には，ワインの価値の生成，高級香水の価値のつくり方，美術品としてのアートの市場，世界的なレストランと食の流行，高級ファッションの研究などいろいろな研究がありますが，いずれも視覚・嗅覚・触覚・味覚などの経験や知識から，その価値を判断するものといえます。

ここでは，筆者が行った研究から，オーディオ機器産業の分析を紹介します。オーディオ機器は，第一義的に聴覚に関するアクターの経験と知識から実践的に製品の価値が判断されるものであり，「プラグマティックな価値評価」のアプローチは多くの知見を提供してくれます。以下では，日本のハイエンド・オーディオ市場における高級オーディオ機器の実証的な分析に基づき，市場と組織に関するソーシャル・ネットワークの関係性についてのアプローチと（中野 2011），「プラグマティックな価値評価」を巡る諸問題につい

て考察を進めます。「プラグマティックな価値評価」への問題意識から上記のようなさまざまな市場に関する実証研究がヨーロッパを中心に広く行われている中で，この研究は，はじめてソーシャル・ネットワークの関係性についてのアプローチも併せて統合的に応用しようとした本格的な研究です（中野 2016, Nakano 2017）。

オーディオ機器の音の評価については，技術論とその歴史に関する研究や，物理・工学分野における音響技術自体の研究は多く存在しますが，音の評価が実践的な個人の経験に基づいて社会的にどのようにつくられていくのかという社会学からのアプローチは皆無に等しい状況です。本研究で，筆者は，個人がオーディオ機器を使い音楽を聴くというマイクロ・レベルの作業から，アクターとオブジェクトのインタラクションの結果として，オーディオ好きのコミュニティがつくられ，その中で価値の評価が集合的に合意され，市場が構築される価値の安定化のプロセスを記述することで，そのダイナミックな市場のメカニズムを描こうとしました。

このアプローチは，その評価に至る個人的な嗜好（taste）を含めた音へのこだわり（tasting）と，その社会的な合意の複雑なプロセス（agencement）を研究するものです。音楽と嗜好に関して社会学分野には，アントワン・ヘニョン（Antoine Hennion）による一連の研究があります（Hennion 2001 ; 2015）。それらは，音楽好きの嗜好はアルコール依存症に似て，音楽を聴いたセンセーショナルな体験から感情が盛り上がる瞬間（a moment of sensations）を経験することで，アクターがオブジェクトに強い愛着を持つことになる（attachments）ものだと主張します。この主張は，20 世紀後半を代表するフランスの社会学者のピエール・ブルデュー（Pierre Bourdieu）が，嗜好は，世代を超えて社会階層に引き継がれるものであり，社会構造として存在するものであると説明したことを（Bourdieu 1993a），否定します。

しかしながら，ヘニョンの分析には，音楽と人間を結び付けるエージェントとなるハードウェアであるオーディオ機器の存在は欠落しています。また，ルシアン・カーピック（Lucien Karpik）は，CDやオーディオ機器のセールスなどにおいては，同じモノでもパッケージの宣伝やレビューを掲載するジャーナルの権威などにより，その価格で表される市場での評価が変わることを示し，仲介者による干渉（intervention by intermediaries）の重要性を指摘しましたが（Karpik 2010），本格的な実証研究には至っていません。

　筆者によるネットワーク分析では，オーディオ・ブランドのディーラーシップ，主要なオーディオ展示会への参加企業のネットワーク，オーディオ専門ジャーナルと評論家の関係という，3つのネットワークを取り上げました。

　「プラグマティックな価値評価」に関するデータは，2010〜16年の東京におけるオーディオ展示会にて実施した，出版社や，オーディオ評論家，および，ジャーナルに掲載されたエンジニアやオーディオ・マニア（audiophiles）のインタビューから構成されています。また，2012〜15年にはニューヨーク，2015〜16年にはベルリン，フランクフルト，ケルン，ハンブルク，エジンバラ，パリ，コペンハーゲン，ストックホルムなどのオーディオ専門店において，プロショップのオーナーや，熟練度の高い店員・エンジニアへもインタビューしたのに加え，2016年にミュンヘンで開催された"High End Show Munich"という，世界で最も大きく活発なオーディオ展示フェアにおいて，世界的な先端メーカーの統括エンジニアや，オーナーおよびエグゼクティブ，ディーラーなど30名ほどにインタビューを行いました。このようにして日本市場と世界の主要なオーディオ機器市場についての情報を収集しました。

　この研究では，個人間というマイクロ・レベルから，企業間というメゾあるいはマクロ・レベルまでの構造を，ステークホルダー間

の競争と協調による市場のダイナミズムとして捉えています。具体的には，プラグマティズムの観点に基づいて，「よい音」とは何かという疑問の考察から始める中で，フィールドでのインタビューなどから浮かび上がった，ハイエンド・オーディオ市場におけるよい音の基準は，あえて一言で定義するなら，忠実な「原音再生」としての「ハイファイ」（high fidelity, Hi-Fi）の概念，すなわち，音楽を演奏するプレイヤーやオーケストラの音を，スタジオやコンサート・ホールで人間の耳が聴いたように，その音源を録音したアナログ・レコード，デジタルのCDや音楽ファイルなどを情報源として，オーディオ機器を使い別の空間に忠実に再現することです。

　ただし，問題はより複雑です。第1に，「プラグマティックな価値評価」の実際においては，オーディオは単に音を再生する機械として存在するだけではなく，そこには，音楽という芸術についての嗜好（aesthetic music），レコードやCDあるいはPCのファイルなど音楽を楽しむスタイル，機械としてのオーディオのデザインやクラフトの審美的な美しさを重んじる文化（culture），エンジニアリングの知識と技術（engineering minds and spirits）などといった実に多面的な判断が介在するので，オーディオ機器の評価にあたって，音が人間の主観的な心にどのように響くのかという問題を，これらと切り離すことは不可能に近いのです。したがって，「よい音」を何年もオーディオ機器で聴き込まなければ音のよしあしの判断はできず，この点において，実践の経験や知識を頼りに価値評価を決める「プラグマティックな価値評価」からのアプローチには重要な意味があります。その評価は，技術的な計量テストによる客観的な数字よりも，趣味としての主観性や，定性的な判断の問題なのです。そこには常に「よい音」の定義を巡る曖昧さ（ambiguity）が存在し，多角的な「評価の装置」が必要になります。

　第2に，この場合に，現実に音が評価される空間とは，オーディ

オ・マニアの自宅のリビングであり，また，機器メーカーの視聴室です。さらには，音楽やオーディオ機器の専門ジャーナルを編集する出版社のテスト・ルームであったり，ハイエンドな機器を扱うオーディオ・ショップの展示室や視聴室，定例のオーディオ関連の展示会やエクスポの会場，レコーディング・スタジオです。これらの音を表現する環境は，それぞれバリュー・チェーンの中で，異なる社会的な場所と時間に位置しており，また，物理特性として環境により音響効果が大きく異なります。これらの場所や空間では，「ハイファイ」の概念をベンチマークに，製品評価についてさまざまな計量的な測定テスト，実際の演奏の再生，音楽を聴きながらの視聴テストを繰り返し，主観的な音のインプレッションや定性的な品定めを巡り，専門家同士での意見交換や議論が行われます。そして，こうしたアクターとしての行為者と音を再生するオブジェクトとしてのオーディオ機器を巻き込みながら，いくつものノード間で社会的なインタラクションが繰り広げられる複雑なプロセスにより，さまざまなネットワークを通じて，機器の評価についての合意形成が展開されるのです。

　このように，ハイエンド機器の音は，多角的なアプローチから評価され，そのよしあしが判断されることになりますが，それらの結果はジャーナル，ブログ，ウェブ記事などに掲載され，やがては社会的な合意として評価が固まっていくことになります。言い換えれば，オーディオ機器は音楽と人間の耳あるいは脳とを電気信号でつなぐ機械であり，変換器（transducer）としてエージェントの役割を持っていますが，その評価は社会的につくられる「ハイファイ」の概念を基本としているのです。

　ソーシャル・ネットワークあるいは組織ネットワークにおける根本は，2者の関係すなわちダイアド（dyad）と，3者の関係すなわちトライアド（triad）のダイナミクスの社会的な意味の違いに集約

されます（Simmel 1955）。2者間における強い協力関係（cooperation）は、3者間の関係に移ることで「死の感覚」が消滅し、2対1の政治闘争や駆引きなどといった形でノード間に競争という緊張関係が生まれます。このようなトライアドのダイナミクスからの応用概念として、「構造的な穴」（structural holes）や（Burt 1992）、「禁じられた3者間の関係」（forbidden triad）が（Granovetter 1982）、導出されたのです[1]。

ネットワーク分析の立場からは、市場のダイナミクスは、2から3へのネットワーク構造の転換によるノード間のインタラクションのダイナミクスに始まるともいえるため、このような視点からハイエンド・オーディオ機器市場を見て、欧米を含むグローバル市場も視野に入れつつ、日本における取引関係および正統性と権威づけに関連する関係性についてネットワーク分析を行い、その構造を可視化しました。

たとえば図5-2は、2012年の日本におけるオーディオ関係の5つの主たる展示会やコンベンションへの参加企業のネットワークです。また、図5-3は日本におけるオーディオ機器に関する主要な賞の審査委員のつながりのネットワークです。ここでは詳細な記述は繰り返しませんが、このようなネットワークを通じて、オーディオ製品の価値に正統性が与えられ、その実践的な評価が社会的に決められていきます。そこには競争に加え、さまざまな場所や空間でのノードの協調（coordination）により、価値の安定化が行われる市場メカニズムがあります。

このようなダイナミックなネットワーク構造に対し、「プラグマティックな価値評価」の視点から検討を行った結果、市場のダイナミクスには、個の経験と実践的な知識に始まり、価値評価の装置、

1　詳しい説明は、中野（2011）225-235頁を参照。

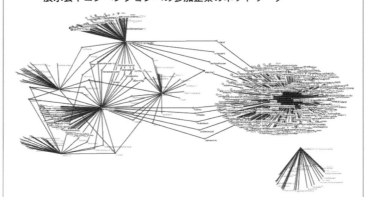

図5-2　2012年の日本におけるオーディオ関係の5つの主たる展示会やコンベンションへの参加企業のネットワーク

(注)　2-mode のネットワークであり，ノードは展示会とその参加企業である。5つ
　　　の主要な展示会とは，ハイエンドショウトウキョウ（左上のハブ），東京インタ
　　　ーナショナルオーディオショウ（真ん中右のハブ），オーディオ・ホームシアタ
　　　ー展（真ん中下のハブ），真空管オーディオフェア（左下のハブ），Inter BEE
　　　2012である。Inter BEE は巨大な展示会であり，いくつかの部門に分かれてい
　　　るが，ここではビジュアルや放送局用機器の Image & Broadcast（右のハブ），
　　　スタジオなどプロ用のオーディオ機材の Professional Audio（真ん中上のハブ），
　　　Cross Media（右下のハブ）に分けた。
(出所)　Pajak を使い筆者作成。

協調による集合的な合意形成，ステークホルダー間のコミュニケー
ションによる協調と干渉，権威づけと価値の正統化，価値の再確認
とアップデートなどの仕組みが存在することが明らかとなりました。
　「プラグマティックな価値評価」とネットワーク分析を統合的に
応用する方法が明らかにするのは，フィールドワークを含めて，評
価のダイナミクスの詳細を検討すると，ネットワークの構造として
浮かび上がる関係性の構造の裏には，芸術・文化・技術としてのオ
ーディオ機器の評価が複雑に絡み合いながら存在しているというこ
とです。何がよい音であるのかという根源的な問いに対し，物理特
性の計量だけでは捉えられない個人の嗜好や主観を排除できない状
況において，実践的に技術的な定量と定性的な聴感から認知される

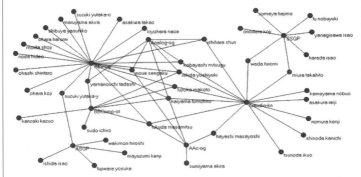

図 5-3　日本におけるオーディオ機器に関する主要な賞の審査委員のつながり

（注）　2-mode のネットワークであり，ノードは賞とその審査委員である。2012 年度に発売された機器の中から優秀な製品が表彰されるもので，各賞は，オーディオ銘機賞（音元出版，AEx-og），オーディオアクセサリー銘機賞（音元出版，AAc-og），アナロググランプリ（音元出版，Analog-og），ベスト・バイ・コンポ（音楽之友社，BBComp-ot），ステレオサウンドグランプリ（ステレオサウンド社，SSGP），オートサウンドグランプリ（ステレオサウンド社，ASGP），ガウディオ（共同通信社，Gaudio-kn）である。
（出所）　Pajak を使い筆者作成。

価値評価が複雑に絡み合って行われており，それこそが市場をつくり上げるダイナミクスの根本にあるものであると捉えるのです。そして，その「ハイファイ」の音の定義が持つ不可避的な曖昧さこそが，市場に関与するステークホルダーの間に，協調による多角的な合意形成を生み出す安定化プロセスをつくり出しているのです。

　すでに説明したように，企業戦略論のポジショニング・アプローチでは市場を競争という視点から見つめ，競合関係の中で自社をどのようにポジショニングするのかが最重要課題となります。これに対し，「プラグマティックな価値評価」からの市場の研究では，市場のダイナミクスを，アクターの協調的な関係による価値の創出や安定化という視点で捉えます。競争から協調への視点の転換です。

　オーディオ機器産業にかかわるさまざまなステークホルダー間の利害関係がある中で，複数のエージェントが多様な場所や空間にお

いて媒介・干渉し，競争を繰り広げる中でも協調し合いながら，市場として製品の価値を創造・維持し，権威づけし，オーディオ・マニアを惹き付ける，いろいろな仕組みをつくり出しているのです。関係性の構造に埋め込まれた，このよい音を巡る定義の多面性と曖昧さこそが，市場を活性化し，イノベーションを喚起し，産業としての市場価値を創造し，安定化させるエンジンなのです。

　「プラグマティックな価値評価」とノードの協調による安定化のアプローチは，合意形成のプロセスに関し，2か3かというノードの数とつながりを基本に競争と協調に関する概念化を進めたネットワーク分析では捉え切れない市場のダイナミズムを明らかにし，深い知見を提供する可能性を有しているのです。

第 6 章

ソーシャル・ネットワークと
クリエイティビティ

1 イノベーション研究の歴史

　イノベーション研究には長い歴史があり，古典としては，たとえば，急進的な経済学者であったジョセフ・シュンペーター（Joseph A. Schumpeter）が，イノベーションは社会の中の一握りの破壊的な企業家精神を持つ人たちの変革を求める行動によって始まると主張しました（Schumpeter 1950）。そして，トーマス・クーン（Thomas S. Kuhn）は，イノベーションは時間の経過とともに，線形ではなく，階段状に起こるものであり，先進的なテクノロジーが生まれてから長い熟成期間を経た後，突然に新しい革新的なテクノロジーが現れ，あっという間に関連する製造業やサービス業などさまざまな産業の姿を根底から変え，大学，研究機関，知的インフラ等，社会の基本的な構造を大きく転換させると論じました（Kuhn 1962）。このような急進的なイノベーションの概念は，漸進的に徐々に改良される技術（incremental technology）によるものではなく，大きな飛躍として非連続で生まれる革新的なテクノロジーを基本とするものであり（quantum technology），それは企業環境に大きな変化をもたらすものです（Tushman and Anderson 1986）。

こうした技術の変化の大きな産業に関して，クレイトン・クリステンセン（Clayton M. Christensen）は，技術的に先行し特定のテクノロジーの応用技術から成功した大企業は，大きな先行投資を行う結果，新たな時代をつくる革新的なテクノロジーが生まれると時代に取り残されるという「イノベーターのディレンマ」（innovator's dilemma）を説明しました（Christensen 1997）。実際にソニーのブラウン管テレビのトリニトロン技術，液晶テレビの初期の時代をリードしたシャープ，2000年前後のアップルPCへのウインドウズからの攻勢，パチンコや家庭用ビデオ・ゲームからソーシャル・ゲームへのシフトなど，プラットフォームとなるテクノロジーの変化の速い業界では，このような現象が広く見られます。

イノベーションの研究に関しては，ナレッジ・マネジメントすなわち知識経営（knowledge management）からのアプローチも多く，たとえば，雇用システムとの関係から，知識の組織化とそのスパイラルを日本企業の強みと捉える考え方（Womack, Jones and Roos 1990, Nonaka 1994）なども広く普及しました。また，組織学習（Hutchins 1995, Cross and Israelit 2000, Lesser 2000）や社会とテクノロジーについての社会学や制度化プロセスからの研究（Granovetter and McGuire 1998, Bijker, Hughes and Pinch 2012, 武石・青島・軽部 2012）も盛んに行われました。

2 ネットワーク諸理論からのイノベーションに関する考察

ソーシャル・ネットワークの視点からは，イノベーションはどのように起こると説明できるのでしょうか。そこには技術論や，暗黙知・組織知のナレッジ・マネジメントの観点とは異なる立場から，イノベーションを生み出す組織をどのようにデザインするのかという理論や実証研究があります。以下では，いくつかの理論を取り上

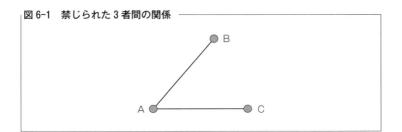

図 6-1 禁じられた 3 者間の関係

B

A   C

げます。

2.1 バランス理論とネットワークの分断

2 者間の関係であるダイアドに比べ，3 者間の関係であるトライアドの関係は非常に複雑です。第 1 に，トライアドの関係性からネットワーク構造の生成メカニズムを説明したのが，マーク・グラノヴェター（Mark S. Granovetter）が提唱した「禁じられた 3 者間の関係」という概念です。

現実社会において，図 6-1 のように，A と B，A と C の間にそれぞれ強い友人関係があるときには，B と C の間にもある程度の友好的な関係が存在することが，3 人の人間関係が安定する通常のパターンであろうと考えられます。A と B，A と C の間にそれぞれ強い友人関係があるときに，B と C の間に友好的な関係がまったく生じないということは非常に考えにくいのです。なぜなら，A が B と C それぞれと会ったり，話し合ったりしているうちに，やがて B と C が A を通じて何らかの形で知り合い，それが友好的な関係に発展する可能性が高いからです。

また，A・B・C それぞれには他の友人関係などもあって別のノードも周囲に存在する中で，この 3 人の関係は当人たちにはきわめて重要なものであるとの前提に立つと，A と B，A と C の間にそれぞれ強い友人関係があるときに，B と C の間が敵対的な関係であ

れば，このような3者間の関係は基本的に長続きしないでしょう。

　このようにノード間の関係を人間関係の心理的なバランスから論理的に考察する理論を，「バランス理論」(balance theory) といいます (Heider 1958)。このような分析をソーシャル・ネットワークの概念ではネットワークの「他動性」あるいは「推移性」(transitivity) と呼び，あるノードのペアの関係が，そのノードの別のペアとの関係により影響され，関係の構造が流動的に変化していくということを意味します。

　したがって，先のA・B・C3人の関係を考えると，AとB，AとCの間に強い友人関係など良好な関係（プラスの記号で表されることもあります）があるときに，BとCの間に友好的な関係がまったく存在しなかったり，逆に敵対的な関係（マイナスの記号で表現されることもあります）があれば，このような3者間の関係は全体のバランスが非常に悪いのです。このような意味から，こうしたバランスの悪い3者間の関係を，グラノヴェターは「禁じられた3者間の関係」と呼びました。

　この概念を発展させ，グラノヴェターは，比較的大きなグループの中に，いくつもの強いノードのペアの結付き (dyads) が存在すると，それらは隣接するノード同士の関係をどんどん強め，やがては3人程度の少人数の密接な関係 (triads or more) として，いくつもの小さなサブ・グループとしてまとまってしまうと考えました。その結果，グループ全体がいくつかの凝集性の高いクリーク (cohesive cliques) に分断され，ネットワークはいくつかの分裂したクラスターになる (fragmentation) と結論づけました。

　このことから導かれる論理的な帰結は私たちの直観的な感覚に反するものであり，一般的な社会生活の常識を否定するものです。すなわち，ノードの結付きが強いつながりをなす信頼関係で結ばれた人間関係は，人々に深い友情，安らぎ，共感，精神的なサポートな

どを与える一般社会の美徳としてとても価値が高く，社会生活において深い意味のあるものと考えられています。ところが，ソーシャル・ネットワークの視点から見ると，このような関係は，個人がノードとしてネットワークを使い広く情報を集める場合には大きな妨げになり，ネットワーク全体の情報伝達や共有の効率を悪くします（Granovetter 1973）。これは「強いつながりの弱さ」（weakness of strong ties）です。

組織のマネジメントにおいては，ネットワークの中で，ノードのペアの関係が弱い「弱いつながり」を多くのノードが広く持つ状況をつくることこそ，組織全体の情報の流れを活性化するために重要です。企業の経営変革や組織のコミュニケーションなどに際しては，メンバー間での情報共有は基本的な必要条件となります。それは，「弱いつながりの強さ」（SWT）の概念の応用ともいえます。

2.2　情報伝達と「スモール・ワールド」の理論

以下では，「弱いつながり」の意味を「スモール・ワールド」の理論との関連で説明します。この考え方は，ダンカン・ワッツ（Duncan J. Watts）とスティーブン・ストロガッツ（Steven H. Strogatz）が提唱した「スモール・ワールド」の生成メカニズムの数理モデルによる概念化にも応用されています（Watts and Strogatz 1998）。

図 6-2 に示したような，濃密な関係を持つノードの集まりであるクリークは，メンバーにとっては居心地のよい住処としての「洞窟」であり，彼らは「洞窟の住人」（caveman，原始人）となって，ここからなかなか出てこないのです。このような状況を打開するのは「弱いつながり」であり，あるときひとつの洞窟から這い出してきたノードが別の洞窟を訪問することで，異なる洞窟の住人同士が「弱いつながり」で結ばれ，ブリッジされた両方のクリークのメンバーの情報の共有が可能になります。

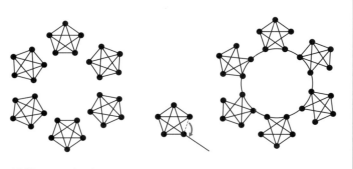

図6-2 スモール・ワールドの生成メカニズム

（出所） Watts（1999）pp. 103-104 より。

　このように，ネットワーク全体の紐帯の中で，凝集性の高いいく
つもの分断されたクリークをローカルにつくり出しているリンクの
うち，ほんの数％のリンクを「弱いつながり」として組み換える
（rewiring）だけで，孤立した「洞窟」であったいくつものサブ・ネ
ットワークがつながります。これにより，全体，すなわちホール・
ネットワークにおいて，全体が効率よくつながり，すべてのノード
が直接あるいは間接につながった巨大なコンポーネントとして，い
わゆる「スモール・ワールド」が出現します。

　この過程をネットワーク・グラフで表現すると，図6-2の左側の
ネットワークが，中央に示されてるような組換えすなわちリワイヤ
リングによって，右側のネットワークのような状態になります。
「強いつながり」がいくつものクリークをつくり出してホール・ネ
ットワークを分断するのに対し，「弱いつながり」は互いに孤立し
ているクリークをブリッジし，短いパス距離で情報伝達効率のよい
大きなコンポーネントをつくるのです。

　これは，クラスター間を意図的に弱いリンクでブリッジすること
で，組織の中に全体的な一体感や信頼感を醸成し，オープンなネッ

トワークを通じた活発なコミュニケーションにより、イノベーションが起こりやすい状況をつくり出すための組織マネジメントの方法のひとつです。この方法は、R&D の開発部隊、技術者のチームのマネジメント、営業部隊とマーケティングなど、組織内に閉塞的な凝集性の高いグループが孤立して存在する場合などに、メンバーの活発なコミュニケーションと積極的な行動を誘発して、サブ・グループ間のリンクを組み換えようとする試みです。

ソーシャル・ネットワーク概念を応用した組織のコミュニケーションの活性化は、情報の共有（share）や組織内への知識の浸透（spreading）と蓄積（accumulation）、異質な意見の交換（diversity and exchange）、混ざり合い（churn）と組換え（recombination）を促しイノベーションを指向する、組織のマネジメントなのです。[1]

2.3 「構造的な穴」の搾取による企業家精神の追求

企業家活動としてのイノベーションに関して、バートは「構造的な穴」の概念を理論化しました（Burt 1992）。グラノヴェターが「弱いつながりの強さ」を主張し、クラスター間を弱いつながりでブリッジする意味を説いたのに対し、バートは異なる方向から、企業家精神に富むネットワーク（entrepreneurial network）について論じました。

バートは、3者間の関係であるトライアドにおいて、自らの立場

---

1 2015 年からのホンダの Formula-1 レース参戦においては、ガソリン・エンジンに発電モーターを組み込んだハイブリッド・エンジンの熱制御に苦しむが、車体担当のマクラーレン（McLaren）からの要請に対して、ホンダがとった方針は、F-1 の最新技術に習熟したエキスパートを他チームから迎え入れるより、あくまで自前の R&D センターでの技術者の養成を目指すというものであった。社内で 20〜30 代の若い技術者を選抜し、新たなテクノロジーが試される現場においてライバルとの激しい競争の経験を積ませることによる知識の蓄積が、将来の自動車開発に必須との認識に基づいた戦略マネジメントである（NHK BS1 2015 年 7 月 18 日）。

を強くし，交渉や情報操作に有利な状況をつくるべく相手を搾取しろ（exploit）といいます。具体的には，図6-1のようなA・B・Cのトライアドの関係において，自分（ego）がAの立場におり，BとCによい関係が存在しないときに，このBとCの間の「溝」である「構造的な穴」を使って，自らがBとCの間に立ち，BとCそれぞれに対して，自分に有利な情報だけを流しながら，BとCが直接に友好的な関係でつながらないように戦略的に振る舞うということです。すなわち，Bに対しては，同盟関係を申し出ながら，ときにCの悪口をいったり，CがBの悪口をいっていたと伝えたりします。また，Cに対しても同様に友好的な態度を示しながら，Bのことを批判したり，BがCのことを悪くいっていたと伝えたりします。この結果，BとCは敵対的な関係となり，BとCそれぞれはAをますます頼ることとなります。何ともマキャベリ的に政治的な戦略です。そして，図6-3に見られるように，人間関係において，このような「穴」を見つけたら，それをうまく自分の有利になるように使えと主張します。

　この戦略的なネットワーク理論には，実践面での運用の難しさがあります。その際に鍵となる概念のひとつが多義性（multi-vocality）の問題です。上の説明では，露骨に悪口をいうなど極端な方法をあげましたが，これは現実にはあまりにリスクが高く，また，自らの品格を落とすような行為でもあります。一方，多義性とは自らが行うあるひとつの社会的な行為が，それを解釈する相手によって異なる複数の意味や解釈を持つように，自らの行為に曖昧さを残すことです。たとえば，Aが，BとCに対してひとつの行為を行うことで，両方に対して友好的なシグナルを送り，同時に，BとCには，そのメッセージがライバルであるBとCそれぞれに対してではなく，自分だけに向けられたものであると解釈させる行為です。そうすることで，敵対するライバル関係にあるBとCが互いに良好な関係

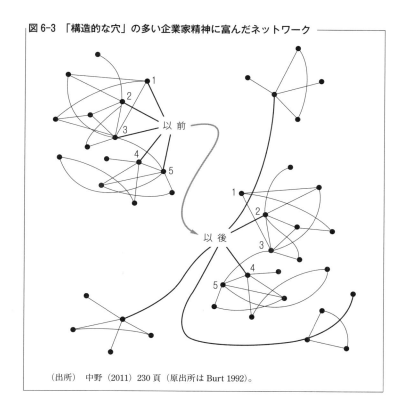

図 6-3 「構造的な穴」の多い企業家精神に富んだネットワーク

以　前

以　後

（出所）　中野（2011）230 頁（原出所は Burt 1992）。

にならず，それぞれが A だけを信頼するように仕向けるのです。

　　バートによれば，「穴」が多いネットワークを持っている人は，情報の媒介者（broker），あるいは「ゲート・キーパー」（gate keeper）として，情報の流れをコントロールしながら，情報へのアクセス，その入手のタイミング，種々の紹介などを手にすることができます。これに対し，メンバー間のリンクの数によるつながりの密度が高く凝集性の高いネットワークには，「穴」が少なく，入ってくる情報はメンバー間で重複したものとなります。バートは，「穴」をうまく使い戦略的にネットワークをコントロールしていくプレイ

ヤーこそが，情報をいち早く手に入れ，企業家的な活動として社会的な競争に勝っていくと考えます。

　「構造的な穴」の理論を使った組織や戦略に関する実証研究は多いのですが，ここでは企業内の昇進の早さについての古典研究を紹介します。バートは，1980年代に，100人規模のアメリカのハイテク企業におけるマネジャー・レベル以上について，4種類のネットワーク——社内でのフォーマルな指揮命令系統の関係（fate-control tie），仕事上のプロフェショナルなアドバイスを求めるインフォーマルな関係（advice tie），人生の大事な問題などを相談するメンターとのインフォーマルな関係（mentor tie），インフォーマルな友人関係（friendship tie）——を調べた結果，重複の多い凝集性の高いネットワークを持っているマネジャーより，「構造的な穴」の多いネットワークを使うマネジャーのほうが早く昇進していることを示しました。ただし，ダイバーシティがまだ今ほど進んでいなかった当時のアメリカにおいて，白人男性のトップ・マネジャーのレベルでは同レベルでの仲間とのネットワークが大事であったのに対して，女性や人種的にマイノリティのマネジャーにとっては，メンターとしての上司からの引きが昇進に重要であったことも報告しています。

　これに対し，ポドーニとジェームズ・バロン（James N. Baron）は，約10年後に，似たようなアメリカのハイテク企業内の同様なネットワークを調査し，たしかにバートがいうように，「穴」の多いネットワークを持つことは昇進に役立つが，それ以上に，直属の上司や一緒に仕事をするグループの仲間とよい関係を構築することで，企業の文化にうまく適合できたマネジャーが，より早い昇進を遂げているという結論に達しています（Podolny and Baron 1997）。

　これらふたつの研究が示唆するのは，昇進においては，ネットワークの構造面における「穴」の効果は非常に重要だが，同時に，ネットワークの内容である組織の文化への適応もまた非常に重要であ

るということです。このような視点からは，イノベーションは構造と文化の両面から捉えるべきであるということがいえます。

2.4 多様性とイノベーション――「創造的な摩擦」の理論

組織にイノベーションを生み出すソーシャル・ネットワークとはどのようなものなのでしょうか。この点に関してはさまざまな説明や解釈が可能ですが，ここでは，「スモール・ワールド」と「構造的な穴」に代わる3つめの理論として，「創造的な摩擦」（creative tension：creative friction）の概念を紹介します（Stark 2009）。

組織社会学者であるデビット・スターク（David Stark）は，生産・消費市場への組織的なマネジメントの取組みや，プロジェクト組織の動かし方など，混迷する現代資本主義社会について，経済社会学からひとつの明快な答えを提示します。中でもグローバル化や情報化の荒波に直面する企業のマネジメントにとって，製品やサービスとしてのイノベーションを生む組織をどのようにデザインするのかを，ソーシャル・ネットワークの視点を含め，理論と現実の両面から詳しく説明しています。

スタークの理論の根本にあるのは，たとえば，企業組織であれば，ネットワークはインフォーマルなサブ・グループに固有の文化を形成し，グループ間で異なる価値観（values），状況的な認知（situated cognition）や情報の解釈のフレームワーク（cognitive framework），異なる評価原理（performance criteria）が存在する可能性があるという考え方です。そして，それぞれのグループが自らの正統性を求め活動する結果，緊張関係の中で文化的な衝突が起きることを組織内の「不協和」（dissonance）として，その調整過程でイノベーションが生まれると主張します。その際に，保有資産の多義性と曖昧さが新たな製品やサービスの解釈を可能にし，マネジャーが日頃当然と考えているルーティンの思考を回避し，より深く再帰的に思考を巡ら

すことが (reflective thinking or cognition)，イノベーションを生み出すというものです。

　また，こうした組織には異なる評価原理やさまざまな仕事のプロセスが存在するので，組織のルーティンは経路依存的 (path dependent) に一方向に収束することがなく，異なる知が組織内に並列的かつ分散的に存在するため (distributed intelligence)，組織全体として外部環境の変化に対して頑強です。スタークはこのような組織を「ヘテラルキー」(heterarchy) と呼びます。

　異なる価値観や原理 (principles) が組織内に並列的に存在する組織を「ヘテラルキー」と呼ぶのは，伝統的な組織の原理が縦の指揮命令系統によるコントロールとして，階層関係を使った中央集権的な「ヒエラルキー」であることに対峙する概念であり，組織の文化の多様性を重視するものです。フォーマルな原理からインフォーマルな文化まで，いろいろな価値観や原理がサブ・ネットワークとして分権的に並列して存在する組織では，それらがぶつかることで，摩擦 (friction) や緊張 (tension)，不確定性 (uncertainty) が生まれます。これは組織内の摩擦や緊張関係を肯定的に捉えるイノベーションのマネジメントなのです。

　『多様性とイノベーション』(Stark 2009) の中で，彼は，中世の哲学書，北方民族の狩りの戦略の立て方，複数事業部制の問題点，グーグルの検索エンジンの意味まで，そこから得られる深く広範な知見と経済社会の仕組みに関する解釈を，豊富な企業活動の具体例を交え，組織のマネジメントにおける社会的な意味から説明します。展開される諸概念は実に多岐にわたりかつ深遠であり，豊富なフィールドワークの経験に基づくものですが，そこに貫かれているのは，異なるソーシャル・ネットワークが交差することで起こる状況の認知や解釈，価値観のぶつかり合いが，「創造的な不協和」(creative dissonance) としてイノベーションを生み出す源泉であるとの主張

です。

時代の大きな変化の中で，大競争時代の市場は，企業にスピードと柔軟性を要求します。もはや20世紀後半までのような大企業による大量生産システムは通用しません。そのような量産型のシステムの中心にあったのは，「科学的経営」としてフレデリック・テイラー（Frederick W. Taylor）が主張したように，縦割りの指揮命令系統のヒエラルキーに頼る組織のマネジメントでした（Taylor 1947）。そこには成功体験に裏打ちされ，当然のこととされてきたトップ・ダウンのリーダーシップがあり，意思決定の柔軟性や状況の認知の多様性はきわめて限られたものでした。

しかしながら，20世紀初めにフランク・ナイト（Frank H. Knight）が指摘したように（Knight 1957），将来のリスクは確率分布で計算できても，このような変化の激しい市場では，今後の動向や次のヒット商品がどのようなものになるかという不確定性を排除することができません。したがって，過去のデータに基づくカテゴリーによって新たに生まれる製品やサービスを検索すること自体にあまり意味はなく，産業分類などの系統立った序列としての情報のヒエラルキーは，実践的な検索には役立ちません。ここに新たに登場したのが，概念の関連性やつながり，すなわち参加者のネットワークを介したアクセス情報から検索を可能にしたグーグルであり，その根底には，マネジメントが将来を見据えるためには，現時点の状況に応じた実践的な認知のための検索と，広範に深く巡らされる再帰的な思考が必要だという認識があります。そこには，20世紀初めのアメリカの哲学者ジョン・デューイ（John Dewey）のプラグマティズム（pragmatism, 実践主義）に通じるものがあると（Dewey 1998a；1998b），スタークは述べています。

マネジメントにとって，このような時代に組織のデザインはどうあるべきでしょうか。このような変化の激しい市場に必要なのは，

いろいろな部署やチームに大きく権限が委譲され，指揮命令系統がフラットになっていることで，変化への素早い対応が可能となる組織です。それはまた，情報や知識が組織内に多極的に分散し，組織内パフォーマンスの評価原理の多様性と，経営資源である保有資産の解釈に関する多義性としての曖昧さ（asset ambiguity）を持つ，「ヘテラルキー」型の組織です。

　程度の差はあれ，どの企業においても，組織内には仲間うちでしか理解できない文化的な掟や暗号（codes）としての種々の不文律（unwritten rules）があり，それらをつくり出すのは結合性の高い人間関係であるインフォーマルなネットワークです。組織には仕事の性質やさまざまなプロセスから，こうした多くのソーシャル・ネットワークが存在し，自らの属するグループの正統性を求め，異なる価値観や情報の解釈に関する摩擦やぶつかり合いを繰り返すのが多様性のひとつの形です。

　このような多様性は，そのぶつかり合いにより，新たな資源・製品・知識・人間関係の組合せをもたらすことで，組織内の創造性を活性化させる可能性があります（rewiring）。将来が非常に不確実な市場の状況に対し，いくつもの考え方や，異なる解釈，複数の組織内における仕事のプロセスの経路が存在することで，過去のデータに縛られたカテゴリーに基づく情報の検索でなく，状況的に異なる認知やさまざまな価値観の混ざり合いによって，マネジメントに柔軟な経営判断を促すものです。[2]

　スタークは，3つのフィールドワークから実証した定性分析の詳細を報告しています。まず，1990年代以降社会主義と資本主義の

2　ここにおける認知に関する含意は，情報を徹底的に活用（exploitation）するのと，広く探索（exploration）するのは異なるということである（March 1991）。再帰的に思考を巡らせることは，無意識のうちに当然のことと考えられている人間の認知の枠を越えて，より深く思索し，新たな情報を状況に応じて探索しながら，動態的かつ実践的に意思決定を行うことを意味する。

原理が並列的に存在したハンガリーの工場労働者の現場における，彼らのパフォーマンスの評価原理と，マネジメントと工員のグループ間での正統性を巡るせめぎ合いが詳細にレポートされ，分析されています。次に，2000年前後のニューヨークの「シリコン・アレー」における新興IT企業の分析では，ソフトウェア開発に携わる企業内のさまざまなグループ間での対立する文化と認知のパターン，情報の解釈と意見の調整過程が検証されています。最後に，9.11のワールド・トレード・センターへのテロと前後して，ウォール・ストリートの大手インベストメント・バンクのディーリング・ルームにおいて，裁定取引の現場でのディールがいかに形成されていったのか，その組織化のプロセスに見る文化と，多様なパフォーマンス評価のぶつかり合いが，ヘテラルキーとして説明されています。そこに見えるのは，異質なものが緊張を伴って衝突しながら，確かな論理のフレームと深い思考による価値判断を用いて，マネジメントが創発的にイノベーションを生み出していく組織のデザインです。

2.5 「ブリッジ」か「オーバーラップ」か

スタークの「創造的な摩擦」の概念は，ソーシャル・ネットワークの視点から見た場合に，ワッツとストロガッツの「スモール・ワールド」やバートの「構造的な穴」の概念と，どのような違いがあるのでしょうか。「スモール・ワールド」モデルは，メンバー間の強いつながりを持つ凝集性の高いいくつものクラスターを，弱い結付きのリンクでつなぐことによって，短いパスで多くのノードがつながる情報伝達に効率のよい大きなコンポーネントをつくり，情報共有のメリットを生むことに力点を置きます。

また，「構造的な穴」の理論は，トライアドの自己と他者との関係において，ネットワークがつながっていない2者の間のギャップを自らがブローカーとしてつなぎ，両者を搾取し，自らの地位を上

げようとするのが企業家精神であると考えます。また，まだつながっていないクラスターへ弱いリンクでブリッジを架けることで，重複しない情報をいち早く手に入れ，ノードは社会的な競争に勝つことができるという戦略的な行為を主張します。

　スタークはバートの「構造的な穴」の主張に異議を唱えます。バートが主張する弱いリンクによるブリッジでは，サブ・グループに強い個性のある文化は醸成されず，グループのコアとなる知識やテクノロジーのノウハウ（proprietary technology）など，大事な情報や貴重な裏情報などは，結束力のある信頼関係に基づいたグループのメンバーの間以外には流れないと批判します。すなわち，サブ・グループの強いつながりがあってこそ，独自のインフォーマルな文化を持つサブ・ネットワークとして異なるグループの正統性と主張がぶつかり合うのであり，このような文化は強いリンクによるつながりからしか生まれてこないと主張します。ブリッジすることで他者との関係を優位に導き，人を出し抜くことで自分の地位を上げようとするだけでは信用されず，大事な情報は入ってこないのです。

　図 6-4 が示すように，スタークによれば，強いつながりがない状況では文化の衝突や組換えによるイノベーションは起こりません。前述したように，20 世紀前半の「ホーソン実験」によって，工場のラインワーカーの間では，自然にインフォーマル・グループが生まれ，彼らは勝手に自分たちの「掟」をつくり，仕事をしすぎないように，メンバーを互いの目で「監視」しながら，協力して生産目標をこなしていくという社会的な人間像がはじめて理解されました（Homans 1950）。そこでは，フォーマルな組織をつくっても，労働者は自分たちで勝手にインフォーマルなグループの取決めを定め，人間関係の集団のダイナミクスの中で仕事をこなしていくという姿が発見されたのです（中野 2011, 99-105 頁）。スタークは，こうした強い文化の存在を前提として，さまざまなサブ・グループのネット

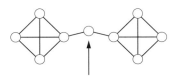
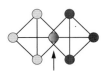

媒介：ギャップにおいて情報の
流れを媒介すること

企業家精神に富む活動：重複部分に
おける創造的な摩擦

ワークが共通のメンバーによりオーバーラップすることで，異なる
文化が重なり合いぶつかり合う調整過程から，「創造的な摩擦」が
イノベーションを生み出すと考えます。

　イノベーションに関するソーシャル・ネットワークからのこれら
3つの理論は，改めて，情報を得る効率の意味を考えさせながらも，
強いつながりの大切さとそこから生まれる文化の多様性の重要性を
示唆しています。

2.6　資源従属論からオープン・イノベーションへ

　戦略マネジメント理論の歴史を眺めてみると，ソーシャル・ネッ
トワークと関連の深い組織理論があります。たとえば，1970年代
に登場した「資源従属論」（resource dependence theory）は，企業内
や企業間という組織内外の関係性の視点から，政治的な権力闘争や
同盟関係としてのパートナーとのアライアンス（strategic alliance）
の意味について説明する理論です（Pfeffer 1981；1987）。現実のビジ
ネスにおいて，希少金属などの原材料や貴重な天然資源，高いスキ
ル，豊富な知識や豊かな経験を持つ人材，高度な最新テクノロジー
や生産技術，商業用の小売りための好立地，投資のための低利の巨
額の資金など，企業が経営資源として使えるものは社会に潤沢には
存在しないため，それらを巡る政治的な闘争は日常茶飯事となりま

す。この理論では，貴重な経営資源を手に入れたプレイヤーが競争に勝ち，権力を手中に収め，他をコントロールすると考えます。このような理由から，資源従属論は，企業内部のレベルでは組織の中で権力を握る特定の個人，企業間関係でいえば多くの企業を直接・間接に支配する力のある企業が存在すると説明します。

このような考え方は，個人のレベルであれ，企業間のレベルであれ，プレイヤーとしてのノードが貴重な経営資源を求めて，政治的にネットワークを利用する可能性があることを論理的に説明します。企業が企業間の戦略的な提携としてアライアンスを組む狙いは，販路・テクノロジー・生産能力など，自社内に持たない補完的な経営資源へのアクセスをネットワークにより手に入れることです（Ahuja 2000a；2000b）。このように資源従属論は，組織内外のネットワークの生成を理論化するフレームワークのひとつとして重要です。

21世紀の最初の10年間は企業間のグローバル競争がはじめて本格化した時代でした。背景には1990年代以降のICT技術の進歩と社会の情報化の流れがあります。製造業の生産性と品質管理の技術が飛躍的に向上し，サプライ・チェーンがグローバルに効率的に運用される現代の製品市場において，インターネットなどの普及により消費者が入手できる情報量は飛躍的に増大しました。

製品のデザイン・品質・価格・スピードを巡る競争は激化し，多くの製造業では，生産者にとっては「常に変化し続ける市場」に（Eisenhardt 1989），ダイナミックに対応できる能力（dynamic capabilities）を持つことが求められることとなりました（Teece, Pisano and Shuen 1997, Eisenhardt and Martin 2000, 河合 2004）。変化の激しい市場は，資源従属論が説明するように，ゼロ・サム状況下での1人勝ち（winner-take-all market）になる場合もあれば，ソーシャル・ネットワークの広がりがネットワークの価値を高め，メンバー同士の情報などの資源が奪合いにならないポジティブ・サムの状況をつ

くり出す場合もあります。

　このような背景から，イノベーションや企業家活動に関する学術的な研究が多く積み上げられてきました。たとえば，産業集積とクラスター（Sabel 1991, Saxenian 1994, Porter 1998, 山﨑 2002, 石倉ほか2003, 福嶋 2005），ビジネス・エコシステムとオープン・イノベーション（國領 1995, Gawer and Cusumano 2002, Iansiti and Levien 2004, Weber 2004, Word 2009, 國領＝プラットフォームデザイン・ラボ 2011, 西澤ほか 2012），知の組織化とナレッジ・マネジメント（Nonaka 1994），テクノロジーの進化とイノベーション（Tushman and Anderson 1986, Christensen 1997），制度論的なアプローチからの進化（Kuhn 1962, Nelson and Winter 1982, Arthur 1994），組織認識論からの分析（Weick 1995, 沼上 1999, Lester and Piore 2004, 加護野 2011）などについて，多くの関連する実証や応用研究が生み出されました。

　同時に，競争のグローバル化は，企業のマネジメントがさまざまなパートナーといかにして協力関係を築き，ソーシャル・ネットワークを戦略的に使うことができるかがますます重要になったことをも意味します。競争と協力とは一見すると対立する概念のように思えますが，現在のグローバル化した経済の中では，企業が1社単独でできることには多くの限界があり，さまざまなステークホルダーとの戦略的提携，すなわちアライアンス・パートナーとの互恵的な協働（collaboration）なしには，製品の設計・生産から宣伝と販売，配送，アフター・サービスの提供までを消費者に提供することができません。事業の「集中と選択」を行い，バリュー・チェーンの中で，限りある経営資源をどの分野に集中的に投資して，どの部分をパートナーに頼るのかは，トップ・マネジメントの最重要な戦略的意思決定のひとつとなりました（make-or-buy decision）。

　こうした中で，企業間の協働による創発的な製品開発や新市場の開拓というイノベーションを指向する成長戦略と，参加者の増加が

その価値を大きくするポジティブ・サムのネットワークの実現を目指すことが，世界の競争と協働のルールの主流となりつつあります。個々のメンバーがソーシャルなコミュニティから恩恵を受けることができるダイナミックなポジティブ・サムの状況をいかにしてつくり出すのかという新たな課題です。

　たとえば，企業が地理的に特定の地域に集まっている「クラスター」の研究が世界的に盛んに行われています。日本においては，これらは「産業集積」（agglomeration；industrial district）や「地域クラスター」（regional cluster）と呼ばれることもあります。クラスターにはどのような意味があるのでしょうか。それは，組織のヒエラルキーを基本とする単一の企業の枠を越えた地域的な企業の集まりであり，いわば地域の共有財産としてソーシャル・キャピタルを形成している「組織的なネットワーク」（organizational network）であると見なすことができます。

　クラスターに関しては，ポーターが，ビジネス・ジャーナルである *Harvard Business Review* 誌上でビジネスパーソン向けにその重要性を論じたことで，学術界だけでなくビジネス界からの関心が世界的に高まりましたが（Porter 1998），これは，たとえばシリコンバレーなどのような，地域的な経済や，テクノロジーのプラットフォーム，オープン・イノベーションの概念とも深くかかわる問題です。

　産業集積のメカニズムを理論的に説明した古典的な概念は，マイケル・ピオリ（Michael J. Piore）とチャールズ・セイブル（Charles F. Sabel）が1980年代に提唱した「柔軟な専門化」（flexible specialization）です（Piore and Sabel 1984）。1960年代以降の情報化の進展から，市場の変化のスピードが速くなり，消費者が粗悪な量産品でなく，高い品質，スタイルや個性を求める市場が生まれたことで，それまでの「複数事業部制」の大企業による大量生産から，「多品種少量生産」のシステムが必要となりました。彼らは，専門分野に特化し

た中小企業が，地域的に集積したネットワークとして，企業間の分業体制を組むことで，スピードと柔軟性において，垂直統合により多角化した大企業単独での大規模生産システムに勝ると理論化しました。具体例としては，イタリアのエミリオ・ロマーニャの精密機械，革製品，ファッション産業などがあげられ，その思想は，デザイン・生産・販売の間での情報のフィードバック・ループによる「コンカレント・エンジニアリング」（concurrent engineering）に基づき，技術者の「技」としての工芸，すなわちクラフト（craft）の重要性を見直すものでした。

　その後，フィールドワーク手法を使った多くの実証研究が行われましたが，その結果，一口に「産業集積」，または「クラスター」といっても，実はさまざまなネットワークのメカニズムがあることがわかってきています。たとえば，文化論や制度論的なアプローチとして，アナリー・サクセニアン（AnnaLee Saxenian）は，カリフォルニアのシリコンバレーでフィールドワークを行い，技術者，投資家，エンジェル，大学などを巻き込んだ開放的で流動性の高いネットワークを，その地域的な文化に根差す IT 産業のイノベーションの源泉として評価しました（Saxenian 1994）。地域的な広がりを持ち，「弱くつながった人間関係」は，技術者の労働市場の高い流動性により，企業を渡り歩きながらキャリアを積み上げるキャリア・パス（boundary-less career）をつくり出しました（Arthur and Rousseau 1996）。1980 年代から 90 年代のシリコンバレーの IT 産業がそうであったように，創発的なネットワークは知識を地域に集積させ，創造的で革新的なイノベーションを生み出す源泉（generative relationships with recombination）ともなりえます（Saxenian 1994, Lane and Maxfield 1996）。

　近年，イタリアのアパレルや革製品，ミシガンの自動車産業，ニューヨークの服飾，大田区や東大阪の製造業など，生産における中

小企業や小売りにおける小規模な店舗のネットワークによるクラフトの伝承や生産体制の柔軟性があっても，世界的なコスト競争に巻き込まれ，多くの伝統的な生産地が苦境に立っています。一方，アジアの製造業，インドの IT 産業など新たな産業集積地が生まれ，ファスト・ファッションの登場もあり，製造業においては生産システムのデジタル化が進んだ結果，スピード・規模・柔軟性などが鍵となり，企業の枠を越えた協働や分業により，テクノロジーの進歩や市場の変化，消費者のニーズに素早く対応していこうとする，オープン・イノベーションの考え方が広まりました。このようにグローバルな地域間の競争の内容は変化しつつあります。

　これらの産業集積や地域クラスターの研究からは，どのようにしてクラスター自体が孤立せず，メンバーがそのメリットを享受し，集積地域に根差したソーシャル・キャピタルとして，開放的なネットワークを構築しながら，イノベーションを生み出し続けられるかが課題であることが浮かび上がってきます。

　このような観点から注目されるのが，「オープン・イノベーション」（open innovation）や「ビジネス・エコシステム」（business eco-system）の考え方です（國領・野中・片岡 2003，Iansiti and Levien 2004，Chesbrough 2006，Word 2009，西澤ほか 2012）。産業集積あるいは地域クラスターを巡るオープン・イノベーションの観点から，企業の研究開発センターや製造業などの中小企業の集積に，金融機関や国や公共機関のサポート体制まで含めた，「ビジネス・エコシステム」が，いかに持続可能なシステムとしてイノベーションを生み出す仕組みをつくるかということに関し，官民あげてのさまざまな取組みが世界中で進んでいます。そこには，大学・企業・技術者間のネットワークとして，集積地域間の立地の優位性を巡る世界的な地域間競争の側面もあります（Porter 1998）。

　たとえば，生命科学分野におけるバイオ・クラスターの形成過程

を追ったネットワーク分析による研究では（Powell *et al.* 2005），産学共同でのバイオ産業の育成および世界的な広がりのメカニズムが明らかにされ，また，官民の協力による産学共同プロジェクト（public-private initiatives）では，イギリス・ケンブリッジのクラスターや（西口 2007），北欧のハイテク・情報産業，インドや中国とシリコン・バレーとの連携などが躍進しつつあり（Saxenian 2005b），「地域クラスター」の継続的なネットワークのあり方への研究は盛んに行われています（Breschi and Malerba 2005，Saxenian 2005a，稲垣2005，金井 2005，福嶋 2005，山﨑 2005，Cooke and Schwartz 2007，Scott and Garofoli 2007，松原 2013）。

　すでに説明したように，近年イノベーション研究において，産業集積あるいはクラスターやビジネス・エコシステムの研究が脚光を浴びましたが，これらの研究は，技術の進歩のスピードが速く，競争環境が常に変化する市場に立ち向かうためには，産業の集積地など企業の立地や地域のシステムとしての総合的な環境を，企業の競争力の源泉と見なすことが重要となったことを明らかにしました。これらの実証研究によれば，地域に埋め込まれたソーシャル・キャピタルを使って，既存の技術を改良し，徹底的に活用しながら（exploitation），同時に，飛躍的なイノベーションのための探索的な活動（exploration）を進める「両刀使い」のためには（March and Olsen 1976，March 1991，O'Reilly and Tushman 2008），ソーシャル・ネットワークの構築に関する戦略的な指向が重要になります（Saxenian 1994，西口 2007，山田 2013）。

　テクノロジーのプラットフォーム，標準化とデファクト・スタンダード，企業の立地環境としてのビジネス・エコシステムの「ポンド」（pond）すなわち池の食物連鎖と生態系の考え方などは，ソーシャル・キャピタルとしてのクラスター等と関連しながら，今後も戦略マネジメントとソーシャル・ネットワークの広がりの意味が研

究されるべき分野です。

3 クリエイティブ・インダストリーとソーシャル・ネットワーク

芸術性や創造性とは何かという疑問には，哲学や文学的な思索から，芸術論や審美的な価値の評価法のことまで，いろいろな答え方があると思います。近年，文化的な産業を「クリエイティブ・インダストリー」あるいは「創造的な産業」(creative industries) と捉えることで，そのマネジメントや組織・戦略の問題まで，アカデミックおよび実務の立場から研究されることが多くなっています。

文化的な産業は，芸術とテクノロジー，市場をつなぐものです。たとえば，アートの世界をビジネスと捉えたリチャード・ケイブス (Richard E. Caves) は，市場メカニズムの中で，いかに投資のリスクをコントロールするのかについて，契約理論 (contract theory) の概念を用いて説明しました (Caves 2000)。彼は，文芸出版，ポピュラー，ジャズ，クラシック音楽，絵画，ビジュアル・アーツなどの分野で，アーティスト，プロデューサー，ディーラー，小売り，投資家まで，どのように彼らのインタラクションにより市場がつくられてきたのかという制度化プロセスを，「アートと商業の契約」(contracts between art and commerce) と呼んでいます。

これに対し，クリス・ビルトン (Chris Bilton) とステファン・カミングス (Stephen Cummings) は「クリエイティブ・インダストリー」の実務に関して，より戦略的なアプローチを提唱します (Bilton 2007, Bilton and Cummings 2010)。パフォーマーや演奏家，批評家，美術館のキュレーター，投資家など芸術をビジネスとしてコーディネートするためのさまざまなノウハウや道具を紹介しながら，マネジャーは，リスクが高くても利益率の高い産業として，戦略的に事業を管理することが可能であると主張します。

これらのアプローチに対して，文化を取り扱う産業（cultural industries）に関する，経済社会学からのアプローチでは，芸術やエンタテインメントの世界は，さまざまなプレイヤーが社会的に「埋め込まれた」（social embedding）関係性の中で展開されていると考えます（Hirsch 1972, Becker 1982, Baker and Faulkner 1991, DiMaggio 1991, Bourdieu 1993a；1996, White and White 1993, Pinch and Trocco 2002, Uzzi, Spiro and Delis 2002, Ferguson 2004, Hennion 2005, Kawamura 2004, 山下・山田 2010, 中野 2013, Nakano 2017）。そこは，さまざまな関係性により制度化されたステータスや，伝統などの象徴的な資本（symbolic capital），ライフ・スタイルや生き方，文化的な価値観や掟，独特の言語，商業主義と権力などによって，さまざまな市場が構成された世界であると考えるのです。

　たとえば，ハワード・ベッカー（Howard S. Becker）には，「アートの世界」をプレイヤー，プロデューサー，パトロン，ディーラー，消費者などステークホルダーのネットワークと捉え，社会集団としてのジャズ・ミュージシャンの姿を，参与観察によりはじめて鮮明に描き出した古典的な研究があります（Becker 1982）。ベッカー自身がプロのジャズ・ピアニストであったこともあり，シカゴ大学社会学部における研究中に，ジャズ・ミュージシャンの生態を詳細に記述したエスノグラフィが書き上げられました。そこにはローカルなプロ・ミュージシャンの形成するサブ・カルチャーが色濃く存在します。無頼漢として社会から外れ（outlaws），麻薬中毒であったり，アルコール依存症であったり，独自のライフ・スタイルを持ちながら，アーティストとしての誇りを持ち，独自の音楽的な表現を追求する姿が描かれています。

　彼らには，仲間内のサブ・カルチャーとして，独特の話し方や，言い回し，表現，暗号めいた言葉遣い（codes, jargons and languages）があります。このようなネットワークのメンバーとなるためには，

言葉の言い回しや話し方など仲間内のコミュニケーションのスタイルとスキルを身につける必要があります。このようなミュージシャンは，観客に対し，コンサートに来てもらいたいと思う反面，自分たちの音楽や演奏の芸術性とテクニカルな演奏スキルなどは理解できないと軽蔑もします。

　こうした表象的なシンボルとしての音楽の芸術性や演奏スタイルへのこだわりと仲間意識はきわめて強く，前衛的なジャズを演奏していた仲間が，当時流行っていたダンス・ミュージックを専らとするビッグ・バンドに入ることは，金のために魂を売ったとして仲間から外されることを意味しました。このように厳格な掟のもとにありつつも，芸術やライフ・スタイルと商業との間にあったモダン・ジャズの世界は，流儀の異なる演奏家たちのさまざまなグループや，批評家，代理人としてのエージェント，プロデューサー（producers），宣伝のマーケター（marketers）などからなるさまざまなステークホルダーによるインタラクションのネットワークの中で生まれ，確立されていきました。

　ベッカーにとって，アート・ワールドは，独特の掟や規範，共感などの文化的な資本でつながったソーシャル・ネットワークの集まり（a web of informal networks）です。そこには社会的なステータスやライフ・スタイル，ミュージシャンの正統性に関して，シンボリックな資本として，その認知と集合的な解釈の問題が存在します。

　フランスの社会学者であったブルデューによる文芸の世界に関する古典的な説明に，陳腐化し消費されるコモディティと化してばらまかれる商業的な作品（large-scale cultural production）がある一方で，評論家などの社会的な認知や評判により正統性が認められる芸術作品の世界が存在するというものがあります。これらの間には，異なる表象的な資本としての伝統から生まれた異なるグループのネットワークが存在します（Bourdieu 1986）。芸術家は社会的な成功により

創作の自由を獲得していきますが，商業的な成功と価値合理性を追求する芸術との間のある種の緊張関係を，ブルデューは指摘しているのです（Bourdieu 1993b）。

　これまで見てきたように，文化的な産業あるいはクリエイティブ・インダストリーに関しては，知識を積み上げたマネジメント・ツールにより，コンサルタントや，実務家，投資家，マネジャーの視点からアプローチして，芸術を投資の対象と考え，ビジネスのリスクを戦略的にコントロールできるものと見なす傾向があるのに対し，経済社会学からのアプローチは，関係性に埋め込まれたシンボリックな表象的資本の社会性に着目し，ソーシャル・ネットワークと文化の重要性を明らかにしています。

　創造性や芸術性とソーシャル・ネットワークの問題は，イノベーションの観点から考えると，ネットワークにおけるノードの関係性の構造と文化の多様性の意味を考察するものです。その際，ソーシャル・ネットワークとしての集団あるいは組織と，それらの社会的な関係の構造がつくり出す文化，そして，その個々のノードの社会的な行為に対する文化の影響の絡み合いは，実に複雑かつダイナミックなものです。「産業」（industry）を，ヒエラルキーとしてのフォーマルな個々の組織を越え，さまざまなノード間のインタラクションが起こる組織フィールドと捉え，マイクロ・レベルでの文化の生成過程に着目しながら，ノードのインタラクションとしてのソーシャル・ネットワークを分析することにより，クリエイティブ・インダストリーのコミュニティについての深い分析が可能となります。

第 7 章

社会学理論とコミュニケーション再考

1 社会学の伝統

1.1 構造から「意味」の解釈へ

本章では，構造からその内容に深く踏み込むために，社会学の伝統から3つの理論と方法論の流れを紹介し，ソーシャル・ネットワークとコミュニケーションを，戦略マネジメントとしての企業戦略や事業戦略へ応用する可能性を探ります。学術的な難解な話が多くなりますが，実務家の読者にもぜひ読んでいただければと思います。

まず，19世紀に社会学理論と実証をつないで科学としての社会法則の確立を提唱し，その後の計量分析（quantitative analysis）の流れをつくったオーギュスト・コント（Auguste Comte）による「実証主義」（positivism）の流れを説明します。また，これらに対峙する形で，エトムント・フッサール（Edmund G. A. Husserl）とアルフレッド・シュッツ（Alfred Schütz）に始まった，社会を人々の「生活世界」（lifeworld）として捉え，現象を個人の主観的な認知と集合的な意味づけのレベルで考える「現象学」を説明します。そして，ジョージ・ミード（George H. Mead）やハーバート・ブルーマー（Herbert Blumer）により理論化され，個人のマイクロ・レベルでのコミュニ

ケーションにおけるインタラクションを象徴的な意味づけから捉える「シンボリック相互作用論」（symbolic interactionism）の理論を解説します。

他方，同様に現象学の流れを汲みながらアービング・ゴフマン（Erving Goffman）によって確立され，個人と社会のインタラクションを「演劇」として捉える「ドラマツルギ」（dramaturgy）の考え方を解説します。

さらに，以上を基礎として，後の 20 世紀後半に，参与観察など定性的な記述により文化を描き出すシカゴ学派やハロルド・ガーフィンケル（Harold Garfinkel）らによって確立されていった「エスノメソドロジー」（ethnomethodology）への流れを追います。そして，現象の表象的な側面に光を当てながら，言葉や言語のパターンの意味を深く考えることにより，コミュニケーションの構造と意味づけから社会現象を考察する「ディスコース・アナリシス」や会話の内容分析（content analysis）を紹介します。

これらの社会理論は，マイクロとマクロの統合の可能性，定量分析と定性分析における意味についての研究方法の違い，現象に見る社会の構造面とその文化的な内容の分析などを取り扱うものです。これらは，インターネットとソーシャル・メディアの時代において，企業の戦略マネジメントやコミュニケーションの意味が大きく変化し，マネジメントにとっては，企業内部と外部のステークホルダーとのコミュニケーションとしての CSR や，企業とステークホルダーの間での価値の共有（CSV）が重要になった現代にあって，今後きわめて重要になると思われる古典的な理論です。また，ソーシャル・イノベーションとしてのコミュニティ・デザインや地域活性化のマーケティング，社会企業家による社会問題への取組みなど，CSR や CSV の視点を含んだ社会的なプロジェクトのマネジメントの事業戦略に，大きな示唆を与えるものです。

一般的なソーシャル・メディアやソーシャル・マーケティングの実務書に，これらの社会学理論や方法論の伝統を理解し，系統立てて説明しているものは皆無に等しく，本書はこれらの理論の実務への応用に大きな可能性があることを提示するものです。これらは古典理論の現代への復活であり，議論は少々難解ですが，そこには学術研究とビジネス実務を結び付ける将来の大きな可能性が広がっていることを理解していただければと思います。

1.2　社会学と方法論

社会現象を研究する難しさに，実際には，信頼できるデータとして「数字」で計量できるものが非常に少ないという問題があります。これに対するひとつの現実的な答えとして，定性的な分析アプローチの応用が考えられます。その根本にある考え方は，社会は，個人が対象を主観的に認知し（cognition），解釈し（interpretation），言葉や概念で表現することで，個と個のインタラクションにより集合的に意味づけされ（sense-making；meanings），集団で共有することで成立しているというものです。そこには組織としての企業や社会集団における規範（social norms），儀礼（rites and rituals），儀式（ceremonies），掟（codes），不文律（unwritten rules）などの複雑な文化が存在します。

根本にあるのは，社会のインタラクションのルールが，個人による象徴としての対象の捉え方と，認識のフレームや価値観の形成（framing）に大きな影響を与え（Mead 1964，Goffman 1967；1974），その解釈や意味づけの集合的な組織化により（Weick 1979；1995），社会を統合する秩序（social order）が成立するという考え方です。

現象学やエスノメソドロジーとフィールドワークの技法の詳細については，専門書（Garfinkel 1967，佐藤 2002a；2002b）に任せますが，以下では，その基礎となる考え方を簡単に説明します。この場合，ネットワーク分析と関連する問題意識としては，社会学や現象学分

野における個人の主観的な認識や，「社会的に構成される現実」，
「間主観性」（inter-subjectivity），「分厚い記述」などの概念を，どの
ようにリサーチや実務に実際に応用するのか，そして，理工系と社
会科学における客観性の考え方の違いをどうやって乗り越えるのか，
また，これらの視点とネットワーク分析がどのように関連づけられ
る可能性があるのかといったことになります。

2　コントの実証主義と計量分析への流れ

　第1に，社会科学の歴史において，定性および計量分析の研究方
法論の基礎は，欧米の社会学が築き発展させたものです。それは，
19世紀の実証主義と現象学との対立から始まり，融合的なものを
含めて，その後さまざまな取組みへと広がっていきました。実証主
義と計量分析の流れを代表するのは，フランス人の哲学者コントで
す。彼は，18世紀フランスのアンリ・ド・サンシモン（Claude-Henri
de Saint-Simon）やシャルル・ド・モンテスキュー（Charles-Louis de
Montesquieu）などの影響を受け，徹底した現象の観察（observations）
を行うことで，物理学におけるアイザック・ニュートン（Issac
Newton）の「万有引力の法則」（The Law of Gravity）のように，社会
全体の成立ち（social universe）を説明する大法則を見つけることが
できると構想しました。そして，社会の研究が自然科学と同じよう
なサイエンスとして成立するには，理論を現象の観察から実証し，
理論化と実証研究を繰り返すことで，社会の基本を説明する理論の
数を極力少なくしていく必要があると主張しました。
　そこには理論の裏づけとなる証拠こそが大事であるとの実証主義
があり，社会学こそは，さまざまな科学の序列の中で最も上位に位
置する「科学の女王」（queen science）であると主張しました。この
ような論理的な主張は，実証こそが重要であるとする後の計量分析

の発展につながります[1]（Comte 1896）。

　具体的に，はじめて計量的な統計分析を実社会の研究に応用したのは，社会学理論の始祖の1人である，フランス人のエミール・デュルケム（Émile Durkheim）による自殺率と宗教との関係に関する研究であるといわれています（Durkheim 1951）。彼は，自殺は個人の問題であると思われていた19世紀に，教会における集団での礼拝の儀式を中心とするカトリックの国と，偶像崇拝を否定し信仰を個人と神との間の内面の対話と捉えるプロテスタントが多い国の自殺率を比較し，後者において自殺率が高いことを突き止めました。彼は，「社会病理」（anomie）という概念を提唱し，自殺の原因は個人の精神的な問題だけではなく，都市化の影響など社会の状況に起因することをはじめて明らかにしたのです。

　このような研究は，社会科学が「社会的な事実」（social facts）を研究する分野として，計量された情報を操作概念としてのカテゴリーに加工して分析するという統計的手法の考え方の基礎をつくりました。そして，その後20世紀後半以降の社会調査におけるサーベイ方法の確立や，計量手法の応用とその飛躍的な進歩，シミュレーションなどの発展の礎を築いたといえます。

3　現象学の伝統と定性研究の発展

　前節で見たような計量化と実証主義への批判として，社会現象における計量的に把握できる側面のみに満足せず，より深い個人の認

　1　コントからの実証主義の伝統とフッサールに始まる現象学を対比的に論ずる筆者の発想は，コロンビア大学大学院社会学研究科における理論の講義の中で，Jeff Olick 教授に提示されたものに始まる。なお，本章におけるコントの実証哲学についての説明は，社会学の理論家であるジョナサン・ターナー（Jonathan H. Turner）の解説を参照したが（Turner 2013, pp. 16-29），他の社会学の理論テキストも参考になる（Collins 1988, Levine 1995, Ritzer and Stepnisky 2014）。

知や，社会における集合的な知識，解釈あるいは表象的な意味づけの解明を重視する定性的な分析の流れが存在します。前述したように，そのような考え方はフッサールの現象学にその基礎を置きます。それは，一方ではミードやブルーマーによって理論化された「シンボリック相互作用論」の流れとなり，「解釈社会学」（interpretive sociology）として，コミュニケーションにおける象徴的意味を社会心理学から捉えようとすることにつながります。

　また他方，ゴフマンによる「ドラマツルギ」の理論では，個人による他者とのインタラクションを，自己の他者に対する演劇的なパフォーマンスと捉え，個人と社会との関係を問いました。さらに，「エスノメソドロジー」では，コミュニティや組織の民族史の研究として，参与観察などのフィールドワーク技法を発展させました。その基礎は，20世紀前半にシカゴ学派を中心に発展しましたが，後にガーフィンケルらが言語，コミュニケーション，文化的な表象の意味から社会構造の成立ちを考察するために，伝承・物語などといったナレイティブ（narrative）の構造分析やディスコース・アナリシスとして分析する（Grant *et al.* 2004），「文化社会学」（sociology of culture）や「知識社会学」（sociology of knowledge）などを発展させることとなります。

3.1　ミードから「シンボリック相互作用論」へ

　20世紀前半，ミードは人間の行為の基本である，個人と個人のインタラクションから，社会の秩序と統合の根本原理を探ろうとしました。彼によれば，人間は，シンボル（symbols）やサイン（signs）として慣習化されたジェスチャー（conventional gestures），すなわち言葉（words）や体で表現するジェスチャー（body gestures）によって情報や意味を伝え合い，これらを使うことで，自己としての個人が他者の役割を読み取ります。そして，他者の役割に自己を置いて

みることで（role-taking），その立場を理解し，他者の行動を予測し，互いに協力したり牽制したりしながら，意見や主張を調整しつつコミュニケーションを成立させていると理論化しました。

　ミードの考え方は，第3章や第5章・第6章でも少し言及したデューイの「プラグマティズム」と呼ばれる実践哲学の影響を受けています（Dewey 1998a；1998b）。デューイによれば，人間にはもともと理性としての心（mind）が備わっており，それは，日々の生活の中で，自らの行為を想像し，その結果を予測しながら行為を選択するものです。すなわち，心は生物学的な機能として，理性を働かせる潜在能力を備えていますが，人間はさまざまなインタラクションの経験から学習することによって，その能力を発揮することができるようになります。個人は，人々がやりとりする社会的な環境の中で，自らの行為に対する周囲の反応を解釈し，他者とのインタラクションの中で，報酬（rewards）と懲罰（punishments）の経験を実践的に積み重ねます。このように調整（adjustment）と適応（adaptation）を繰り返すことで，自己の考え方や行為をより強固なものにしたり（reinforce），あるいは代替的な方法に切り替えるなどして，個人の行動のレパートリー（repertoire）を，日々の社会生活における経験と知識の実践から学ぶのです。

　ミードは，個人が他者の役割に自己を置いてみることには，実は非常に複雑かつ微妙な判断が必要で，自己（self）とはその場のコンテクストの状況下で成立している対象（an object in a situation）であると説明しています。彼は，個人は自己に対するイメージを他者からの反応により理解していくと考えましたが，人々は，このように自らを認識する対象として理解することで，さまざまな状況において自己と他者を解釈し，比較しながら，自らの根源的なイメージを固めていくのだといいます。

　ミードは，若い時期に自己の概念を確立すれば，行動の「鏡」と

しての行為の規範が確立され，人生に一貫性のある考え方やものの見方が生まれると考えます。それは，近くの社会集団から，より大きな集団，そして最終的には社会全体の価値観や，信条（beliefs），集合的な態度（collective attitudes）などを通じて，自己を認知のレベルで決定づけていくものです。ミードは，「一般化された他者」（generalized other or a "community of attitudes"）の役割を通して，これらの文化的な制約が個人を社会的に規定するものであると指摘します。

こうした考え方は，個人と社会の対面でのインタラクションに関する社会学の基本概念のひとつとして確立され，マイクロ・レベルの対人関係のコミュニケーションから社会の秩序を維持する構造化のプロセスを説明したものです。この流れは，その後 1970 年代に，ブルーマーによる「シンボリック相互作用論」の確立に至ります。それは，ジェスチャーとしてのシグナルのやりとり，「自己」概念の具体的なコード化，個人の意識に関する概念の精緻化など，コミュニケーションの分野におけるものをはじめとする多くの実証研究を伴いながら，学術の発展に大きく寄与しました。

3.2 ゴフマンの「ドラマツルギ」の理論

社会学にひとつの大きな難問があります。何度か述べているように，中世から近世，近代にかけて社会が複雑化し，都市化が始まり，職業や組織など社会における人々の役割の細分化が進むに従い，中世のキリスト教を中心とした秩序のもとで同質的だったヨーロッパ社会は，分業による専門化・多様化・複雑化が進みました。それにもかかわらず，システムとして崩壊したり，無秩序な分裂状態に陥ることなく，社会がある種の連帯感と一体感を伴って，統合と秩序を保っているのはなぜかという疑問です。

これに対する答えとして，社会に存在する文化的なシンボルが持

つ象徴的な意味について考察する社会学理論の伝統があります。それらが，前述した，ゴフマンの「ドラマツルギ」，ガーフィンケルの「エスノメソドロジー」，そして，「ディスコース・アナリシス」などのコミュニケーションの視点からのアプローチです。

　前項で紹介したミードやブルーマーの「シンボリック相互作用論」では，他者の役割に自己を投影し，自己を他者に投影された対象物として認識することから，他者からの報酬や懲罰を経験します。個人は，このように学習によって社会の価値観，信条，ものの見方や捉え方，集合的な態度などを確立し，自己の一貫したアイデンティティが固定化されると考えます。

　これに対してゴフマンは，相互交流としての自己と他者のインタラクションは，固定的な一貫した個人のアイデンティティをつくり出すものではなく，個人にとっては，他者に対するある種の戦略的なゲームであり，自己は演劇性の強い象徴的なパフォーマンスとして，その場の状況に応じて行為を行うに過ぎないとの主張を展開しました。

　ところで，社会の「連帯」（solidarity）をはじめて理論的に説明したのもまた，前出のデュルケムです。彼は，あるオーストラリアの原住民が，トーテムポール（totems）を超自然的な力の象徴と捉え，宗教的なシンボルとして崇拝する儀式などを行うことで，民族の感情を突き動かし，それにより彼らの団結を強めていることを発見しました（Durkheim 2008）。そして彼は，中世に比べ分業化が遥かに進んだ19世紀終わりの当時のフランス社会の状況を，理論的に説明します。同国の当時のフランスの文化教育に見られたように外国語を排斥し，自由・独立・平等を象徴する三色旗をシンボルとして国旗に掲げ，独自の芸術性を重んじる文化なども概念的な象徴と位置づけて，国民の感情を高揚させることで，フランス社会は分裂状態にならずに，連帯による秩序が維持されていると看破したのです

(Durkheim 1933)。

　ゴフマンの「ドラマツルギ」の理論は，こうした研究を背景として，20世紀後半に登場します。社会における人々のインタラクションには，劇場での演劇のように標準的な「台本」(scripts) が存在しますが，その範囲内であれば個人は，観衆から期待される役割や要求に対し，いろいろな方法で自己を表現する (self-presentations) ことが許されていると考えます。「俳優」としての自己には，常に観衆としての他者がおり，俳優には自らの目的を達成するための予定表であるアジェンダ (agenda) があり，自らの目的を観衆に隠しながら，戦略的にアジェンダに沿って演技を行っているのです。

　したがって，人と人が出会う場には，話し方のルール (rules of talk) が生まれます。それは，たとえば，参加者は自尊心に基づき，互いを表現する際には熟練 (tact) とエチケット (etiquette) をわきまえる，などといったことです。ただし，このようなインタラクションのルールが破られた場合にも (breaches)，人々はさまざまなシンボルや慣習を含めたインタラクションの儀礼 (interaction ritual) を使って，その流れを修復・回復させ，全体の統合を保ちます (Goffman 1967)。

　こうしたインタラクションにおける儀礼として最もよく使われるのが，尊敬や服従を示す儀礼 (deference rituals) であり，応対の態度や物腰に表される儀礼 (demeanor rituals) です。前者は，相手に対する敬意・愛情などの感情表現を伝える簡単な挨拶表現や，相手とのインタラクションを楽しんでいるという表情や体の動きなどに見られます。また，立場が上位の相手に対して距離をとろうとするのが逃避儀礼 (avoidance rituals) であり，他者に対する自己の立場が劣位・平等・上位のいずれであるのか推し量るために行う儀式的な表現 (presentation rituals) です。

　一方，後者は，自己としての個人が，出会いの状況において，自

らがインタラクションのルールを理解しており，それらを尊重する資質を持ち合わせていることを示唆することで，自己がその種の人間で，信頼でき，能力があることを相手に表現するためのコミュニケーションです。ゴフマンは，現実のインタラクションは，このふたつの間を弁証法的（dialectic）に常に行ったり来たりしていると考えました。

　自己が表現によって相手に演出する態度や，演じる際のステージにおける小道具，表現するための「小物」（fronts）などを含めた役割（roles）と，そこから他者が受け取る印象とにギャップがあり一貫性がない場合には，他者が自己に対して微妙な皮肉や婉曲な表現で合図（cues）を送るという形で，制裁（sanctions）が加えられることがあります。そして，他者の認知の中に一旦このような自己の役割が確定されると，それらはルーティンとなり，他者の自己に関するイメージを変えることはきわめて難しくなるとゴフマンはいっています（Goffman 1959）。

　ゴフマンは「話すこと」（talk）の重要性を力説します。話すことはインタラクションを始め，また終わらせるものであり，間主観性の問題として，互いに何をトピックとするのかというフレームを決め，発言をやりとりする中で，互いに相槌を打って話を進行させたり，話の方向を変えたり（turn-taking）するものです（Goffman 1974；1981）。

　また，ゴフマンは，「相手としての他者を特定しないインタラクション」（unfocused interaction）の文化的な意味を深掘りしました。それは公の場（public space）での行為に関するインタラクションであり，マイクロ・レベルで社会の秩序をつくり出し，状況下における社会的組織（social organization）を成り立たせます。たとえば，人々は，エレベーターの中では視線を合わせず静かにしていたり，軽く会釈したりします。高級レストランではエチケットを守って静

かに会話を楽しみながら，自然な流れの中で給仕ともやりとりしたりします。バスや電車の中でも大声で話したりせず，その場の雰囲気に溶け込み，荷物が人の迷惑にならないようにすることにも気を遣います。買い物の際に列ができていれば，静かに並んで順番を待つこともします。

「相手としての対象を絞らないインタラクション」には実にいろいろな状況があります。それは，個人が自己を表現しつつも（self-presentation），秩序を乱す意志はないという態度を示しながら，その場に応じたマナーやエチケット，周囲に対しての気遣いや常識的な振舞いをすることで，社会的な組織を成り立たせているという状況です。実はそこには，さまざまなジェスチャーや簡単な挨拶などといった形で，非常に複雑かつきめ細かな所作や振舞い方のルールがあり，ゴフマンは，これらを「体を使い表現する定型の表現」（body idiom）や「体で表現する定型の用語集」（body gloss）と呼んでいます。

また，レストランやエレベーターの中でうるさくしたりするなど，状況に応じた対応のルールを破り，公の秩序を乱す行為に対しては，その場の人々から行為者に何らかの「罰則」が下されることもあります。そのため，このような行為者は違反行為を謝ったり（apology），訳を説明したり（account），迷惑をかけることを事前に周囲に知らせたりするなど，その場の秩序の安定や修復を試みようとします。ゴフマンは，これらのやり方が非常に高度に儀礼化されることが，私たちの社会が組織化されていくことであると考えます（Goffman 1963）。

ゴフマンの功績のひとつは，簡単な日頃の挨拶など，取るに足らないと思われていた日々の人々のちょっとしたコミュニケーションにおけるインタラクションが，社会の秩序をつくり出すきわめて重要な役目を果たしていることを，マイクロ・レベルの定性的な実証

分析から明らかにしたことです。これらは，間接的にネットワーク分析の考え方に大きな影響を与え，ネットワーク構造をつくり出すノードの行為とさまざまな儀礼を通じて，ソーシャル・ネットワークの構造とその文化的な内容としてのコミュニケーション戦略を考えることの重要性を浮彫りにします。

3.3　現象学から「エスノメソドロジー」への流れ

すでに説明したように，フッサールは現象学の基礎を築いた哲学者であり，その考えは後の社会学などに大きな影響を与え，それはやがて定性研究の方法論としての「エスノメソドロジー」につながります。フッサールやシュッツは，社会において，人間が現実として認識していることは，個々の人々の意識（conscious）を通じて理解されているものであり，人々は日常それらについて深く考えて疑いの目を向けるような再帰的な思考はせず，当然の「現実」として受け入れている（taken for granted）と指摘しました。

対象物，場所，人々，アイディアなどは，個人差なく集合的に「現実」として受け入れられています。コントらが客観的であると主張する実証主義が対象とする社会現象は，実は，現実の「生活世界」における人々の理性としての意識（consciousness）をフィルターにすることによってのみ認識されるものであり，したがって，フッサールの視点からは，単純なカテゴリー化の基準による計量には客観性の担保はないと主張されます。

このように，フッサールは，社会が人々の意識による状況認知のプロセスを通じて成り立っている以上，社会科学が自然科学のように単純にデータをカテゴリーに分類して計量することに批判的な立場をとります（Husserl 1970）。

シュッツには，フッサールの現象学を「エスノメソドロジー」につなげた大きな功績があります（Schütz 1967）。彼は，20世紀の前

半にオーストリアからアメリカに移住し，社会学理論を発展させた巨人である，ドイツ人のマックス・ウェーバー（Max Weber）の「社会的行為の理論」（social action theory）を出発点として，やがてそれを批判しました。

ウェーバーは個人の社会的な行為を類型化しながら，なぜ人々がそのような行為を行うのかについて理解するためには，人間がどのように主観的に認識し行為に意味づけを行うのかを明らかにする必要があると主張しました。ウェーバーのこのような考え方は「意味社会学」（sociology of meaning）や「解釈社会学」などと呼ばれますが，その根本には，研究者は行為者の役割に自らを投影し，その主観的な感情や意図について，心の内側を覗き込み，他者の行為を共感することで解釈できる（*vestehen* or sympathetic introspection）という立場があります。したがって，フィールドワークのリサーチャーは，その行為を行う主体の主観的な世界に深く入り込むことで，はじめてその意味を理解できると考えるのですが，ウェーバーは，その分析方法を明確には提示していません（Weber 1968）。

これに対しシュッツは，どのようにして，人々が日々生活する世界を認知し，そこに主観的な解釈をしているのか，そして，そのような主観的な意味がどのようにして集合知として共有され，社会の秩序や世界観がつくられているのかの解明に注力します。その際に導入されるのが間主観性という理論概念ですが，これは個人の主観がインタラクションを通して集合的な意味を持ち共有されることを指します。シュッツも明確な理論は提示していませんが，社会科学のリサーチャーがこのプロセスを深く理解するためには，インタラクションの中で，周囲の状況をについて，その行為の主体がいかに意味づけを行うのかを細かく具体的に観察し，自己を他者の立場に置き換えて，他者の立場から考え，解釈することから始まると考えます。ここにおいて，間主観性を抽象化による概念レベルで説明す

るフッサールの哲学としての現象学から離れ，シュッツは，実際の現場での実証である社会学の方法論として，その可能性を示し，後の発展の基礎を築いたことになります。

　シュッツは，人間は意識（conscious mind）を持ち，インタラクションのルール（rules）や，インタラクションのさまざまなつくり方（recipe），状況に応じた振舞い方（appropriate code of conduct）を理解しており，社会には個人のこうした知識が集められた「手軽に使える知識のストック」（"stock knowledge at hand"）が存在すると説明します。人々はこれを考え方の方向性あるいは認知のフレームワークの指針（a frame of reference or orientation）として，自己の周囲で起こるできごとを，表象的な意味から社会的に理解しながら，実践的に個人の行為を行って対応していると，シュッツは主張します。

　このような論理からシュッツが考えたのが，情報の認知パターンの「インデックス化」（indexicality）という概念です。人々はこのような分類された知識のストックを意識の中で参照しながら，状況を認知し，タイプ分けすることで，それらの知識を応用して，微妙なニュアンスを理解したインタラクションや状況における対応をより簡単に行うことが可能となります。そして，個々人が，このようなインデックス化により社会生活を送っていることで，社会全体の秩序が維持されていると考えます[2]。

　これらの概念をさらに発展させたのがガーフィンケルです。ガーフィンケルは言語（language）の果たす役割を重視し，インタラクションにおいて，人々は自らの言葉で表現することで行為を説明し，

　2　このようにシュッツの社会理論は，ヨーロッパの哲学の伝統から生まれたフッサールの現象学から多くを応用しており，知識のストックと「インデックス化」に対するシンボリックなジェスチャー，言葉の使い方や態度等に言及している点など，アメリカ社会学から現れたミードの「シンボリック相互作用論」と共通する部分も多くある。こうしたことから，シュッツの社会理論を現象学からシンボリック作用論への展開過程と捉える考え方もある。

彼らの説明によって「現実」が意味をなし社会的につくられると主張しました。ガーフィンケルは，インデックス化の概念を追求し，中でも，人々は言語で表現されることで「現実」の感覚を理解するため，言葉が使われる具体的な状況，すなわちコンテクストの重要さを指摘しました。

　ガーフィンケルの貢献の中でもとくに有名なのは，人々が出会い（encounters），会話を交わす状況において，故意にその流れやルーティンとしての秩序を壊す実験です（breaching experiment）。彼は，会話におけるインタラクションに関する実験の中で，協力してくれる学生に突然意味のないことを喋らせて周囲の反応を見ることで，常識的な会話の流れが妨害されたり断ち切られたりすると，周囲がいかに戸惑ったり感情的な言葉で報復するのかを，詳しく観察しました。そして，このようにして会話における社会の秩序が破られたときに，人々は当たり前の「現実」と理解していたものを取り戻すため，どのように会話の流れを修復しようと努めるのかを，そのインタラクションの細かな表現ややりとりの経過をプロセスとして分析しました。ガーフィンケルは，これにより言葉で表現される社会の「現実」が，微妙なニュアンスや含意を含みながら，状況であるその場のコンテクストから社会的につくられていることを指摘したのです（Garfinkel 1967）。

　こうしてガーフィンケルは，1960年代に，インタラクションの状況としてのコンテクストと内容を考慮することで，象徴的なシンボルやジェスチャーなどの意味を考えることから踏み出して，社会の秩序はなぜ崩壊せずに維持されるのかを，マイクロ・レベルの状況的な言葉のやりとりから理論化し，また，その調査方法を提示したのです。その後1970年代から，エスノメソドロジーの流れは，アメリカ社会学を中心に，さまざまな批判や論争を巻き起こしながら発展を続けます。ディスコース・アナリシスとも呼ばれる会話分

析（conversation analysis）として，会話が行われたコンテクストを考えながら，会話の骨組みとしての構造を研究する分野も，精緻化と洗練が進んでいきます。

3.4 定性分析からソーシャル・ネットワークへの展開

　要約すると，社会学の難問である社会の秩序の成立ちについて，個人間や集団のインタラクションを定性分析した研究の根本にある主張は，以下のようになります。社会現象の分析においては，「客観的」と主張される計量化に使うことができる情報はきわめて限られているばかりでなく，操作化と代理変数にするための情報の表層的なカテゴリー化により，自己と他者のインタラクションに見られる現象の複雑性・多義性・多面性・多重性などの状況的に重要な情報を多く失うことになる可能性があります。社会科学においては，人間の意識としての認知と解釈のフィルターを切り捨てて矮小化されたデータの計量分析に，学術的な妥当性や客観性の担保はなく，したがって，このような文化的な「生活世界」を捉えるためには，計量による実証主義とは異なるアプローチが必要となります。インタラクションの中で，自己は，他者の役割に自らを置くことで，コンテクストや状況を深く再帰的に考慮しながら，社会を成り立たせている複雑な文化的決まりごとのルーティンを理解し，他者の行為を解釈します。このような視点からアプローチすれば，マイクロ・レベルのインタラクションが，どのようにして私たちの社会にマクロ・レベルで文化的な連帯感を生み，それによって社会の秩序が維持・再構築されるのかを，理論と実証から説明することができます。

　人間の意識を通して社会は「現実」として認識され，集合的な規範となっているルールにより解釈され，社会的な行為は意味づけされ，状況的な秩序の再構築により新たな変化が生まれます。定性的な分析は，個人の主観的な認識から，社会をつくり上げている間主

観性の概念化を行い，人間の理性としての「意味世界」における現象の認知を個の主観性の視点から考えることで，社会科学における「客観性」に関する考察を広げることができます。方法論として，そのアプローチと具体的な分析方法も提示しました。

　どのようにすれば，これらの学術的な成果をソーシャル・ネットワークと戦略マネジメントに応用できるのでしょうか。ICTの発展により社会のさまざまな情報にとってのソーシャル・メディアの意味が問われている今日，これまでも見てきた通り，CSRやマーケティングにおいても企業のステークホルダーとのコミュニケーションが注目されています。こうした中，上述のようなノード間のマイクロ・レベルにおけるインタラクションからマクロ・レベルにおける社会のルールの組織化と秩序を考えるアプローチは，たとえば，CSRやCSVとしてのステークホルダーとの関係において，オンラインの世界で個々の企業がどのようにソーシャル・ネットワークを戦略的に使い，アイデンティティを社会的な「現実」としてつくり上げるのか，そして，ノード（自己）としての他ノード（他者）とのインタラクションの中で，どのように産業界や社会の秩序はつくられ，維持され，再構成されるのかといったことについて，関係性の構造と文化の内容から考えることを可能にします。

　また，戦略的なコーポレート・コミュニケーションの視点は，個々の消費者の主観的な認知が，どのようにして集合的に象徴的な意味を持つのかについて考える材料を提供してくれます。オンラインの社会では，どのように間主観性が成り立ち，コミュニティの秩序がつくられているのでしょうか。前項で紹介したように，意味の社会学は，コミュニケーションの基本として，自己が他者の立場に立つことで，インタラクションを通じ，その社会的に象徴的な意味の解釈と理解が可能になることを示唆しています。

　今後，これら内容分析としての定性的なアプローチが，再び脚光

を浴びるものと考えられます。多くはこれからの課題ということになりますが，ネットワーク分析の考え方と関連づけて，シンボリック相互作用論や，ドラマツルギ，エスノメソドロジー，ディスコース・アナリシスなどの考え方を応用し，包括的かつ具体的な組織戦略やマーケティングの実証および研究が望まれます。

4 「現実」は社会でつくられる

4.1 「社会的に構成される現実」と客観性の問題

「現実」とは何かという問いに大きな影響を与えた考え方に，私たちが日常生活において事実と思っていることの多くは，実は認知のフレームや文化的な影響から社会的につくられたものに過ぎないというものがあります。ピータ・バーガー（Peter L. Berger）とトーマス・ルックマン（Thomas Luckmann）による「社会的に構成される現実」という概念です。それは，「事実」とは，個人の主観的な認知が社会集団で集合的に意味づけされ，表象的な意味の解釈が共有されることによって，疑われることなく当然の「現実」と認識されているに過ぎないという主張です。このような考え方は，現象学を源流として，文化社会学や知識社会学に限らず，文化人類学，社会心理学などが結び付きながら発展してきたものです。

前節でも同様の議論をしましたが，科学的な事実としての客観性と文化の解釈や理解の問題は切り離すことができません。社会科学における「客観性」は，自然科学や工学などにおける計量可能な，いわば絶対的な客観性の概念とは，その基準と概念化の意味が異なる別物です。前者は，個人の意識のフィルターを通して，「生活世界」で主観的に認知され，集合的に意味づけされ，共有されたものです。それは多義性・多様性に富み，時に曖昧な「現実」であり，計量することはきわめて困難です。定性的な社会研究がすべきこと

は，どのようなインタラクションのプロセスで，このような儀礼・儀式・慣習・規範的なルールや仲間内の掟が制度化・構造化されるのかを，状況としてのコンテクストを含めて徹底的に記述し，客観的に描き出すことです。

このような研究の例として，佐藤・芳賀・山田（2011）は，アカデミック出版について，丁寧なインタビューから定性分析を行っています。そこでは，演繹と帰納的な思考を繰り返しながら行ったり来たりすることで，リサーチ・クエスチョン，論理と仮説，理論のフレームと方法を数年かけて徐々に固める手法がとられています。アカデミックな出版界を制度論（institutionalism）と（Greenwood 2008），組織アイデンティティ論（organizational identity）から，多角的に分析し，インタビューなどから客観的な「分厚い記述」を試み，学術出版社4社の組織とそれらの戦略について実体を描き出しています。

4.2 「マシュー効果」とソーシャル・ネットワーク

「社会的に構成される現実」の概念は，ソーシャル・ネットワークのアプローチと共通する部分があります。異なるプレイヤーが同じようなパフォーマンスを達成した場合に，そのプレイヤーの知名度やイメージの違いが一般からの評価の違いに大きく影響することがあります。これは社会学者のロバート・マートン（Robert K. Merton）が指摘した「マシュー効果」（Matthew effect）と呼ばれる現象です（Merton 1968）。たとえば，アメリカのメジャー・リーガーの大多数は短い期間でキャリアを終えることになる中で，実は野球の実力にはそれほど大きな違いがなかったとしても，ごく一部の成功した選手だけが，非常に長くキャリアを積むことがあります。このような現象の帰結は，成功し経済的に豊かになった人はますます豊かになり，貧しい人はより貧しくなっていく可能性があるという

ことになり，社会的な経済格差が時間とともになぜ広がるのかを説明する理論としても使われています。

　こうした現象は，オンラインのソーシャル・ネットワークの世界でより顕著に見られるものです。ブログやツイッターの購読者であるフォロワー数の規模から，単なる芸能人やタレントを越え，社会的な影響力を持つ「インフルエンサー」（influencer）の役割が形成されると，マーケターや広告会社などが広告塔として目を付けます。2012年頃には化粧品などでの「やらせ」が社会的な問題になったこともありましたが，近年は，インターネット広告の世界を越え，テレビに「逆輸入」されるような状況も見られます。YouTubeへの投稿動画の再生回数が非常に多いことで著名な，シアトル在住16年の経験を持ついわゆる帰国子女である「バイリンガール」吉田ちかなど，日本人にもインターネット配信の有名人が多数生まれています。2017年には，大人気のYouTuber（ユーチューバー）として知られるHIKAKIN（ヒカキン）をはじめとして，YouTubeを中心に活動するクリエイターたちのマネジメント会社UUUM（ウーム）が，東証マザーズで株式公開を行い話題になりました。これらは，知名度が大きく上がると，さまざまな評判のメカニズムが働き，ごく一部のノードの社会的なステータスが極端に上がる例です。

　このような現象は，ビジネスパーソンや政治の世界でも多く見られます。たとえば，メディアへの露出の多い経営者が，「社会的に構成される現実」からカリスマ性のある経営者と認知され，そのイメージがつくられれば，社会的に影響力の大きなインフルエンサーとしてますます持て囃されることになります。

　このような現象が起こるのは，人間の社会心理（social psychology）によるものです。たとえば，プロ・スポーツにおいては一般的に，実力に大きな差がなくても，一握りの超一流のプレイヤーとそれ以外とでは待遇に大きな開きがあることはよく知られています。1990

年代に NBA のシカゴ・ブルズ（Chicago Bulls）を牽引したスーパースター，マイケル・ジョーダン（Michael Jordan）は，カリスマ性のある天才バスケットボール・プレイヤーとして，その年俸も突出しており，それ以外の選手と大きな開きがありました。近年のアメリカのメジャー・リーグにおいても，一部のスター選手の年俸は突出したレベルになっています。同様にイングランドのプレミア・リーグでは，大手のクラブが高額年俸で世界中からサッカーのスター選手を集め，人気を博しました。日本語では「格の違い」という表現がありますが，ほんの少しの実力差であっても，一般的にファンは超一流として集合的に認知された対象に強く惹かれるのです。

このような視点から考えると，スポーツ用品メーカーとインフルエンサーのパートナーシップの意味を深く理解できます。メーカーは，広告塔として，超一流と認められるプレイヤーのみを宣伝に使うことで，そのブランド力を大きく向上させることが可能です。したがって，企業がどのようなパートナーと組むかで，そのブランド・エクイティ（brand equity）には大きな影響が出ると考えられることから，将来有望な選手を見つけ，パートナーとしてネットワークを組むことで，スポンサーとして育てていくことが目指されることになります。たとえばナイキは，1990 年代に多くの超一流のプレイヤーと組むことで大成功した会社であるともいえますが，同社と契約していたタイガー・ウッズ（Tigar Woods）のブランド力はスキャンダルによって大きく損なわれてしまい，多くの企業が彼とのスポンサー契約を打ち切りました。また近年は，ユニクロがプロ・テニスのノバク・ジョコビッチ（Novak Đoković）や錦織圭とスポンサー契約を結び，その後の彼らの大活躍が同社のイメージを向上させ，世界進出を助けているのは否定できないところでしょう。その裏には「マシュー効果」とネットワークのメカニズムが働いているといえます。

4.3 フィギュア・スケートに見る「現実」と多義性

　本項では，オリンピックを社会的な「現実」と捉え，その意味について考えてみることとしましょう。たとえば，フィギュア・スケートとは何でしょうか。そこには多義性・多面性があります。ソチ・オリンピックのフィギュア・スケートでは，男子の羽生結弦が金メダルをとって優勝したのに対し，女子の浅田真央は6位入賞に留まりましたが，日本のマスコミやファンは最後まで真剣に演じた姿に共感し，その演技に「満足」しました。彼女の成績を競争と投資（練習費用とメダルの数，すなわちROIまたはROE）の視点から見れば，惨敗に近い結果です。しかしながら，別の面から考えれば，広く日本の聴衆から共感・感動を呼んだのであり，その前後の報道の多さなどからも商業的に成功したとも捉えられます。

　このように，「社会的に構成される現実」としてのオリンピックのフィギュア・スケートは，純粋なスポーツ・イベントを離れて多様かつ多義的な要素を含みます。ここには聴衆の情緒的な盛上りや国のプライドがあり，ファンにとっての偶像や物語のヒロインなどとして，個人により認知され，集合的に意味づけされた，フィギュア・スケートのシンボリックなスター選手の世界が広がります。

　そこには，多面的かつプラグマティックな文化的価値基準が存在します。同競技に対しては，曖昧なルールによるショーであり，メディアやステークホルダーがつくった「幻想」に過ぎないとの批判もあるようですが，その背景には，主催者やメディアおよびスポンサー等のビジネス・ネットワーク，スポーツの商業化，社会集団としてのアスリートのステータス上昇などの諸事情が見られます。

　すなわち，オリンピックは，観衆1人1人にとって多様な意味を持ちますが，同時に，それは異なるコンテクストに沿って状況的に生まれるいくつもの基準から，意味世界において集合的に共有された「現実」として存在するのです。したがって，もしオリンピック

を社会学的なリサーチの対象とするなら，メダルの数だけでなく，観衆がそれをどのように主観的に解釈し，社会がどのようにそれを「現実」として受け入れたのかに関する複雑さ・多面性・多義性を記述しなければ，社会科学としての「事実」は説明できたことにならないのかもしれません。このような現象を文化的に捉えようと思えば，具体的には，さまざまな関連団体を含めた組織フィールドの構造とその戦略に加え，スポンサー，メディア，競技を主催する団体などにつながるソーシャル・ネットワークを分析し，また，メディア報道をディスコース・アナリシスとして詳細に内容分析することが，ひとつのアプローチ方法となるでしょう。

　このことが示唆するのは，たとえばメーカーのビジネスであれば，販売の窓口や商品取次ぎのエージェントに社会的に認知されたステータスを持つ対象を選ぶことが，そのパフォーマンスに大きな影響を与えるという可能性です。「社会的に構成される現実」の視点から見ると，これは，自社のコスト，テクノロジーおよび品質，投資・財務状況等の管理や，効率のよいロジスティックス，ITシステムの構築によるサプライ・チェーン・マネジメントなどと同様，あるいはそれら以上に，きわめて重要な問題です。

　これはマーケティングとブランド力の構築にも関連することですが，自社の商品やサービスのよさについて，パートナーのネットワーク中心性の高さを使い，市場にその品質に関する象徴的なシグナルを送れば，そのブランド力を高められる可能性があります。たとえば，宣伝やマーケティングを担当する広告会社のステータスは，スキルやセンスのよさを伴うのみならず，その企業が持つネットワーク上での評判を呼び，宣伝する商品自体のブランドによいイメージを与えることがあります。戦略マネジメントに関して，高いステータスを有する外資系のトップ・コンサルタント会社を使うことで，マネジメントの意思決定に正統性を与えることができるかもしれま

せん。ERP システムの設計会社の評判は，それを導入した企業の情報化の進捗度と効率化の先進性に関する実態についてのイメージに影響を与えるでしょう。このように，ビジネスの世界における文化と表象の問題は，今後ソーシャル・ネットワークからのアプローチと絡み合いながら重要性を増していくものと思われます。

4.4　現象学とソーシャル・ネットワーク
——構造と内容の統合による戦略マネジメントの可能性

　本章でさまざまに説明してきたように，ソーシャル・イノベーションの時代において，上述の諸理論・諸概念や方法論に関する考察は，種々の組織や社会的なプロジェクトの戦略マネジメントに多くの知見を提供します。これらをソーシャル・ネットワークの考え方と組み合わせることで，マネジメントには大きなビジネスの可能性が生まれます。

　たとえば，ソーシャル・ネットワーク分析の大きな特徴としてここまでも繰り返し強調しているように，分析の基本は「ノードのペアの関係」にあり，ノードのレベル設定により，マイクロからマクロまでさまざまなレベルでの分析と説明が可能です。換言すれば，分析レベルや単位としてのノードのレベル自体は問題ではなく，分析レベルの統一があれば，従業員など個人のインタラクションのレベルから，マネジメントや部署などのチームのレベル，あるいは全社レベルでのコミュニケーションのインタラクションのネットワークまでが分析可能であり，さらに，ステークホルダーとなるさまざまな社会集団や他組織などとの関係も，記述的な定性分析を含め，表象的な意味づけや解釈の集合知あるいはコミュニケーションの問題として，戦略的に取り扱うことが可能となります。

　そして，シンボリック相互作用論，ドラマツルギ，エスノメソドロジー，ディスコース・アナリシスなど，コミュニケーションと文

化の内容に踏み込む記述的な定性的分析を，構造分析としてのネットワーク分析と組み合わせることで，組織や戦略マネジメントを巡る「構造と内容」，あるいは「文化と社会構造」の統合的な研究に，大きな可能性が広がります。関係性からの構造分析を可能にするネットワーク分析により，特定のモノやサービスが売れたり，ニュースが検索されたりする社会現象の原理を考えるだけでなく，企業によるコーポレート・コミュニケーションとして行う情報発信について，「生活世界」における個人の主観と認知，間主観性による集合的な解釈と意味づけの共有などを，マネジメント・チーム，同値性の高い従業員の集団，企業全体，消費者などの異なるノードのレベルやさまざまな社会集団の立場から，状況的なコンテクストに沿って分析することが可能となります。それらの集合的な意味づけや表象的なコミュニケーションの解釈などを「分厚い記述」により描き出せば，異なるステークホルダー間のダイナミクスについて深く理解できる可能性が生まれます。

　CSR については，たとえば，営利企業は株主価値の最大化を目指すものであり，社会的な貢献は本来の目的ではないという金融エコノミストらの主張もあります。その一方で，「ステークホルダー理論」は，企業は利害関係を持つステークホルダーのために存在するのであり，そこには雇用・環境・倫理などに関してさまざまな社会的な責任があると考えます (Freeman 1984)。これらを受け，欧米を中心に，社会貢献活動が財務実績として企業の収益に貢献するのかという実証研究が，20 年以上にわたって積み重ねられてきました (Margolis and Walsh 2003)。

　CSR 概念の普及とその制度化を新制度学派のフレームワークから実証した研究からは，制度には多様性があり，アメリカ，ヨーロッパ，日本などにおけるそれぞれの伝統や制度化の歴史的な背景，国際機関や認証機関への対応等，企業を取り巻く環境は大きく異な

ることが明らかです（Matten and Moon 2008）。その結果、同じ資本主義経済のもとにあっても、政府・企業・業界団体の取組みを含めた企業の統治形態としてのガバナンス・メカニズムはさまざまに異なります（Whitley 1999a；1999b）。

　近年、企業の不祥事が絶えない中で、「企業とは社会と個人の生活に何をすべきものなのか」という問題が改めて問われています。加速するグローバル化と情報化への対応として、日本においても「統合報告書」を制度化する試みが進められるなど、マネジメントにとってステークホルダーとの関係性の視点はますます重要になりつつあり、中でも消費者とのコミュニケーションの大切さが増大しています。これらの動向を受けて、2014年辺りから、日本の大企業のガバナンスにおいても、市場からのプレッシャーによってマネジメントの透明性と規律づけを図る、イギリス起源の「スチュワードシップ・コード」（stewardship code）や「コーポレート・コード」（corporate code）といった考え方が広がりを見せています（北川 2015）。

　また、資本主義がつくり出した貧困や不平等などに対し、営利を目的として経済合理性を求める競争メカニズムと、社会的な援助などを基本に成り立つコミュニティとの関係を橋渡しすべく、さまざまな社会問題への取組みを持続可能なビジネスとして立ち上げようとする社会企業家が、世界的に関心を集めていることは、第2章などでも見てきた通りです。

　このように、企業の社会的な責任が活発に議論され、資本の論理としての「新自由主義」が限界に直面する中、トップ・マネジメントには、持続可能な成長を目指して、企業を社会の一員と考え、よきメンバーであることについての積極的な理想や実践的な哲学が求められています。

　さまざまなステークホルダーの立場からの集合的な認知や表象的な意味など、コミュニケーションのためのインタラクションを深掘

りする構造と内容の統合的な分析は，ノードの関係性のダイナミクスによる CSR や CSV（Porter and Kramer 2011）の実践として，その戦略マネジメントの枠組みを大きく広げる可能性を持っています。

第 **8** 章

ネットワークと文化

構造と内容

　本章では，計量分析と定性分析のトライアンギュレーションの視点から，ネットワークの構造とその内容に踏み込んでいく際に注意すべき問題について，とくに文化や制度の重要性に関する考察を進めます。前章までと重なり合う部分もありますが，本章では切り口を変えて，ネットワーク・文化・制度の関係に焦点を当てながら論理を再構築します。

1　社会学からの定量分析と定性分析

1.1　社会学の難問について──マイクロとマクロのリンク

　すでに説明したように，主にヨーロッパ世界において，中世から近世，そして近代へと社会が移行する中で，仕事の分業化や諸制度の専門化が進み，それまでのカトリック教会を頂点とした均一な秩序が，より複雑かつ多極的で多様性に富むものになりました。このように社会が複雑化する中で，なぜ社会は崩壊しないのかということが，社会学の難問となりました。そして，この難問を解決しようと，その黎明期より 200 年以上にわたり，小理論から大理論まで，さまざまな説明が試みられてきました。

　社会学では，その理論や方法論との関係で，マイクロ・レベルの

個人の社会的な行為の意味と，マクロ・レベルの社会的な構造との関連が，基本的な議論の対象となります。また，その中間レベルという意味で，企業等の組織のレベルを「メゾ」（meso）と呼んだりします。構造といっても，社会階層や，文化的な慣習，社会規範，諸制度まで，いろいろなものが含まれます。これはいわゆる「マイクロとマクロのリンク」（micro-macro link）の問題であり，社会はどのように統合され，その秩序を保ち，進化することができるのかという疑問です。

　それらは，「構造と内容」（structure and content），「構造と文化」（structure and culture），「構造とそれをつくり出すエージェント」（structure and agency）等の統合的な文脈で，理論のフレームワークが議論されます（Alexander 1987, Collins 1988, Turner 2013, Ritzer and Stepnisky 2014）。要は，マイクロ・レベルでの個人のインタラクションから，どのようにして制度や文化などマクロな社会構造が出現するのか（emergent properties），あるいは，マイクロ・レベルの個人の主観的な認知が，どのようにして集団の連帯や規律を生み出すのか，そして，これらの異なるレベルの間で，どのように知識が再帰的に影響し合うことにより（recursive），マイクロとマクロが構造化され，制度や文化がダイナミックに変化していくのか（structuration）と言い換えることも可能です（Parsons 1951, Giddens 1984, Coleman 1987；1990, Collins 1987）。

　構造と文化の統合を説明する理論的な試みの古典的な例として，20世紀半ばに一世を風靡した，タルコット・パーソンズ（Talcott Parsons）の「AGIL図式」と呼ばれるシステム論（Parsons 1951）があります（図8-1）。しかし，このような理論には，サイバネティクスを応用し，概念化と定義づけによりさまざまな要因をブラックボックスに入れ，インプットとアウトプットの機能で説明しようとしたため，マイクロ・レベルでのインタラクションが詳細に分析され

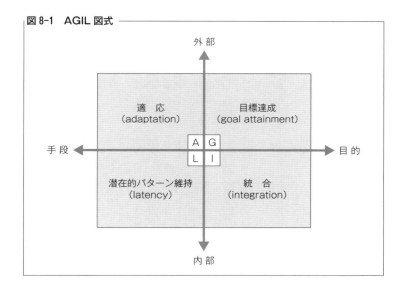

図 8-1 AGIL 図式

外 部

適 応
(adaptation)

目標達成
(goal attainment)

手 段 — A G — 目 的
L I

潜在的パターン維持
(latency)

統 合
(integration)

内 部

ないという問題がありました。

　これに対し，たとえばジョージ・ホマンズ（George C. Homans）は，社会学は生身の人間の現実社会を扱う分野であるのに，ブラックボックス化によるサイバネティクスの考え方では，人間や社会の複雑な文化が現実として語られないと批判しました（Homans 1958；1964）。そして彼は，インフォーマルなネットワークがつくり出す文化の視点から，小集団におけるマイクロ・レベルでの個のインタラクションを徹底的に観察し，組織の文化や下位集団における仲間内の「掟」を詳細に記述することで，インフォーマルな組織がフォーマルな組織のマネジメントに与える影響の大きさを明らかにする，「小集団研究」（small group studies）の重要性を主張しました。

1.2　社会学における定量分析と定性分析の歴史

　19 世紀のコントの実証哲学の伝統から，1930 年代にコロンビア

大学のポール・ラザースフェルド（Paul F. Lazarsfeld）らが統計分析をアメリカの社会科学に持ち込んだのが，社会学分野での計量分析の飛躍的な発展の始まりでした。その後半世紀あまりの間に，理論の発展とともに，さまざまな実証研究が行われ，計量分析は大きな進歩を遂げました。モデリングと手法の多様化が進み，統計分析はカテゴリカル，時系列，サバイバル・アナリシス，マルチレベル・アナリシス（multi-level analysis）など複雑化し，近年は一般に普及したプログラムとアルゴリズムの進化が続いています。その一方で，時に表層的な情報を使い，深みのない研究が横行する時代であるという批判もあります。

　たとえば，理論と方法論との関連からの批判に，実証分析に際しては相関関係と因果関係が徹底的に議論されるべきであり，検定によるモデルの有意性と説明力を示す決定係数は，どれほど良好な統計量が得られても，現象を説明する社会理論にとっては何ら意味を持たない場合もありうる，というものがあります。これらは，計量分析する際の信頼性，妥当性，再現性などといったリサーチの基礎にかかわる問題でもあります。このような観点からは，計量分析の方法論との関連で因果関係を説明するために理論の深い理解がますます重要になると思われます。

　これに対して，定性分析が重視するのは，現象の意味の多義性と多面性，多重性，組織の文化や制度の複雑さをサーベイ，フィールドワーク，参与観察，アーカイブ・データなどの「分厚い記述」により徹底的に観察し，コンテクストを含めて客観的に記述することです。個の主観的な現象の認知とその集合としての表象的な意味の解釈をえぐり出そうとする作業です。

1.3　構造分析と「分厚い記述」によるトライアンギュレーション

社会科学と自然科学や工学との大きな違いのひとつは，たとえば

社会学においては，リサーチの課題・仮説・方法ははじめからそれほど明白ではなく，時に演繹的な論理と帰納的な思考を組み合わせることで，深みを増しながら変化していくこともあるということです。また，人間社会を扱う社会学では，理工系や自然科学の分野とは異なり，コンテクストによってアプローチや視点を変えることで異なる側面を描くことが可能であり，「正解」はひとつではありません。

　このような問題を考える場合に，ソーシャル・ネットワーク分析はどのような知見を提供するのでしょうか。筆者が何度も指摘してきたように，100 年ほど前に，ジンメルの社会理論は個人と社会の間に広がるさまざまな集団の集まり（a web of group affiliations）を捉え，ネットワークの視点から個人と社会を描き出しました[1]（Simmel 1955）。その後いろいろな実証が進み，たとえば，ネットワーク分析で関係性の構造を浮かび上がらせた上で，その内容としての文化や制度を深く考察することで記述的なリサーチを進める場合があります。つまり，理論や既存の実証研究から仮説を導き，データを分析してネットワークを計測したり可視化することから始め，構造を浮かび上がらせた上で，なぜそのような関係性が生まれたのかを考えたり，追加的に定性的な資料を分析することにより，その意味を解釈しようと試みるのです。2000 年代に入り，情報処理の技術が飛躍的に進歩し，計量ネットワーク分析が手軽に行えるようになったことで，このような精緻な構造分析に加え，その内容をフィールドワークなどから深く記述し分析することが，ますます重要になるものと思われます。

　すでに第 4 章で説明したように，ネットワークの構造については，構造をつくり出す原理として，ノードとしての個人の社会的な行為

---

[1]　詳しくは，中野（2011）12-16 頁を参照。

に関し，中心性や結合性を基本とする考え方と，同値性による共起性を考える，ふたつのアプローチが可能です。

中心性や結合性については，一般的には，趣味，性別，職業，教育などに関して，同じような属性を持つノードは集団を形成しやすいといわれています。

一方，同値性についての分析の視点からは，ノードのアイデンティティとしての個性が，ネットワーク上の位置と役割として捉えられます。たとえば，ノードの位置や役割の指標から，同じような統計量をとるノードは，社会的に同値性（similarity and equivalence）が高い集団であると考えらます。一般的に，同値性の高いノードは同じようなリンクを持っているので，付き合う相手の傾向が質・量ともに似ているなどの理由から，ものの認知の仕方や社会的な行為のパターンが似ていると考えられます。したがって，彼らの間に直接のリンクがなくても，これらのノードは，社会の中で，同じようなノードとリンクを持っているので，同じようなネットワーク上の位置を占めたり，似たような役割を演じることで，同じような行動をとりやすい下位集団であると考えられます。このようなアプローチの背後にあるのが，ノードの関係性から，一見すると眼に見えない社会集団を探し出し，彼らの行動のパターンを考えるビッグ・データの分析作業の基本となる，共起性の考え方です。

こうしたネットワークの構造面からの分析に対する方法のひとつに，その内容としての文化・制度の成立ちや変化について，認知の領域に踏み込むというものがあります。近年，理工系のデータ・サイエンス，情報処理などの分野で，上述のような構造分析としての計量分析が広く行われますが，その際に多くの場合に軽視されがちなのが，ネットワークの内容についての文化的な考察や，ノードの行為についての動機に関する解釈です（cognitive network）。

そのような文化・制度に踏み込むために必要となるのが，前章で

も取り上げた現象学的な視点からの分析技法です。たとえば，「民族誌」と呼ばれることもある「エスノグラフィ」では，社会現象の文化的な構造や制度を捉えるために，そのサブ・カルチャーとしての内容を，下位集団のメンバーとして参与観察することにより，あるいは集団の外部からの観察者として，多角的にそして徹底的に記述することを心がけます。

　構造と内容からの包括的なアプローチは，リサーチのトピックについて，適切なものを適切な方法で測るという妥当性の問題や，サンプルやデータの信頼性の問題を慎重に検討する必要はありますが，客観性を持つ社会科学として，人間と社会現象を研究対象とする際に，より豊かな知識を求めるアプローチとなりえます。

　したがって，このようなアプローチを背景に，組織と戦略に関するリサーチを行う場合には以下のことが重要となります。第1に，論理の組立てについて，帰納と演繹の論理の繰返しによる試行錯誤を行うこと。第2に，分析レベルの問題として，社会，組織，個人など，マクロ，メゾ，マイクロなどのレベルを考慮すること。第3に，社会規範などの社会構造とその内容について，状況的なコンテクストを理解し，構造と文化の両面から，部分的あるいは統合的に考えること。第4に，組織，集団，ネットワークの多重性・複雑性・多義性・多面性を検討すること。最後に，ダイナミックな構造化を描き出すために，構造的な計量と解釈による定性的な分析の複合的なトライアンギュレーションも可能であることです。

2　ソーシャル・ネットワーク，文化と制度について

　ビジネスを戦略的に考える場合に「文化」とはどのようなものであるのか。これにはいろいろな答え方があります。組織研究における文化についての一般的なアプローチからは，「文化」をいく

つかのカテゴリーとして概念的に分けることが可能です。たとえば，文化が形づくられているフィールドから考察すれば，4つの異なるレベルの分析に分類することができます。第1に，国や地域により異なる文化が存在します。第2に，産業や業種（industry or business）独特の商習慣，各業界独特のしきたり，伝統的な価値観，ものの見方，認知の仕方などが存在します。第3に，同じ産業や業種の中でも，個々の企業のレベルで，組織（organization）ごとに固有の文化，個性的なリーダーシップやコミュニケーションのとり方，企業独自の仕事の進め方が存在する場合もあります。そして第4に，個々の組織の枠を越えて，仕事の専門性と職能との関連から，職業（occupation）の特性に由来する文化も存在します（Cullen and Parboteeah 2010）。たとえば，R&D担当者や技術者，営業やマーケティング，会計やリスク管理などに従事する専門家の間では，一般的にその考え方や仕事を進める上での文化が大きく異なるのは当然です。

　これらの概念を応用して職業に関する文化を実証した既存研究は多く，このような組織文化研究の歴史的な流れは，社会学における定性分析の研究方法の発展史でもあります（佐藤 2002a，佐藤・山田 2004）。古典としては，たとえば，アメリカのハイテク企業において，マネジメントがどのように従業員に企業独自の文化を植え付けるかに関する詳細な実証研究があります（Kunda 1992）。また，組織内のコンフリクト解消についての実証研究では，業種ごとに組織内での問題解決方法が異なるのはビジネス文化（business culture）の違いによるものであると説明されています（Morrill 1995）。専門的なプロフェッショナルの考え方やものの見方（professional culture；occupational culture）の違いを丁寧に説明した実証研究もあります（Abbott 1988）。

　ソーシャル・ネットワークの観点からさまざまな産業や組織につ

いて実証した研究には，フィールドワークによる定性分析や計量ネットワーク分析を応用し，組織内や組織間の関係性の構造との関連で，産業固有の制度化のプロセスやイノベーションに関する文化的要因を考えた研究がいろいろと存在します。たとえば，投資銀行業務におけるさまざまなプレイヤーの絡み合いとネットワークの広がり（Eccles and Crane 1988），生命科学とバイオ産業における組織間関係とクラスターの生成（Powell *et al.* 2005），ハリウッド映画産業における人のネットワークと商業的に成功したチームとの組合せおよびプロセス（Baker and Faulkner 1991），ブロードウェイにおけるエンタテインメント産業の歴史的な成立プロセスと人のネットワーク（Uzzi and Spiro 2005），アートとしての芸術活動の制度化に見るネットワークの重要性（Becker 1982, White and White 1993, Wakabayashi, Yamada and Yamashita 2017），伝統的なパリのオートクチュール・ファッション産業における制度とネットワーク（Kawamura 2004）などの研究は，組織フィールドとしての「産業」について，それらの固有の制度化のパターンと関係性の構造について論じながら，その内容としての「文化的な資本」の意味に踏み込もうとするものです（Bourdieu 1986）。また，ネットワークの構造と文化を論じる際に，その制度化プロセスとネットワークの進化との関連を分析する研究もあります（White 1993：2008, Padgett 2001, Padgett and Powell 2012a）。これらは，ソーシャル・ネットワークの視点から文化や制度化のプロセスを深く考えることで実証研究を深掘りし，さらに広げられることを示唆しています。

　以下では，ネットワークにおける文化と制度の意味を，ノードの関係性の構造との関連で考察します。集団あるいは組織と，それらの関係の構造がつくり出す文化や制度，そして，個々のノードの行為への文化の影響を論じるのは簡単なことではありません。ネットワークの文化，ネットワークと制度に関する，概念・理論・方法論

については，さまざまな考え方が存在します（White 1993；2008，DiMaggio 1994；1997；2011，Glynn, Bhattacharya and Rao 1996，Emirbayer 1997，Glynn 2000，Lounsbury and Glynn 2001，Diani and McAdam 2003，Padgett, Lee and Collier 2003，White and Johansen 2005，Greenwood 2008，Ashkanasy, Wilderom and Peterson 2011，Mische 2011，Padgett and Powell 2012a；2012b）。その複雑さと多面性から，統一的なアプローチを提案することにあまり意味はないため，ここでは実際にいくつかのユニークかつ実践的なアプローチを紹介します。

文化社会学（cultural sociology）や（Alexander 2003，Alexander, Jacobs and Smith 2012），文化人類学から組織を考える際に，伝統的に，組織の権力構造，言語やコミュニケーションの構造，社会システム，宗教・政治・法律・教育などの諸制度，市場経済の構造とメカニズム，アライアンスやグループ化の意味など，社会的な構造の分析に重きを置く立場があります（Durkheim 1933，Parsons 1951）。

また，個のインタラクションと集団・組織について，ソーシャル・ネットワークの構造という視点からイノベーションを論じる研究もあります。すでに説明したように，弱いつながりの強さ（SWT）や（Granovetter 1973），トライアドにおける「ブリッジ」概念を応用するなどした研究は（Burt 2005），ネットワーク構造の理論と実証から企業家精神に富む活動（entrepreneurial activities）を捉えようと試みたものでした。

これらの一方で，構造の内容を重視して，エージェント間のインタラクションが生み出す文化が個や集団へ及ぼす影響について深く踏み込もうとする研究の流れがあります（Mead 1964，Garfinkel 1967，Goffman 1967，Weber 1968，Simmel 1971，Blumer 1986）。

前者のアプローチは，現象の中で，たとえば，社会の伝統・制度や集団の規範，「掟」，習慣や儀礼などを，個人を越えた集団における社会構造としてマクロ的に捉えようとする傾向があります。これ

に対し後者は，よりマイクロ・レベルでのインタラクションの視点から，個人の社会的な行為の動機，主観的な認知，情報交換や相互作用とそれらのシンボリックな意味などについて論じ，意味社会学・知識社会学・組織認識論分野に通じるものです。すでに説明したように，たとえば組織認識論（organizational cognition）からは，ビジネス実務を，個々のノードの主観的な認知が知識やシンボルとして共有され，「現実」として集合的に意味づけられ解釈されると捉えることが可能となります。このようなマクロの構造とマイクロ・レベルでの行為者のインタラクションは，現実の社会や組織では相互に影響し合い，制度化され，また，ダイナミックに変化しながら一体のものとして成立しているのであり，構造と文化の統合を目指し，社会や組織に関する現象の説明を試みた古典的な研究は数多く存在します（Blau 1955, Simmel 1955, Giddens 1984, Latour 1988, White 2008）。

2.1　構造から生まれる文化——結合性の意味

　ソーシャル・ネットワークと文化の問題を考える場合に役立つ6つの概念を紹介します。1番めとして，ネットワークの構造から生まれる文化を捉えようとする際に参考となるのが，「結合性」の概念です。

　実際に，有名な「ホーソン実験」などに始まる行動科学的な研究が，工場現場の少人数の集団における人間関係のダイナミクスが生産性に大きな影響を与えることを発見し，その後の組織論や経営学の発展に多大な貢献をしたことは，すでに説明した通りです。基盤をつくる作業実験では，インフォーマル・グループの存在が，メンバーとしての労働者のモチベーションに大きな影響を与えることが明らかにされ（Homans 1950），その流れは，「小集団研究」や「ヒューマン・リレーションズ・スクール」（human relations school）と

して，官僚制の組織研究（Blau 1955, Crozier 1964）や，エスノグラフィを含む都市研究（Mills 1956, Becker 1963），地域コミュニティのネットワーク分析（Wellman 1979：1982）等と結び付きながら，後に発展していきました。

　その基本的な考え方は，文化や制度は，ネットワーク全体の中で，ノードのつながりの密度の高い部分，すなわち，結合性や凝集性が高いローカルなクリークやクラスターから生まれるというものです。それは，別の言い方をすれば，結合性の高い部分（cohesive sub-groups）が，下位集団として全体の慣習・文化・規範をつくり出していると考え，ノードの中心性やサブ・ネットワークの密度といった概念を応用しながら，ネットワーク全体の中で結合性の高いサブ・グループを探し出し，そのネットワークの構造と意味を明らかにすることに注力します。

　たとえば，シカゴ学派と呼ばれるロバート・パーク（Robert E. Park）やアーネスト・バージェス（Ernest W. Burgess）らは，大都市の中心部分（inner city）における地域コミュニティの崩壊や，都市の近代化により生まれた貧困層など，さまざまな社会問題の研究を，ネットワークの視点を含めたフィールドワークとして行いました（Park, Burgess and McKenzie 1925）。ブラウやコールマンも，数学的な手法を取り込みながら，官僚組織におけるインフォーマル・グループや，ネットワークにおけるノードの数と集団の個人への影響力との関連を研究し（Blau 1955：1977），社会の規範（social norms）やルールがどのようにして生み出され，集団の中に現れる（emergent property）のかを，個人とネットワークの関係から説明しようと試みました（Coleman 1958）。

　企業内に存在するインフォーマル・グループの研究，小集団研究，都市問題に関するこれらの社会学研究は，クリークの分析，すなわち，ネットワークの中でメンバー同士の結合性が強い部分の徹底し

た分析こそが重要であると考えていることから，いずれもネットワーク図の構造の解釈から始まるグラフ理論（graph theory）のアプローチをとっているという点で共通しています。

2.2 文化が構造に与える影響
——オーディオ産業における「強いつながりの弱さ」

2番めは，個々のノードの行為によりつくられたネットワークの文化が，産業全体の制度化やイノベーションに大きな影響を持つ可能性があるということです。第5章でも紹介した筆者自身によるオーディオ産業のネットワーク分析を簡略に説明し，構造と文化についての考察を進めます。

ネットワーク分析の特徴として，ノードの関係性の視点からネットワーク構造を分析するので，その対象を職業など異なる組織ネットワークのカテゴリーから捉えて分析する一方で，渾然一体となったホール・ネットワークのダイナミズムを全体の視点から捉えながら，同時に，そこに埋め込まれて独特な文化を生み出しているローカルなサブ・ネットワークを分析することも可能です。

半世紀にわたり日本のオーディオ産業は，黎明期，成長期，成熟期，衰退期または多角化の時代へと移り変わってきました。テクノロジーの進歩に伴って，アナログ・レコードからCDへのデジタル化，音楽のダウンロード，携帯音楽プレイヤーの登場と顧客ニーズの変化などの現象が見られる一方で，音楽を楽しむ方法も，「ピュア・オーディオ」あるいは「ハイエンド」等と呼ばれる音楽再生のための高級な家庭用の大型システムから，映像機器と結び付いたAVのホームシアター用セット（audio and visual equipment），携帯音楽プレイヤー，PCオーディオと呼ばれるパソコンや音楽配信ダウンロードとリンクしたものなどといった形に多様化しています。近年，アナログの大型ハイエンド・オーディオ機器を組み合わせ高音

図 8-2　日本のオーディオ産業におけるバリュー・チェーンと
　　　　３つのソーシャル・ネットワークの位置関係

	川上		川下（消費者へ）
← - →			

商流：　　　　メーカー　　　輸入ディーラー　　　小売りプロショップ
　　　　　　　OEM　　　　　国内専門商社　　　　量販店

メディアと宣伝活動：　　大きな展示会　　オーディオ評論家・ライター
　　　　　　　　　　　　エクスポ　　　　専門雑誌出版社

ネットワーク：　①ディーラー・ネットワーク
　　　　　　　　②５つの展示会と参加企業
　　　　　　　　　③オーディオ評論家と出版社の関係

質の音楽再生を追求する高級オーディオ機器の市場は縮小傾向にあ
りますが，オーディオ業界は情報処理技術やデジタル・テクノロジ
ーの進歩により，多様なスタイルの広がりを見せています。この間，
製造・販売・流通に大きな変化があったことは明らかです。

　産業をネットワークとして分析するのは，定義と境界の問題を含
むきわめて複雑な作業であり，グローバル・ネットワークまたはホ
ール・ネットワークとして，その全体像を描き出すことは現実には
不可能に近いともいえます。同時に個人間の関係から企業間の関係
まで，複雑に重層的に絡み合うネットワークを描くために，リンク
の種類によりネットワークを特定した上で，その重要な部分を描き
出せば，かなりの細部まで把握が可能になります。

　このようなトライアンギュレーションのアプローチに立ち，いく
つかの異なるレベルのネットワークを多角的な視点から計量・可視
化しました。図 8-2 が示すように，これらは産業の川上から川下ま
で，付加価値が生み出されるプロセスの連鎖としてバリュー・チェ
ーン（industry value-chain）を形成しています。さまざまなソーシャ
ル・ネットワークが重層的に重なり，複雑に交わる中で，これらの

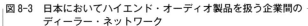

図 8-3　日本においてハイエンド・オーディオ製品を扱う企業間の
　　　　ディーラー・ネットワーク

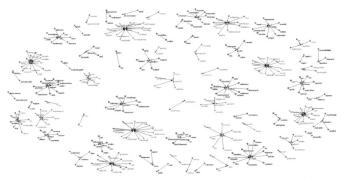

（注）　1-mode のネットワーク。339 の企業が 274 のブランドの製品を代理店として取
　　　り扱っている。
（出所）　『ステレオ』誌（2012 年 2 月）のデータから Pajak を使い筆者作成。

ネットワークは互いにダイナミックに影響し合いながら，音楽文化
やオーディオを取り巻く多様な文化を形成します。たとえば，この
ようなネットワークを，オーディオ機器製造と販売に関するプロフ
ェッショナルな仕事への考え方，オーディオ機器の評価原理，製品
やサービスへの認知，顧客との文化的なインタラクションによるぶ
つかり合いのフィールドと捉え，オーディオ関連産業の文化を醸成
しているものとして概念化することが可能です。

　具体的に，種類が異なる 3 つのネットワークから，バリュー・チ
ェーンの構造を分析します。第 1 に，日本のオーディオ産業には，
図 8-3 が示すように，分散化されたオーディオ販売のディーラー・
ネットワークの間に競争的なメカニズムが働いているという現状が
あります。

　また，図 5-2 に戻って主たる国内のオーディオ製品の展示会やコ
ンベンション参加企業のネットワークを見ると，この産業の裾野は
広く，ピュア・オーディオに限らず，日本と海外から多くのメーカ

ーが市場に参入し，さまざまな機能と役割を持つ製品をいろいろな関連分野に提供しているという構造を持っていることがわかります。

そのネットワークの構造にはブランド力によるヒエラルキーがあるのと同時に，国内ピュア・オーディオ市場に関しては二極化が進み，大手メーカーとベンチャーやプロショップとの間には戦略グループとしての境界があり，力のあるエリート・グループが存在することが示唆されています。周辺部に存在するベンチャーや独自のブランドを持つプロショップを支えるのが，専門商社の役割になっています。

ハイエンド・オーディオ機器に関する業界のヒエラルキーでは，全体が分散型でつながりながら，二極化に見られるように，中小ベンチャー，代理店，小売りのプロショップなどをつなげる凝集性の高い商社などのネットワークが重要な役割を果たしています。一方で，国内外の大手メーカー，海外ブランドの大手代理店などが形成する，集団として力を持つエリート・グループが存在します。これに加え，関連分野で製品を扱うさまざまな企業も乱立しています。これらの製品にはそれぞれ，音質・価格・品質・デザインなど，異なる評価基準に基づく多様な市場があり，関連分野の異なる文化がぶつかり合う「ヘテラルキー」としての側面もあります。

このようなネットワークをソーシャル・キャピタルと考えると，そこには文化的資本が埋め込まれているといえます。関連する産業まで含めた文化として，ピュア・オーディオの業界では音に関するさまざまな評価原理がぶつかり合い，その多様性は豊かなものです。過去20年を振り返ってみても，1990年代からホームシアターのセットが流行し，2000年代には音楽配信ダウンロードとiPodなどの携帯プレイヤーが一世を風靡しました。その後，高性能な携帯プレイヤーとヘッドフォンが隆盛となり，2014年頃からはPCオーディオと呼ばれるネットワーク・プレイヤーやPCを使ったファイル

のダウンロードとその管理によるシステムを組むための製品・サービスが本格的に広がり始めました。音楽やオーディオを楽しむ異なるスタイルの文化のせめぎ合いが，ダイナミックに新たなイノベーションを生み出してきたといえます。近年も，新たな展開として，専門誌とメーカーとのタイ・アップによるオーディオ機器やアクセサリーなど付録の充実，タワーレコード（Tower Records）などCDの大手販売店やオーディオ・メーカーとのタイ・アップによる宣伝・販売イベントなどが行われ，ソーシャル・ネットワークの組換えによる組合せのイノベーションは続いています。

　また，ハイエンド・オーディオは，生産者であるメーカー，流通販売業者，消費者が，長い時間を掛けて，技術者や，メディア・評論家を巻き込みながら，音と技術への共感に基づくコミュニティを醸成してきた世界です。前掲の図5-3は，そうした濃密なコミュニティのひとつである専門ジャーナルとオーディオ評論家とのネットワークの強いつながりを示しています。そこはもともと愛好家のネットワークとして，1世紀に近い時の流れの中で，強烈な文化的資本を醸成してきました。高級化とブランド化に加え，ファッション性・携帯性・利便性・娯楽性など音楽を楽しむさまざまな評価原理や認知のパターンが登場し，それらを取り込んだ広義のオーディオ産業は裾野を広げ，いろいろな文化を巻き込んで多様化し，関連産業に派生しながら発展してきました。

　オーディオ産業は，電気を機器により制御し，よい音をつくり出すテクノロジー，職人技としてのクラフト，音で表現された芸術を録音・再生するアート，これらを愛好する文化が同時進行でダイナミックに絡み合う，いわゆる「クリエイティブ・インダストリー」でもあります。そこでは参加者あるいは行為者の間に嗜好に関する独特の強い文化が共有され，また，それらが時間とともに制度化されやすいという特徴があります。半世紀にわたり，産業自体は黎明

期・成長期・成熟期・衰退期というライフ・サイクルを経験しました。その間，外部環境が変わっていく中で，この産業からは新たに関連分野が派生しました。さまざまな文化を持つサブ・グループのニーズに対応することでいろいろなヒット商品も生まれました。

　音質にこだわるハイエンド・オーディオに関するビジネスは，音楽鑑賞の文化を創り出しましたが，後には，上述の通り，利便性，ファッション性，携帯性，コストの追求など，その他の同値性の高いノードのグループが多様なオーディオ文化を生み出してきました。これらのソーシャル・ネットワークがヘテラルキーとしてつながることで「創造的な摩擦」が生まれ，今後も進化とイノベーションが起こることが期待されます。

　一方，文化は制度化によりネットワークを閉鎖的にする傾向があります。レコード文化に始まったアナログ中心のハイエンド・オーディオはその実例のひとつでもあり，それらはメディアによる評論などにより「神話化」されてきました。ピュア・オーディオの生産者・流通業者・消費者の間の共感による強いネットワークが独特の文化をつくり，単なる技術による音質改善に留まらず，仲間内にしかわからないメーカーの特徴，生産された時代の音質の特徴，名機と呼ばれるモデルの型番に始まり，さらに素材産業の進歩により電源の管理や接続ケーブルによる機器の組合せとその音質の微妙なコントロールなどまで追求されるようになった結果，製品価格は高騰し，1990年代には，機械工学や電気工学では説明できないような「神格化」された領域に至りました。その結果，このようなネットワークは排他的なものとなり，顧客の高齢化とともに，その市場規模は縮小していきました。そこには，「創造的な摩擦」としてのネットワークのぶつかり合いや組換えによるイノベーションはあまり活発に起こらなかったように見えます。

　アートとしての文化を扱う産業においては，生産者・流通業者・

消費者の間に愛好家の強い共感による結付きがあり，ハイエンド・オーディオの産業においても，凝集性の高い文化が制度化された結果，ローカルなソーシャル・ネットワークが仲間内の結束を強める一方，関連産業まで含めたグローバルなネットワークの展開の中では排他的なネットワークとして他の関連分野から分断され，比較的孤立した状態に至ったことが，産業の縮小に影響したと考えられます。このように，日本のハイエンド・オーディオ産業は，伝統的な文化とネットワークとの強いつながりにより，周辺で新たに生まれつつあった，より多様な製品やサービスのスタイルへの素早い対応が遅れたといえます。

2.3 「構造的封じ込め」とスタイルとしての文化

3番めに，個人が多くの経験から身につけた専門性や仕事のスタイルとしての文化が，マイクロ・レベルでのノードのインタラクションを通じたぶつかり合いにより，創造性を喚起することで，イノベーションに結び付く可能性があることを，ゲーム産業におけるソフトウェア開発を例にとり紹介します。

ノードの関係の構造が，いかに文化を創り出し，また，社会に空気のように根づいた伝統や習慣が，いかに構造に影響を与えるのか。ビジネス世界を特定の業種に絞り込んだ場合に，いわゆる業界を，基本的な価値観を共有するさまざまな社会集団がつくる「組織フィールド」と見なし，そこに存在する異なるサブ・グループ間の文化のせめぎ合いを捉えることも可能です。このようなアプローチは，ソーシャル・ネットワークの立場から，ビジネスの世界におけるノードのインタラクションが生み出す行為や戦略の社会的な正当性（justification）が，その主観的認知と集合的な意味の解釈の共有化を含めて，「生活世界」（Schütz 1967, Husserl 1970, 新田 1992）としてどのように成立するのかを解き明かそうとするものです。

「産業」とは何か。ソーシャル・ネットワークと文化の制度化の視点から解釈すると，「産業」あるいは「業界」とは，さまざまな製品・サービス・顧客などに関するプレイヤーの主観的な意味（subjective meaning）や価値観が，種々の組織的なネットワークを通じて，集団の強い文化として形成されているフィールドであると概念化することが可能です。それは，換言すれば，個々のノードが自らの属する集団の正当性を求めることで，異なる集団の価値観や評価基準がぶつかり合う組織フィールドであると捉えることができます。

　産業を研究する際，経営学や経済学などで，組織の意思決定に関するスピードと柔軟性，生産や品質管理の方法，金融面での戦略，プラットフォームやイノベーション，テクノロジーや技術開発についての議論は盛んに行われています。しかしながら，グローバルな競争環境にさらされる製造業の分析に関して，生産システムや輸送の効率性だけでは，上述のような文化的な側面の分析について十分ではありません。情報化とグローバル化の時代にあって，組織文化の多様性に関し，組織認識論や文化的な諸制度の成立ちを踏まえて，現象学的なアプローチやソーシャル・ネットワークの視点から分析することは，きわめて重要です。

　たとえば，正当性を巡る文化の多様性とグループ間のせめぎ合いを考えるにしても，ひとつの企業内には，顧客との関係と売上げを重視する営業や財務部門に対して，マーケティングやCSRなど社会貢献を重んじるグループも存在するでしょうし，開発や研究といった長期的な成果を重んじる技術部門もあります。このような場合，これらのソーシャル・ネットワークのサブ・グループ間では仕事に関する評価方法や価値観もいろいろと異なるでしょう。同じ企業の中でも，マーケティングやセールス，エンジニア，研究者やリサーチャー，調達や生産，法務，人事の従事者などは，それぞれ専門に

応じた知識や，仕事の進め方のスタイル，身につけたものの見方に基づいた認知のパターンが異なっているのが一般的です。

　こうしたプロフェッショナルな職業経験から来る文化としての集合的な認知や，評価基準，価値観は，同値性の高いサブ・グループのネットワークにおける日々のコミュニケーションを通じてより強固なものになる傾向があります。さらには，各ノードがグループの仲間と結ばれるプラットフォーム・テクノロジー，企業のハード面のネットワーク環境，オフィスのレイアウトなどのコミュニケーション環境により，組織内のグループのサブ・カルチャーとして，その価値観がより一層強く制度化される可能性もあります。

　スタークは，2000年前後に，ニューヨークの「シリコン・アレー」と呼ばれたIT産業においてソフトウェア開発をフィールドワークした実証研究に基づき，職能や技術により多様に異なる組織内部の強い文化がサブ・グループ間でぶつかり合うことによって生じる緊張関係が，組織の創造性を喚起し，イノベーションを生み出すと主張しました（スターク 2011）。

　スタークらは，また，ゲーム産業のソフトウェア開発に関する実証研究を通して，製品・サービス・仕事・顧客・取引先・チームなどについて，どのようなプレイヤーがそれぞれ異なる価値観および認知・解釈・評価基準から産業構造をつくり上げ，そのぶつかり合いがいかにイノベーションを生み出すものであるのかを，ソーシャル・ネットワークの視点から詳しく検証しました。

　データは，1970年代から2000年代までに全世界で発売されたビデオ・ゲーム産業におけるクリエイターの表現のスタイルを文化として分析しています。彼らが過去にどのようなジャンル（genre）のゲーム開発のプロジェクトに参画したかを調べ，過去のプロジェクトの経験から個々のノードが身につけた仕事の進め方，認知のパターン，技術的な知識の応用，ゲームの特徴や表現方法の変遷を特

定し，彼らが異なるプロジェクトを通して交わることで，新たなゲームが生み出されていくプロセスを，イノベーションを喚起するソーシャル・ネットワークの進化プロセスとして捉えています。そして，クリエイターのグループの文化的なスタイルの多様性が，より創造的なゲームづくりにつながると結論づけています。

このように，スタークらは，クリエイターが次々とプロジェクトとしてのネットワークへ参加することで強固な文化や考え方を学習するプロセスを，その参加履歴のプロフィールが方向づけられていく表現スタイルの変遷として捉えることで，ソーシャル・ネットワークによる文化の生成と制度化のメカニズムを「構造的な封じ込め」（structural folds）と呼び，理論化しました（de Vaan, Stark and Vedres 2015, Vedres and Stark 2010）。

2.4 アクター・ネットワークからの多義性への挑戦
——人と概念のつながりのパワー

4番めに，ソーシャル・ネットワークとの関連でしばしば取り上げられる「アクター・ネットワーク理論」（actor network theory, ANT）を説明します（Latour 1987；1993；2005, Law 1991, Law and Hassard 1999, Thevenot 2001）。1980年代からフランスの社会学の中で台頭したラディカルなアプローチですが，その急進的な考え方からさまざまな論争を引き起こしてきた理論でもあります。しかし，ヨーロッパの組織研究で最も権威ある学会のひとつである EGOS（European Group for Organizational Studies）の第27回年次大会（2011年7月7日，スウェーデン・イエテボリ）における基調講演のスピーカーに，その主要な提唱者であるブルーノ・ラトゥール（Bruno Latour）が招かれたことからも明らかなように，知識社会学・文化社会学・組織社会学に論争を起こしながら，その斬新な切り口がネットワーク分析にも新たな視点を提供してくれます。

ラトゥールが行った実証研究から説明します。彼は，フランスでルイ・パスツール（Louis Pasteur）が発明した滅菌法（pasteurization）がどのようにして制度化されるにまで至ったのかの過程について，新聞記事などのアーカイブ・データを丁寧に掘り起こし，サブ・グループであるさまざまな利益団体の間のインタラクションから実証しました。

　具体的には，まず，病気は菌を通じた空気感染で広まることがあるということをフラスコの実験から証明した，パスツールによる革新的な科学的研究がありました。しかしながら，発表当初，学術の権威であるアカデミア，病院および薬学の関係者などは，この考え方をまったく受け入れませんでした。

　この状況が一変したのは，滅菌法を信じた一部の科学者のコミュニティと衛生士の団体が手を結び，巨大なネットワークが形成されたことによります。この新たな可能性を持つ科学的な発見については，異なる解釈がさまざまに存在しましたが，衛生士のグループはこの発見の科学的な価値よりも，その帰結として自分たちの発言権が増し，医者や薬剤師などに対して自分たちの権力を強める道具としての利用価値があるとの解釈に基づき滅菌法を支持します。科学的な根拠からその正当性を訴えていたパスツールの一派の科学者たちとはまったく異なる理由から，多くのメンバーを抱える衛生士の団体がネットワークに参加したことで，巨大な勢力が生まれ，その正当性が強く後押しされ，この運動は短期間に大きなソーシャル・ネットワークに成長しました。

　こうして，当初アカデミアで相手にされなかった滅菌法は短時間のうちに制度化され，フランスにおいては滅菌法での消毒を採用していない商品は公的に認められないという認証の権威としての地位を確立するに至ります（Latour 1988）。

　ANT の考え方は，個と集団や集団間の権力争いなどにおける，

サブ・グループ間のネットワークによるつながりの力（power of association）を強調します。そこには文化的な価値観が多様に存在し，現象の多義的な解釈の重要性があります。知識を扱う科学の世界においても，その制度化のプロセスには，対象に対する個の主観的な認知と集合的な解釈を含めたネットワークのダイナミクスが大きな意味を持つことが例示されています。このようにマイクロ・レベルのインタラクションから生まれる文化を飛び越え，マクロの社会構造をつくり出すプラットフォームを生成する場合があり，ソーシャル・ネットワークの広がりには爆発的な力を生む可能性があります。

　ANTは，ネットワークという概念は人と人とに限らず，人とモノあるいは概念とのつながりとしても捉えることが可能であるという立場に立ちます。滅菌法のケースでは，科学者・医者・薬剤師・衛生士などの利益団体のグループを中心に人と人，そして人と組織のネットワークが存在していましたが，異なるグループの多義的な認知を通じて，これらのサブ・グループが微生物や「滅菌法」という異なる解釈の可能性を持つ情報によってつながることで，社会を動かすほどの影響力を持つ大きなネットワークが出現することが説明されています。

　ANTの理論は急進的なものです。なぜなら，方法論としては，人と人，人とモノ，集団と集団という異なるレベルのネットワークが混在しており，計量ネットワーク分析の基本であるノードのペアの関係を基本単位とする分析レベルの統一の原則に反するからです。彼らの主張は，計量分析と定性分析の垣根を，ネットワークというレトリックを使って飛び越えようとするものでもあり，そこには計量的な妥当性や厳密性がないという批判があります。社会的に影響の大きなネットワークがつくられながら，実際にマイクロ・レベルでどのような構造のネットワークがつくられたのか，そして，ネットワークが成長するプロセスを厳密に説明していないという批判で

す。また，集合的な認知や解釈の分析について，客観性や信頼性に疑問があると批判されることもあります。

これに対し，前出の EGOS における基調講演で，ラトゥールは，パワーポイントをインターネットにリンクさせ，インデックス価格の株式チャートとしてのグラフの構造と，各個別銘柄の業績などの数値と業績予想などの記述内容のポップアップをハイパーリンクによって示しながら，現代の社会科学においては，定量と定性，マイクロとマクロ，構造と内容をカテゴリーに分けて考えることに意味はないとの主張を展開しました。計量と定性の分析の枠組みを飛び越えて，ネットワーク分析にひらめきを与えるアイディアとして，ANT は文化とネットワークの問題を考える際に今後も注目されるべきアプローチです。

2.5 制度化の「エンジン」としてのネットワーク

文化や制度についてのアプローチは非常に多岐にわたりますが，5 番めに，制度論からの考え方について言及しておきます。制度論には，大別すると，3 つの時代背景と学術的なアプローチの変遷の歴史があります。

第 1 に，組織の内外で社会的・政治的に形成される文化の制度化プロセスの研究には長い歴史があります。初期の制度論（institutionalism）の古典としては，フィリップ・セルズニック（Philip Selznick）が世界大恐慌（Great Depression）からの復興計画におけるフーバー・ダム建設プロジェクトを研究したもの（Selznick 1949）や，ロベルト・ミヘレス（Robert Michels）が政党（political parties）が官僚組織として保守化・肥大化するプロセスを実証した研究（Michels 1962）が有名です。

セルズニックは，1930 年代に始まった大恐慌後のアメリカ政府の経済復興プロジェクトである，フーバー・ダム建設のために設立

された「テネシー・バレー復興公社」（Tennessee Valley Authority）において，新たな時代を築こうと理想主義に燃える若い人々が採用されながら，計画が具体化する過程で，地元の林業などの利権や政治的な圧力から，組織が当初の設立目的から逸脱していく過程を，フィールドワークによって詳細に描き出しました。この研究は，制度（institutions）がつくられていく過程の危うさとともに，組織の文化として一旦つくられた制度が独り歩きし始めると，思いもよらない結果（unintended consequences）を招くことがあり（Merton 1957），その力を封じ込めたり方向を変えることが，いかに難しいかを説明しています。

第2に，その後1970年代の終わりには，新制度学派と呼ばれる学術的な運動が起こりました。前述の通り，その主張は，組織は，市場からの強いプレッシャーである，3つの圧力またはフォース（forces）により，特定の方向に向かって制度化されるというものです（DiMaggio and Powell 1983）。組織は，市場経済の中で活動することで同質化され，ライバルの戦略を模倣し，司法による法律的な強制を受けるという，3つのフォースにより，制度化を促す強力なプレッシャーに常にさらされています。その結果，多くの組織がベスト・プラクティスに向かってベンチマーキングするため，その文化は，効率や合理性を求め，ひとつの方向に収斂することになります。

このような効率化へのプレッシャーの中で，現実の組織のコアとなる中枢部分には，実は効率的に目的に合うシステム（instrumental rationality，目的合理性）を備えていない活動実態が多く，そのためマネジメントは，組織と外部環境との間に遮蔽物としてクッションを置き，切り離すことにより，効率性を求める外部環境からその非効率な中枢部分を守ろうとします。マネジメントにとって戦略的に重要なのは，実際に効率よく経営されているかどうかではなく，組織が外部から見られた際に，合理的で効率がよいと評価され，市場

における正統性を得ることです。こうしてある組織が，効率性の実態はともかく，正統性の名のもとに合理的なものであると「神話化」されると，同じような組織のデザインが市場活動を通じて社会的に広がることになります（Meyer and Rowan 1977, Meyer 1994, Scott 1995）。

　これら正統性と制度化については多くの実証研究が行われ，たとえば，組織構造としての複数事業部制の制度的な広がり（Fligstein 1985），金融バックグラウンドの経営トップの台頭によるM&Aの流行（Fligstein 1990），認証システムとしてのISOの普及（Helms, Oliver and Webb 2012），社会運動の制度化からの広がり（Rao and Kenney 2008）などをあげることができます。

　新制度学派の大きな貢献は，初期の制度論が官僚制などにより組織が特定の方向に制度化され独り歩きし始めると，それに歯止めをかけたり，その方向を変えたりすることはきわめて難しく，コントロール不能となる可能性があることをフィールドワークから示したのに対し，その理由を，3つの制度化のフォースとして理論化したことです。加えて，組織における実際のマネジメントやオペレーションのパフォーマンスなどに関する内部の効率性より，外部から見た場合に，組織が目的合理性により効率性を基本に動かされているという正統性を持っていることこそが重要となることを論理的に指摘したことです。

　そして第3に，制度のダイバーシティ，すなわち，制度ロジックの多様性を主張する流れが生まれます。現実の社会では1990年代以降経済のグローバル化が進み，情報化の波が押し寄せ，組織を巡る市場の制度化は，新制度学派が予想したようには進みませんでした。

　新制度学派の理論によれば，制度化は，組織のデザインや市場の制度をひとつの方向に収斂，あるいは収束させるはずであるのに，

実際には多くの場合，むしろさまざまに異なる制度が並列する多様化が進みました。たとえば世界には，ヨーロッパ諸国や，日本・韓国をはじめとした，アメリカとは異なるさまざまな資本主義の形態が発展しました。ほかにも南北アメリカ，ヨーロッパ，アジア，中東など，伝統や商慣習が異なり多様な文化を持つさまざまな地域にも資本主義は広がり，取締役会などの仕組みや，株式の所有関係・下請関係なども，地域ごとに大きく異なる企業の統治形態が発展しました（Aoki 1988，Hamilton and Biggart 1988，Lincoln and Kalleberg 1990，Pyke and Sengenberger 1992，Lane and Bachmann 1996，Stark 1996，Hollingsworth and Boyer 1997，Fruin 1998，Holmstrom and Cadene 1998，Lin, Cook and Burt 2001，Davis 2005，Lincoln and Gerlach 2004）。

　こうした実際の制度や文化の多様性を受けて，その後の制度論の研究では，このようなダイバーシティが出現する理由を説明することが必要になりました。より詳細に，地域・国などの伝統習慣や文化などのコンテクストを所与として，制度ロジックの違いから制度化プロセスの多様性を解明する理論と膨大な実証研究が，ヨーロッパを中心に非常に盛んになりました。それらには，イベント・ヒストリーを追いながら，インタビューや文献資料から，ディスコースの構造やシンボリックな意味づけを分析するなどといったものがあります。また，アメリカや日本の学会でも，制度ロジックの多様性に関する研究は盛んに行われました（Hollingsworth and Boyer 1997，Whitley 1999a；1999b，Ostrom 2005，Suddaby and Greenwood 2005，Greenwood 2008，Thornton and Ocasio 2008，Greenwood *et al.* 2011，Kotosaka and Sako 2017）。

　こうして大きな盛上りを見せた制度研究は，しかし，実際に制度を定義する際に幅広い概念化が可能であったり，理論化や制度ロジックの分析のための実証の方法論などに関して統一的な見解を示すことが難しく，現在，非常に多くの研究者を巻き込みながら，さま

ざまな論争を抱え込んで混乱があることも事実ですが，最近では，制度の多様性とその複雑さに焦点を当てる研究が多くなってきました（Ostrom 2005，Kraatz and Block 2008）。それらは，社会の制度化を促すさまざまな論理や認知のフレームとしてのロジックに焦点を当てることで，多様性を説明しています（Thornton and Ocasio 2008）。

また，制度化が進む中で，どのようにして新たな製品・サービスや市場がつくられていくのかを，「制度的なアントレプレナーシップ」（institutional entrepreneurship）という概念から説明する試みもなされています（DiMaggio 1988，Friedland and Alford 1991，Hardy and Maguire 2008）。

このように，制度論を巡る学術研究が，やや混沌とした状況にあり，さまざまな立場が乱立する中で，ソーシャル・ネットワークと制度化に関する議論を深めることは容易ではありません。したがって，ここでは既存の学術研究からその流れと可能性を以下のように簡略に整理するに留めます。これまで説明してきた，中心性と結合性，同値性と共起性，イノベーションの伝播，アライアンス，「構造的な封じ込め」やANTの研究などからも明らかなように，ソーシャル・ネットワークは，情報のパイプとして伝播のプロセスを通じて市場の制度化を推し進め，特定のプラクティスを急激に普及させ（Davis 1991，Valente 1995），関係性の権力構造は時に制度をつくり出します（Mizruchi and Stearns 1994；2001）。

また，企業間のアライアンスなどに見られるように，ネットワークは，ノードとしての企業を色分けし，ランクづけする「プリズム」として機能し，関係性から見たノードのステータスを示唆するので（Podolny 1994；2001；2005），とりわけ市場の不確定性が高い状況では，企業が市場における正統性を獲得するために戦略的に用いられることがあります（Stuart, Hoang and Hybels 1999，Jensen 2003；2008）。

以上のように，制度化とネットワークの研究には密接なつながりがあります。その生成の理論や論理的なプロセスの説明は多様ですが，ソーシャル・ネットワークが組織・市場・社会などの制度化現象を生み出す「エンジン」となりうることは，さまざまな研究が示唆しています[2]（Powell and DiMaggio 1991, Mizruchi 1993；1996, Emirbayer 1994, Smelser and Swedberg 1994；2005, Brinton and Nee 1998, Beckert 2002；2010, Powell and Smith-Doerr 2005, Powell *et al.* 2005, Mische 2011, Padgett and Powell 2012a, Scott 2014）。

2.6 「需要サイド」へのシフト
──ソーシャル・メディアと戦略マネジメント

最後に，6番めとして，ネットワークと文化について考える際に，近年重要になりつつある「需要サイド」（demand-side）からのアプローチについて紹介します。「需要サイド」とは何を意味するのか，厳密な定義があるわけではないのですが，一般的には，バリュー・チェーンを考える際に，川上に比べ川下からの視点を重視する考え方です。たとえば，消費者のニーズを重視した戦略的なアプローチや，参加者の製品・サービスについての認知や解釈を考察し，その形成プロセスに焦点を当てること等を意味します。

ICT の情報処理技術との関連でいうと，SNS や IC カードなどのいわゆるビッグ・データや，消費者が発信する情報（consumer generated media, CGM）には資産としての大きな価値があり，企業は，それらの情報を活用して大きな付加価値を生み出すことが可能になりました。そこで，EC においても B2B より B2C の企業活動を対象として，生産物やサービスの提供者である企業と消費者との対面のインタラクションのみならず，CSR・CSV 戦略やマーケティ

---

2 組織文化や制度論を解説した日本語文献としては，佐藤・山田（2004）が参考になる。

ング戦略などオンライン取引あるいは企業の対外的なコミュニケーションを含めた，多面的な接点を考察することが多くなります。

ノードの関係性の構造がいかに文化を創り出し，また，マクロ・レベルの社会に空気のように根づいた伝統や慣習がいかにエージェントとしてのノードを動かし，そして，再帰的にマイクロ・レベルの各ノードのインタラクションが再び集合的な文化的資本に影響を与えるのか。ビジネス世界を，価値観を共有するさまざまな社会的な集団の「組織的なネットワーク」とそれらの集団の間における異なる文化のせめぎ合いと捉えられるということは，すでに説明しました。

ソーシャル・ネットワークの立場から，認知を巡る「意味世界」や組織フィールドにおける集団の正統性に関するダイナミックなノードのインタラクションを考えると，それは行為者の主観的な認知・解釈・意味づけがぶつかり合いながら，どのようにして豊かで複雑な集団の文化がつくられ，再構成されていくのかというプロセスを捉えようとすることにもなります。

現代のビジネス世界において，こうした「生活世界」とは，どのようなものでしょうか。オックスフォードのオンライン辞書（*English Oxford Living Dictionaries*）によれば，lifeworld は哲学用語として "All the immediate experiences, activities, and contacts that make up the world of an individual or corporate life" と解説されています。たとえば，今日のグローバル化および情報化した世界では，多くの企業は，常に変化する顧客のニーズに素早く対応し，品質が高くデザインの優れた製品を提供しながら，SNS などオンラインの取引から実店舗での対面販売まで，さまざまな販売チャネルを使います。積極的に顧客を巻き込み，CSR や IR を考慮しつつ企業戦略や戦略的なマーケティングを展開します。このような視点に立つと，マネジメントや組織の研究においても，ネットワーク分析から関係性の

構造を捉え，そこに埋め込まれた文化を認知や意味の世界から分析することがきわめて重要であることは，これまで再三強調してきた通りなのですが，これまであまり活発に行われてきませんでした。

　ここで鍵となるのは，企業が発信するブランド・イメージや製品・サービスの質についての情報に対し，個々の顧客が主観的な解釈と意味づけを行う中で，それらを提供する企業が，シンボリックな表象的文化としてのメッセージを，いかに戦略的に顧客へ伝えられるかです。それは，最終消費者としての顧客を含めたさまざまなステークホルダーとのコミュニケーションにより，社会的な共感（empathy）を得ることができるかということでもあります。

　第1章などでも説明してきたように，近年，とくにいわゆるソーシャル・メディア・マーケティングとの関連で，種々のビッグ・データの解析が注目されていますが，これらは，ソーシャル・ネットワークの視点から見ると，一見眼に見えない社会的な集団をさまざまなアルゴリズムを使って探し出す作業です。その場合にしばしば問題となるのが，データに含まれるノイズの存在です。母集団からサンプルを抽出し計量分析を行うのが一般的な統計分析ですが，情報処理の技術が飛躍的に進歩した結果，最近では巨大なデータを直接分析することが可能になり，たとえば，人と商品や概念の関係性を大規模ネットワークとして可視化することもできるようになりました。

　こうした場合に，たとえばウェブサイトで商品を見た人と実際に購入した人との間にギャップがあったり，SNSで商品についてコメントしたり口コミの発信源になるような人が時に一般的な消費者ではないことがありえます。また，彼らが，企業が潜在的なターゲットとしている購買層とは違うセグメントに存在している可能性もあります。さらに，コメントするのが当事者でない場合も多く，匿名性の高いSNSでは否定的あるいは批判的なコメントが多くなる

傾向があるともいわれます。これらは正しいサンプルを的確な方法で計測しているかという，リサーチの信頼性と妥当性にかかわってくる問題です。

日本でも2010年頃から，ソーシャル・メディア・マーケティング関連の書籍やビッグ・データ解析をコンサルティングするためのマニュアル本が多く出版され，クラウド・ソーシングなどといったビジネスとの関連も含め，ICT系の戦略やマーケティング・コンサルティングを行うビジネスが盛んになっています。しかし，これらの多くは，現象学的な深い視点からの情報に関する意味づけや，使われるコンテクストを解釈した文化・言葉の内容分析が不足していることが多く，ともすると，計量分析アプローチからの構造分析に偏りがちです。

また，ブログやSNSが普及するにつれ，前述のようにタレントを使った「やらせ」の問題が発覚するなどして，消費者からの情報への信頼が大きく損なわれたことは記憶に新しいところです。実際にも，たとえば「食べログ」などで紹介されても，来場者数の増加などに結び付くインパクトの「有効期限」は，近年短くなる傾向にあるといいます。オンラインのコミュニケーションの難しさは，メッセージの発信内容を少し間違っただけでも簡単に「炎上」し，そのイメージの払拭が容易ではないということです。

戦略マネジメントにとっては，バリュー・チェーンを概観した上で，ポジショニング・アプローチや資源ベース論などといった企業戦略の理論を踏まえたアプローチをとることに加え，市場を睨みながらの川下におけるコミュニケーション戦略の重要性が増しています。具体的には，ソーシャル・ネットワークの関係性に基づいて，需要サイドの視点に立ったマーケティングやIRまで含めたステークホルダーとのコーポレート・コミュニケーション戦略までを一体に考えた上で，オンラインのマーケティングと実店舗の対面販売を

いかにコーディネートしていくのかといった問題です。

　営利企業の利潤追求は資本市場システムの基本ですが，第2章で環境変化として議論したように，持続可能な経済システムあるいはサステナビリティに配慮した地産地消などにおいては，営利ビジネスと非営利組織との境界は曖昧になりつつあり，また一部では，営利目的の大企業とソーシャル・ベンチャーとのタイ・アップなども重要視されつつあります（岡田 2015）。その際に重要になるのは，本書を通して繰り返してきたように，組織のマネジメントからオンラインの SNS を通じてのコミュニケーション戦略までを，ノードの関係性の視点から統合的なソーシャル・ネットワークの概念で捉えることです。それは，長期的には，上記のような社会性の高いメッセージや経営哲学を基本とした情報発信によってさまざまなステークホルダーから共感を得て，戦略的な互恵関係を構築することで利害を調整しようとすることにもつながるのです。

終 章

戦略的プラグマティズムへの指向

1 統合的な関係性からの戦略マネジメント

　資本主義社会にあって，現代の私たちの多くは，「企業」という
フォーマルな組織との間にステークホルダーとして何らかの形で利
害関係を持っています。組織としての企業は多くの人々の生活にと
ってきわめて重要な存在であり，そこに関連するソーシャル・ネッ
トワークの視点から戦略マネジメントについて理解することは，き
わめて現実的かつ重要な問題です。

　企業とは，指揮命令系統を基本としたフォーマルな組織であるの
と同時に，さまざまなインフォーマルな人間関係としてのソーシャ
ル・ネットワークの集まりであり，また，マネジメントがビジネス
を遂行するための人のコミュニティでもあります。

　そもそもフォーマルな組織である企業を，人のインフォーマルな
ネットワークの集まりとして捉えた場合に，その集団の存在目的
とは，具体的にどのようなものになると考えられるでしょうか。
営利組織の側面だけを見れば，狭義には企業は短期の定量的目的
（objectives）や定性的目標（goals）等を達成して株主価値を最大化す
べきということになるのでしょうが，広義の存在理由は，企業戦略

●213

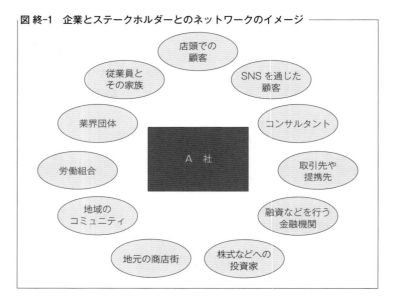

図 終-1　企業とステークホルダーとのネットワークのイメージ

店頭での
顧客

SNS を通じた
顧客

従業員と
その家族

コンサルタント

業界団体

A 社

取引先や
提携先

労働組合

融資などを行う
金融機関

地域の
コミュニティ

地元の商店街

株式などへの
投資家

分野でいうところの中長期に掲げる全社的な「ミッション」であり，わかりやすく表現するなら「経営理念」や「経営哲学」ということになるでしょう。そこには企業が社会にどのようにかかわり，社会のメンバーとして貢献できるのかという理想やメッセージが含まれます。

　ソーシャル・メディアの役割が広がる現代社会において，ビジネスの世界は，個々の企業や地域コミュニティの活動を越えて大きな広がりを持ち，個人・集団・組織のさまざまなネットワークが重層的に広がる複雑な関係の中で成立しています。本書では，事業やコミュニティのプロジェクトの戦略マネジメントについて，ソーシャル・ネットワークの視点から，理論的に説明し実務へ応用する可能性を探りました。

　ジンメルが概念化した「ネットワークの多重性」の視点に立つと (Simmel 1955)，企業の営利目的の経済活動や，NPO が担う社会的

なプロジェクトの根底には，異なる目的を持った非常に多くのフォーマルまたはインフォーマルなネットワークが複雑に入り組んでいることが見えてきます。そこにはフォーマルなヒエラルキーとなっている企業内の指揮命令系統で結ばれた関係以外にも，株主と経営者との関係，経営者と従業員との関係，従業員同士の関係，従業員と家族との関係，従業員と地域のコミュニティや商店街との関係，地場の納入業者としての下請業者と親企業との関係，企業と顧客との関係，企業と流通業者との関係，金融機関と企業との関係などが含まれます。

　また，経済社会学の立場から見ると，社会的な行為の中には，自らの価値観・習慣・伝統など，経済合理性とは異なる判断基準に基づいて行われていることが多々あります。このような社会的行為によって生じる関係性の構造であるソーシャル・ネットワークは，時に経済的な目的合理性を離れたところで成立します。短期的な目的合理性を基本とする理論のフレームワークは，株主以外のステークホルダーの利害を無視してしまいがちですが，それでは同様にステークホルダーであるはずのコミュニティのさまざまなメンバーの利害が反映されず，根源的に緊張関係を内包しやすい傾向があるといえます。

　このような視点から，本書では，戦略マネジメントの対象を個々の組織からコミュニティのプロジェクトを含めた組織的な問題に大きく広げ，ソーシャル・イノベーションのさまざまな戦略的課題の分析と位置づけました。ネットワークの視点から社会をデザインするというソーシャル・イノベーションのマネジメントの実践です。以下で，そのための具体的なポイントをいくつか振り返ります。

　第1に，統合概念としてのソーシャル・ネットワークに基づいて戦略マネジメントを理解することです。SNS の「ソーシャル・ネットワーク」と，組織を巡る「社会ネットワーク」は概念として切

り分けられるべきではなく，社会現象の根本にある行為の社会性を分析するには，コンピュータ・サイエンス，情報処理，工学，物理学など理工系の知識に偏ったコンサルティングだけでは限界があり，経済社会学，組織論，組織認識論，社会心理，コミュニケーションなどといった社会科学の諸分野から知見を掘り下げることが重要になります。

第2に，ソーシャル・ネットワークの実証研究に関しても，情報処理や，工学系・物理系などからのアプローチによるビッグ・データの解析技術が進んでいますが，それらのデータにはバイアスが多く含まれることに留意するのみならず，個と集団のダイナミクスに存在するコミュニケーションの深い意味を社会学などの知識から理解する必要があります。たとえば，昨今では従業員をノードとして，その位置情報を収集し，誰がどのような動きをし，誰と誰がどのくらい一緒にいたのかなど，従業員間の日々のコミュニケーションをネットワーク・グラフに可視化してコンサルティングが行われることがあります。このようにして描かれるネットワークは，グラフとしては美しくても，具体的にどのような内容の話がなされ，どれくらいの時間が共有され，深い関係性が築かれたのかといった，コミュニケーションの文脈や状況としてのコンテクストとその文化的な内容を無視したものである限り，構造分析としてはあまり意味をなさないこともありえます。

一般的に，経済取引は社会的な人間関係に埋め込まれています。IoTの時代が到来しても，ビジネスを考える際に，人間の社会性や，個人と集団や組織とのコミュニケーションの問題は切り離せません。社会学や文化人類学などの分野で発展してきた行為の象徴的な意味づけなどを考察する定性分析の方法を，社会現象や組織に関する定量ネットワーク分析とどのように融合させていくのかについては，今後の発展が期待されます。これらの知見はビジネス実務に広く応

用可能であり，学術的な実証研究の成果と戦略マネジメントの現場は直結しています。

第3に，人や組織の関係性がつくり出すコーポレート・コミュニケーション戦略として，メディア等に対する際にも，ソーシャル・ネットワークの諸概念は多くの応用可能性を持っています。その際，計量ネットワーク分析を応用するならば，上の議論からもわかるように，社会学組織論・戦略論・マネジメント理論等を経済社会学から包括的に理解することが重要です。ネットワーク分析では，多義性，多様性，多重性，再帰性，正統性，全体と部分，推移性と集団のダイナミクスなどを深く理解することが求められますが，こうした知識こそが研究者や実務家を深い洞察と思考へ導くのです。

ネットワーク分析は，人間の社会行動の基本となる合理的な判断の基準を，伝統的な経済学が前提とする目的合理性に限定せず，個人の価値観，社会の伝統・習慣，人と人との共感など，社会学で扱われるさまざまな基準に広げたことで，複雑なネットワークが織り成す眼に見えない社会構造を可視化し，私たちの社会における人や組織の関係が形成される意味を深く解釈することを可能にしました。

このようなマネジメントの視点が組織のパフォーマンスや社会の組織的なデザインに与える影響はきわめて大きく，資本の論理として効率への競争原理を持っているだけでは，企業は長期的に生き残れず，むしろ CSR や「共有価値の創造」としての CSV などといった形でステークホルダーとの共創を重視しない企業や組織は，将来的に大きなチャンスを失うことにもなりかねません。今後 IoT が広がって ICT と企業が提供する製品やさまざまなサービスが社会のあらゆる分野でつながる時代を迎えるにあたり，統合的なソーシャル・ネットワークの理解はますます重要になっていくでしょう。

EC すなわちオンラインでの取引が増えていく中では，企業内の従業員と企業との関係である B2E（business to employees），メーカ

一間や卸と小売りなどの企業間取引関係である B2B に加え，企業と消費者との関係である B2C での価値の共有がますます重要になるものと思われます。そこでは，O2O として，店舗での対面販売などにおける消費者とのインタラクションから，インターネット上でのコーポレート・コミュニケーションまで，マネジメントには一貫した姿勢と戦略が求められます。このような経済社会学からのアプローチは，日本においてはようやく始まったばかりです。IoT が本格始動し，ソーシャル・デザインが語られる時代を迎え，そこには大きな可能性が広がっています。

2 ネットワークとソーシャル・デザイン
プラグマティズムからのアプローチ

　最後に，ICT の進歩により，SNS を使ったソーシャル・ネットワークが，現実のソーシャル・イノベーションを生み出した O2O の実例を紹介しましょう（TED 2014）。マーク・クシュナー（Marc Kushner）はアメリカの若手建築家です。2007 年に，彼が公共建築物を紹介するウェブサイトを立ち上げたところ，世界中の建築家からさまざまな投稿が続きました。それらを詳しく検討する中で，彼は，建築には地域のコミュニティの歴史をモチーフとした表象的なシンボルをデザインへ象徴的に取り込んだ伝統的かつきわめて保守的なものと，建築家が伝統と保守性を嫌って歴史を無視し徹底的に機能性のみを追求したものが，時代を追って交互に現れていることに気づきました。過去 30 年間の公共建築の歴史を振り返ったところ，これらふたつの両極端な方式が，振り子が振れるように交互に流行していたというのです。彼によれば，そのどちらも建築物を実際に利用する消費者である公衆（public）のニーズからは掛け離れており，そのようなデザインはコミュニティから愛されるものにな

らないといいます。

こうした中で，フランク・ゲーリー（Frank O. Gehry）の設計によって，1997年に完成したスペイン・ビルバオのグッゲンハイム美術館（Guggenheim Museum Bilbao）は伝統的なモチーフとしての「シンボル」と建物のデザインの「革新性」を融合した建築として称賛され，完成後には年間来場者が25倍になりました。これがきっかけとなって，2000年頃から都市のツーリズムの対象となる世界の公共建築を設計するスター建築家が誕生します。

なぜこのようなことが起きるのかについて，クシュナーは，公共建築には設計段階から完成まで4年程度が掛かり，完成時には当初の設計のコンセプトが時代に合わないものになりがちであることを指摘しています。こうした中で建築の設計者のデザインと消費者である公衆が求めるものとの間に大きな隔たりが生じてしまうため，クシュナーは，そのギャップを埋めようとSNSを活用しました。

実際にニューヨーク郊外にあった古いリゾート施設の建替えに際し，クシュナーらは，当初の設計デザインをウェブで公開し，インスタグラムに建物ができ上がっていく様子をアップロードしながら，完成までの2年間，人々からの書込みやコメントを求め続けた結果，その伝統と歴史への配慮と機能的な革新性を巡って，オンラインで多くのディスカッションが続きました。そして，建物が完成し，ステークホルダーとなったさまざまな関係者を集めたオープニング・パーティの際には，ソーシャル・ネットワークを通じてこれらのディスカッションに参加した人々の間に，この建築物とのかかわり合いの中で生まれたさまざまなストーリー（stories）や，集合的な記憶，建造物への情緒的愛着や思入れ（emotional attachments）がすでに形成されていたのです。

現象学的な視点からは，このリノベーションのプロジェクトは，個人の主観的な認知が導く象徴的な解釈や意味づけが集合的に共有

されることにより，コミュニティの歴史を伝える構造物に象徴的な
モニュメントとしての新たな価値が吹き込まれ，地域をつなぐ建築
物がつくり出されたものといえ，SNSが，人と人とをつなぐだけ
でなく，人と構造物や社会に存在する形態（social forms）とをつな
げるものとなりうることを証明しています。ここでは，建築のデザ
インが，プラグマティックな価値として，さまざまな評価の装置を
通じて捉えられています。ここにはまた，さまざまなステークホル
ダーがネットワークを通じて協調し，価値を安定化させたという側
面も見て取れます。

　これは，SNSが情報を拡散し，双方向の素早い伝達が可能だと
いうメリットを活かしてO2Oのプラットフォームをつくり，ステー
クホルダーの間のダイナミックなコミュニケーションによって状
況が激しく変化していく中で，デザインに柔軟性を持たせながら再
帰的に思考を巡らせ，動態的にプロジェクトを進行させた実例です。
このプロジェクトは，実践からの知識とプラグマティズムの思考の
プロセスを，公共建築のデザインに応用したものと捉えることが可
能です。

　これはまた，ソーシャル・メディアが伝統的かつ表象的なシンボ
ルの意味と建築の機能的な革新性の間とを橋渡しした結果，異なる
概念が同時進行でぶつかり合う中で，消費者のニーズがフィードバッ
クされ，それを実践的に設計に反映させ続けてプロジェクトを進
行させた，オープン・イノベーションによるソーシャル・デザイン
でもありました。建築は私たちの社会を形づくるものの大きなひと
つであるということもあって，ステークホルダーとしてコミュニ
ティを形成する人々は，多様な知識と多義的な経験を共有しながら，
創造的なインタラクションがもたらす緊張関係の中で，プラグマ
ティズム哲学の実践により，建築家の当初デザインを，将来の消費者
にとって，より親しみやすく使いやすいものへ動態的に修正してい

ったことは，コミュニティをよりよいものにしようという理想の実現を指向する精神が込められています。[1]

　この例は，ソーシャル・イノベーションが私たちの社会にどのような意味を持ち，ソーシャル・ネットワークがそれをどのように具現化する可能性を持っているのかを示すものです。既存のカテゴリー概念を出発点としながら，固定的な概念による静態的な考え方を離れ，コミュニティでノードのインタラクションが進行することによる関係性のダイナミックなプロセスを通じ，デザイナーの知識と経験のみならず，状況的な認知によるプラグマティズムの精神を実践したものです。その結果，多くのステークホルダーの視点が加わりながら，コミュニティの現実のニーズに即した新たな形がつくられた成功例なのです。ここには，関係性に基づく戦略的なマネジメントによって，今後ソーシャル・イノベーションを生み出す社会のデザインに関し，ひとつのあるべき姿があります。このプロジェクトは，本書の読者の未来に対する大きなメッセージです。

　日本社会にも ICT が広がる中で，組織の意思決定に際しても 0 か 1 かのデジタル思考により形式が重視され，カテゴリーに該当していればよいという組織マネジメントと，ヒエラルキーでの統制に基づいた上からの一方的な指示による現場のオペレーション管理が

---

1 このソーシャル・デザインの方式は，2015 年に移転・新開場したニューヨークのホイットニー美術館（Whitney Museum of American Art）新館の建築にも用いられた。同館の位置するマンハッタンの南地区は，伝統的に精肉工場が建ち並んでいた地域であったが，かつて物資の輸送に使われて廃線となっていた貨物線のレールとプラットフォームがハイライン（the High Line）という遊歩道として整備され，地上 15 m ほどの高架の上をペンシルヴェニア駅（Penn Station）の辺りまでハドソン川（Hudson River）を眺めながら行き交えるようになっている。美術館は，その終点にあるガラス張りの開放的な建物で，屋上にはオープン・レストランが配置されている。そのデザインが公開された後，建設過程においては，精肉工場の建物をどうするのかなど歴史や景観の保存に関していろいろなメディアを通してさまざまなディスカションが起こり，主張の強い多くのニューヨーク市民を巻き込みながら完成後も論争は続いている。

増えてきています。これらのような官僚制によるマネジメントは，20世紀初めにウェーバーが概念化したように（Weber 1968），組織のあらゆる部署におけるルール厳守を徹底化し統一性を高める上では非常に便利で有効な道具です[2]。

　しかしながら，戦略的な思考とは，グローバル化と情報化が進んだ現代においては，簡単に0とも1ともいえないものです。複雑かつダイナミックに変化し続ける状況下では，マネジメントは，マネジャーとしての経験と知識の蓄積を動態的かつ創造性を持って応用し，ノードのインタラクションの中で常に状況を再帰的に認知しながら，実践的な組織の意思決定を行うべきです。そこにはデジタル思考とは異なる連続性と曖昧さ，意味の多義性や多様性が織り成す「生活世界」が広がっています。組織の保守性と責任回避のためのデジタル思考による単純なカテゴリー化は，形式主義の弊害を招き，表現の自由に裏打ちされた豊かな創造性に満ちた未来を開けません。現代社会においては，暗中模索の中でたくましく生きていく開拓者のプラグマティズム精神が求められます。私たちの祖先である太古の人類の生活に見られた人間本来の野生を組織化する原理，闘争と同盟，あるいは，競争と協力の長い歴史の中で生まれた集団として生き延びるための創造性と掟など，個々のノードが命がけで手に入れてきた経験と叡智を，哲学性を持ってコミュニティに問うのが本来の戦略的なマネジメントのあるべき姿です。そこには，AIがどう進化しようと人間が主でありテクノロジーが従であるという鉄則があり，実践と挑戦への戦略的な企業家精神を喚起するソーシャ

　2　このような例は，日本の組織のマネジメントや事務のオペレーションにも一般的に見られる。デジタル思考の情報処理技術に翻弄される事務の現場では，当事者に組織やネットワーク，ソーシャル・デザインとはどういうものかについての知識やプラグマティックな経験が少ない中で，管理と制度化ばかりが先行し，年々グローバルに創造性のある仕事をすることが難しくなってきていると感じているステークホルダーも少なくない。

ル・デザインが必要です。

　テクノロジーの進歩により，社会を考える基本が，静態的な情報のカテゴリー化から，エージェントとしてのノードによるインタラクションが生み出す関係性の動態的なダイナミクスに移る中で，本書が，エージェントと構造，あるいは，構造と内容としての文化を統合的に捉えようとするソーシャル・ネットワークの関係性という視点から，組織とコミュニティをつなぐプラグマティズムを指向する戦略的なマネジメントの理解の一助になればと願っています。

　読者のみなさんが，組織ネットワーク論とコミュニケーションの世界を，ソーシャル・ネットワークの統合的なフレームワークで捉えることで，戦略的なマネジメントによるソーシャル・イノベーションへの理解を深め，よりよい社会を築くべく，その知識をさまざまなビジネスやコミュニティ・プロジェクトのデザインとして現場で実践していただければ，それは筆者にとって無上の喜びです。

参 考 文 献

Abbott, Andrew (1988) *The System of Professions: An Essay on the Division of Expert Labor*, Chicago, IL: University of Chicago Press.

Abolafia, Mitchel Y. (1998) "Markets as Cultures: An Ethnographic Approach," in M. Callon ed., *The Laws of the Markets*, Oxford, UK: Blackwell, pp. 69–85.

Ahuja, Gautam (2000a) "The Duality of Collaboration: Inducements and Opportunities in the Formation of Interfirm Linkages," *Strategic Management Journal,* 21(3), pp. 317–343.

Ahuja, Gautam (2000b) "Collaboration Networks, Structural Holes, and Innovation: A Longitudinal Study," *Admimistrative Science Quarterly,* 45(3), pp. 425–455.

Albert, Réka and Albert-László Barabási (2002) "Statistical Mechanics of Complex Networks," *Reviews of Modern Physics*, 74(1), pp. 47–97.

Alexander, Jeffrey C. (1987) *Twenty Lectures: Sociological Theory since World War II*, New York: Columbia University Press.

Alexander, Jeffrey C. (2003) *The Meanings of Social Life: A Cultural Sociology*, Oxford, UK: Oxford University Press.

Alexander, Jeffrey C., Ronald N. Jacobs and Philip Smith eds. (2012) *The Oxford Handbook of Cultural Sociology*, New York: Oxford University Press.

Allison, Graham T. (1971) *Essence of Decision: Explaining the Cuban Missile Crisis,* Boston, MA: Little, Brown and Company.

Antal, Ariane Berthoin, Michael Hutter and David Stark eds. (2015) *Moments of Valuation: Exploring Sites of Dissonance*, Oxford, UK: Oxford University Press.

Aoki, Masahiko (1988) *Information, Incentives, and Bargaining in the Japanese Economy*, Cambridge, UK: Cambridge University Press.

Arthur, W. Brian (1994) *Increasing Returns and Path Dependence in the Economy,* Ann Arbor, MI: University of Michigan Press.

Arthur, Michael B. and Denise M. Rousseau (1996) *The Boundaryless Career: A New Employment Principle for a New Organizational Era*, New York: Oxford University Press.

Ashkanasy, Neal M., Celeste P. M. Wilderom and Mark F. Peterson (2011) "Introduction to the Handbook of Organizational Culture and Climate," in N. M. Ashkanasy, C. P. M. Wilderom and M. F. Peterson eds., *The Handbook of Organizational Culture and Climate, 2nd ed.*, Thousand Oaks, CA: Sage, pp. 3–10.

Aspers, Patrik (2006) *Markets in Fashion: A Phenomenological Approach*, London;

New York: Routledge.

Aspers, Patrik (2010) *Orderly Fashion: A Sociology of Markets*, Princeton, NJ: Princeton University Press.

Aspers, Patrik and Jens Beckert (2011) "Value in Markets," in J. Beckert and P. Aspers eds., *The Worth of Goods: Valuation & Pricing in the Economy*, New York: Oxford University Press, pp. 3-38.

Avery, Jill, Susan Fournier and John Wittenbraker (2014) "Unlock the Mysteries of Your Customer Relationships," *Harvard Business Review*, 92(7/8), pp. 72-81.

Axelrod, Robert (1984) *The Evolution of Cooperation*, New York: Basic Books.

Baker, Wayne E. and Robert R. Faulkner (1991) "Role as Resource in the Hollywood Film Industry," *American Journal of Sociology*, 97(2), pp. 279-309.

Barabási, Albert-László (2002) *Linked: How Everything Is Connected to Everything Else and What It Means for Business, Science, and Everyday Life*, London: Plume.

Barabási, Albert-László and Eric Bonabeau (2003) "Scale-free Networks," *Scientific American*, 288(5), pp. 60-69.

Barney, Jay B. (2002) *Gaining and Sustaining Competitive Advantage*, Upper Saddle River, NJ: Prentice Hall.

Barney, Jay B. and Delwyn N. Clark (2007) *Resouce-Based Theory: Creating and Sustaining Competitive Advantage*, Cambridge, MA: Oxford University Press.

Baum, Joel A. C. and Frank Dobbin eds. (2000) *Economics Meets Sociology in Strategic Management*, Stamford, CT: JAI Press of Glencoe.

Becker, Howard S. (1963) *Outsiders*, New York: Free Press.

Becker, Howard S. (1982) *Art Worlds*, Berkeley, CA: University of California Press.

Beckert, Jens (2002) *Beyond the Market: The Social Foundations of Economic Efficiency*, Princeton: Princeton University Press.

Beckert, Jens (2010) "How Do Fields Change? The Inerrelations of Institutions, Networks, and Cognition in the Dynamics of Markets," *Organization Studies*, 31(5), pp. 605-627.

Beckert, Jens and Patrik Aspers (2011) *The Worth of Goods: Valuation & Pricing in the Economy*, New York: Oxford University Press.

Beckert, Jens and Christine Musselin eds. (2013) *Constructing Quality: The Classification of Goods in Markets*, Oxford, UK: Oxford University Press.

Benjamin, Beth A. and Joel M. Podolny (1999) "Status, Quality, and Social Order in the California Wine Industry," *Administrative Science Quarterly*, 44(3), pp. 563-589.

Bessy, Christian and Pierre-Marie Chauvin (2013) "The Power of Market Intermediaries: From Information to Valuation Processes," *Valuation Studies*, 1(1), pp. 83-117.

Bestor, Theodore C. (2004) *Tsukiji: The Fish Market at the Center of the World*, Berkeley, CA: University of California Press.

Biggart, Nicole W. (2002) *Readings in Economic Sociology,* Malden, MA: Blackwell.

Bijker, Wiebe E., Thomas P. Hughes and Trevor Pinch eds. (2012) *The Social Construction of Technological Systems: New Directions in the Sociology and History of Technology, anniversary ed.*, Cambridge, MA: MIT Press.

Bilton, Chris (2007) *Management and Creativity: From Creative Industries to Creative Management*, Malden, MA: Blackwell Publishing.

Bilton, Chris and Stephen Cummings (2010) *Creative Strategy: Reconnecting Business and Innovation*, Chichester, UK: Wiley.

Blau, Peter M. (1955) *The Dynamics of Bureaucracy: A Study of Interpersonal Relations in Two Government Agencies,* Chicago, IL: University of Chicago Press.

Blau, Peter M. (1977) *Inequality and Heterogeneity: A Primitive Theory of Social Structure,* New York: Free Press.

Blumer, Herbert (1986) *Symbolic Interactionism: Perspective and Method,* Berkeley, CA: University of California.

Bogdanova, Elena (2013) "Account of the Past: Mechanisms of Quality Construction in the Market for Antiques," in J. Beckert and C. Musselin eds., *Constructing Quality: The Classification of Goods in Markets*, London: Oxford University Press.

Borgatti, Stephen P., Martin G. Everett and Jeffrey C. Johnson (2013) *Analyzing Social Networks*, Los Angeles, CA: Sage.

Bourdieu, Pierre (1986) "The Forms of Capital," in J. G. Richardson ed., *Handbook of Theory and Research for the Sociology of Education*, New York: Greenwood Press, pp. 241-258.

Bourdieu, Pierre (1993a) *The Field of Cultural Production: Essays on Art and Literature*, Cambridge, UK: Polity Press.

Bourdieu, Pierre (1993b) "The Market of Symbolic Goods," in P. Bourdieu ed., *The Field of Cultural Production: Essays on Art and Literature*, Cambridge, UK: Polity Press, pp. 112-141.

Bourdieu, Pierre (1996) *The Rules of Art: Genesis and Structure of the Literary Field,* Cambridge, UK: Polity Press.

Breschi, Stefano and Franco Malerba eds. (2005) *Clusters, Networks, and Innovation,* Oxford, UK: Oxford University Press.

Brinton, Mary C. and Victor Nee eds. (1998) *The New Institutionalism in Sociology,* New York: Russell Sage Foundation.

Burt, Ronald S. (1992) *Structural Holes: The Social Structure of Competition,* Cambridge, MA: Harvard University Press.

Burt, Ronald S. (2005) *Brokerage & Closure: An Introduction to Social Capital*, Oxford, UK: Oxford University Press.

Burt, Ronald S. (2010) *Neighbor Networks: Competitive Advantage Local and Personal,* Oxford, UK; New York: Oxford University Press.

Callon, Michel (1991) "Techno-Economic Networks and Irreversibility," in J. Law ed.,

    A Sociology of Monsters: Essays on Power, Technology and Domination, London: Routledge, pp. 132-161.

Callon, Michel ed. (1998) *Laws of the Markets,* Oxford, UK; Malden, MA: Blackwell Publishers.

Callon, Michel, Yuval Millo and Fabian Muniesa eds. (2007) *Market Devices,* Malden, MA: Blackwell.

Carrington, Peter J., John Scott and Stanley Wasserman (2005) *Models and Methods in Social Network Analysis*, New York: Cambridge University Press.

Caves, Richard E. (2000) *Creative Industries: Contracts between Art and Commerce,* Cambridge, MA: Harvard University Press.

Chandler, Alfred D., Jr. (1962) *Strategy and Structure: Chapters in the History of the American Industrial Enterprise,* Cambridge, MA: The MIT Press.

Chesbrough, Henry W. (2006) *Open Innovation: The New Imperative for Creating and Profiting from Technology*, Boston, MA: Harvard Business School Press.

Christakis, Nicholas A. and James H. Fowler (2009) *Connected: The Surprising Power of Our Social Networks and How They Shape Our Lives–How Your Friends' Friends' Friends Affect Everything You Feel, Think, and Do,* New York: Back Bay Books.

Christensen, Clayton M. (1997) *The Innovator's Dilemma: When New Technologies Cause Great Firms to Fail*, Boston, MA: Harvard Business School Press.

Coleman, James S. (1958) "Relational Analysis: The Study of Social Organizations with Survey Methods," *Human Organization*, 17(4), pp. 28-36.

Coleman, James S. (1987) "Microfoundations and Macrosocial Behavior," in J. C. Alexander ed., *The Micro-Macro Link*, Berkeley, CA: University of California Press, pp. 153-173.

Coleman, James S. (1988) "Social Capital in the Creation of Human Capital," *American Journal of Sociology,* 94(Supplement), pp. 95-120.

Coleman, James S. (1990) *Foundations of Social Theory,* Cambridge, MA: Harvard University Press.

Collins, Randall (1987) "Interaction Ritual Chains, Power and Property: The Micro-Macro Connection as an Empirically Based Theoretical Problem," in J. C. Alexander ed., *The Micro-Macro Link*, Berkeley, CA: University of California Press, pp. 93-206.

Collins, Randall (1988) *Theoretical Sociology*, New York: Harcourt Brace Jovanovich.

Comte, Auguste (1896) *The Positive Philosophy of Auguste Comte*, Vol. 1-3, trans. by H. Martineau, London: George Bell and Sons.

Cooke, Philip and Dafna Schwartz eds. (2007) *Creative Regions: Technology, Culture and Knowledge Entrepreneurship*, New York: Routledge.

Cross, Robert L. and Sam B. Israelit eds. (2000) *Strategic Learning in a Knowledge Economy: Individual, Collective and Organizational Learning Process*, Boston, MA: Butterworth Heinemann.

Cross, Robert L. and Andrew Parker (2002) *The Hidden Power of Social Networks: Understanding How Work Really Gets Done in Organizations*, Boston, MA: Harvard Business School Press.

Crozier, Michel (1964) *The Bureaucratic Phenomenon,* Chicago, IL: University of Chicago Press.

Cullen, John B. and K. Praveen Parboteeah (2010) *Multinational Management: A Strategic Approach, 5th ed.*, Mason, OH: South-Western.

Davis, Gerald F. (1991) "Agents without Principles?: The Spread of the Poison Pill through the Intercorporate Network," *Administrative Science Quarterly*, 36(4), pp. 583-613.

Davis, Gerald F. (2005) "Firms and Environments," in N. J. Smelser and R. Swedberg eds., *The Handbook of Economic Sociology, 2nd ed.*, Princeton, NJ: Princeton University Press, pp. 478-502.

Davis, Gerald F. and Mark S. Mizruchi (1999) "The Money Center Cannot Hold: Commercial Banks in the U.S. System of Corporate Governance," *Administrative Science Quarterly*, 44(2), pp. 215-239.

de Vaan, Mathijs, David Stark and Balazs Vedres (2015) "Game Changer: The Topology of Creativity," *American Journal of Sociology*, 120(4), pp. 1144-1194.

Dewey, John (1939) *Theory of Valuation*, Chicago, IL: University of Chicago Press.

Dewey, John (1998a) "The Pattern of Inquiry," in L. A. Hickman and T. M. Alexander eds., *The Essential Dewey, Volume 2: Ethics, Logic, Psychology*, Bloomington, IN: Indiana University Press, pp. 169-179 (Originally in 1939).

Dewey, John (1998b) "Analysis of Reflective Thinking," in L. A. Hickman and T. M. Alexander eds., *The Essential Dewey, Volume 2: Ethics, Logic, Psychology*, Bloomington, IN: Indiana University Press, pp. 137-144 (Originally in 1939).

Diani, Mario and Doug McAdam eds. (2003) *Social Movements and Networks: Relational Approaches to Collective Action,* Oxford, UK: Oxford University Press.

DiMaggio, Paul J. (1988) "Interest and Agency in Institutional Theory," in L. G. Zucker ed., *Institutional Patterns and Organizations: Culture and Environment*, Cambridge, MA: Ballinger Publishing Company, pp. 3-21.

DiMaggio, Paul J. (1991) "Constructing an Organizational Field as a Professional Project: U.S. Art Museums, 1920-1940," in W. W. Powell and P. J. DiMaggio eds., *The New Institutionalism in Organizational Analysis*, Chicago, IL: University of Chicago Press, pp. 267-292.

DiMaggio, Paul J. (1994) "Culture and Economy," in N. J. Smelser and R. Swedberg eds., *The Handbook of Economic Sociology*, Princeton, NJ: Princeton University Press, pp. 27-57.

DiMaggio, Paul J. (1997) "Culture and Cognition," *Annual Review of Sociology,* 23, pp. 263-287.

DiMaggio, Paul J. (2011) "Cultural Networks," in J. Scott and P. J. Carrington eds.,

The SAGE Handbook of Social Network Analysis, London: Sage, pp. 286-300.

DiMaggio, Paul J. and Walter W. Powell (1983) "The Iron Cage Revisited: Institutional Isomorphism and Collective Rationality in Organizational Fields," *American Sociological Review*, 48(2), pp. 147-160.

Dobbin, Frank ed. (2004) *The New Economic Sociology: A Reader*, Princeton, NJ: Princeton University Press.

Drucker, Peter F. (1988) "The Coming of the New Organization," *Harvard Business Review*, 66(1/2), pp. 45-53.

Durkheim, Émile (1933) *The Division of Labor in Society*, New York: Free Press.

Durkheim, Émile (1951) *Suicide: A Study in Sociology*, Glencoe, IL: Free Press.

Durkheim, Émile (2008) *The Elementary Forms of Religious Life*, Oxford, UK: Oxford University Press (Originally in 1912).

Easley, David and Jon Kleinberg (2010) *Networks, Crowds, and Markets: Reasoning about a Highly Connected World*, New York: Cambridge University Press.

Eccles, Robert G. and Dwight B. Crane (1988) *Doing Deals: Investment Banks at Work*, Boston, MA: Harvard Business School Press.

Ehin, Charles (2009) *The Organizational Sweet Spot: Engaging the Innovative Dynamics of Your Social Networks*, New York: Springer.

Eisenhardt, Kathleen M. (1989) "Making Fast Strategic Decisions in High-Velocity Environments," *Academy of Management Journal*, 32(3), pp. 543-576.

Eisenhardt, Kathleen M. and Jeffrey A. Martin (2000) "Dynamic Capabilities: What Are They? " *Strategic Management Journal*, 21(10/11), pp. 1105-1021.

Emirbayer, Mustafa (1994) "Network Analysis, Culture, and the Problem of Agency," *American Journal of Sociology,* 99(6), pp. 1411-1454.

Emirbayer, Mustafa (1997) "Manifesto for a Relational Sociology," *American Journal of Sociology*, 103(2), pp. 281-317.

English Oxford Living Dictionaries, Oxford University Press.

Ferguson, Priscilla P. (2004) *Accounting for Taste: The Triumph of French Cuisine*, Chicago, IL: University of Chicago Press.

Fligstein, Neil (1985) "The Spread of the Multidivisional Form among Large Firms, 1919-79," *American Sociological Review*, 50(3), pp. 377-391.

Fligstein, Neil (1990) *The Transformation of Corporate Control*, Cambridge, MA: Harvard University Press.

Freeman, R. Edward (1984) *Strategic Management: A Stakeholder Approach,* Boston, MA: Pitman.

Friedland, Roger and Robert R. Alford (1991) "Bringing Society Back In: Symbols, Practices, and Institutional Contradictions," in W. W. Powell and P. J. DiMaggio eds., *The New Institutionalism in Organizational Analysis*, Chicago, IL: University of Chicago Press, pp. 232-266.

Fruin, W. Mark ed. (1998) *Networks, Markets, and the Pacific Rim: Studies in Strategy,*

New York: Oxford University Press.

Garfinkel, Harold (1967) *Studies in Ethnomethodology*, Cambridge, UK: Polity Press.

Gawer, Annabelle and Michael A. Cusumano (2002) *Platform Leadership: How Intel, Microsoft, and Cisco Drive Industry Innovation*, Boston, MA: Harvard Business School Press.

Geiger, Susi, Debbie Harrison, Hans Kjellberg and Alexandre Mallard eds. (2014) *Concerned Markets: Economic Ordering for Multiple Values*, Cheltenham, UK: Edward Elgar.

Giddens, Anthony (1984) *The Constitution of Society: Outline of the Theory of Structuration*, Berkeley, CA: University of California Press.

Gladwell, Malcolm (2000) *The Tipping Point: How Little Things Can Make a Big Difference*, Boston, MA: Little Brown.

Glynn, Mary A., C. B. Bhattacharya and Hayagreeva Rao (1996) "Art Museum Membership and Cultural Distinction: Relating Members' Perceptions of Prestige to Benefit Usage," *Poetics: Journal of Empirical Research on Culture, the Media and the Arts,* 24(2-4), pp. 259-274.

Glynn, Mary A. (2000) "When Cymbals Become Symbols: Conflict over Organizational Identity within a Symphony Orchestra," *Organization Science*, 11(3), pp. 285-298.

Goffman, Erving (1959) *The Presentation of Self in Everyday Life*, New York: Anchor Books.

Goffman, Erving (1963) *Behavior in Public Places: Notes on the Social Organization of Gatherings*, New York: Free Press.

Goffman, Erving (1967) *Interaction Ritual: Essays on Face-to-face Behavior*, New York: Anchor.

Goffman, Erving (1974) *Frame Analysis: An Essay on the Organization of Experience*, New York: Harper Colophon Books.

Goffman, Erving (1981) *Forms of Talk*, Philadelphia, PA: University of Pennsylvania Press.

Goldstein, Michel L., Steven A. Morris and Gary G. Yen (2004) "Problems with Fitting to the Power-law Distribution," *The European Physical Journal B*, 41(2), pp. 255-258.

Goyal, Sanjeev (2007) *Connections: An Introduction to the Economics of Networks*, Princeton, NJ: Princeton University Press.

Granovetter, Mark S. (1973) "The Strength of Weak Ties," *American Journal of Sociology,* 78(6), pp. 1360-1380.

Granovetter, Mark S. (1982) "The Strength of Weak Ties: A Network Theory Revisited," in P. V. Marsden and N. Lin eds., *Social Structure and Network Analysis*, Beverly Hills, CA: Sage, pp. 105-130.

Granovetter, Mark S. (1985) "Economic Action and Social Structure: The Problem of

Embeddedness," *American Journal of Sociology*, 91(3), pp. 481-510.

Granovetter, Mark S. and Patrick McGuire (1998) "The Making of an Industry: Electricity in the United States," in M. Callon ed., *The Laws of the Markets*, Oxford, UK: Blackwell, pp. 147-173.

Granovetter, Mark S. and Richard Swedberg eds. (1992) *The Sociology of Economic Life*, Boulder, CO: Westview Press.

Granovetter, Mark S. and Richard Swedberg eds. (2011) *The Sociology of Economic Life, 3rd ed.*, Boulder, CO: Westview Press.

Grant, David, Cynthia Hardy, Cliff Oswick and Linda Putman eds. (2004) *The SAGE Handbook of Organizational Discourse*, Thousand Oaks, CA: Sage.

Greenwood, Royston (2008) *The SAGE Handbook of Organizational Institutionalism*, Los Angeles, CA; London: Sage.

Greenwood, Royston, Mia Raynard, Farah Kodeih, Evelyn R. Micelotta and Michael Lounsbury (2011) "Institutional Complexity and Organizational Responses," *Academy of Management Annuals*, 5(1), pp. 317-371.

Gulati, Ranjay (1995) "Social Structure and Alliance Formation Patterns: A Longitudinal Analysis," *Administrative Science Quarterly*, 40(4), pp. 619-652.

Håkansson, Håkan, David Ford, Lars-Erik Gadde, Ivan Snehota and Alexandra Waluszewski (2009) *Business in Networks*, Chichester, UK: Wiley.

Hamel, Gary and C. K. Prahalad (1989) "Strategic Intent," *Harvard Business Review*, 67(3), pp. 63-77.

Hamilton, Gary G. and Nicole W. Biggart (1988) "Market, Culture, and Authority: A Comparative Analysis of Management and Organization in the Far East," *American Journal of Sociology*, 94(Supplement), pp. 52-94.

Hansen, Derek L., Ben Schneiderman and Marc A. Smith (2011) *Analyzing Social Media Networks with NodeXL: Insights from a Connected World*, Burlington, MA: Morgan Kaufmann.

Hardy, Cynthia and Steve Maguire (2008) "Institutional Entrepreneurship," in R. Greenwood, C. Oliver, K. Sahlin and R. Suddaby eds., *The SAGE Handbook of Organizational Institutionalism*, London: Sage, pp. 198-215.

Heider, Fritz (1958) *The Psychology of Interpersonal Relations*, New York: Wiley.

Helms, Wesley S., Christine Oliver and Kernaghan Webb (2012) "Antecedents of Settlement on a New Institutional Practice: Negotiation of the ISO 26000 Standard on Social Responsibility," *Academy of Management Journal*, 55(5), pp. 1120-1145.

Hennion, Antoine (2001) "Music Lovers: Taste as Performance," *Theory, Culture & Society*, 18(5), pp. 1-22.

Hennion, Antoine (2005) "Pragmatics of Taste," in M. D. Jacobs and N. W. Hanrahan eds., *The Blackwell Companion to the Sociology of Culture*, Chichester, UK: Blackwell, pp. 131-144.

Hennion, Antoine (2015) "Paying Attention: What Is Tasing Wine about?" in A. B.

Antal, M. Hutter and D. Stark eds., *Moments of Valuation: Exploring Sites of Dissonance*, Oxford, UK: Oxford University Press, pp. 37-56.

Hirsch, Paul M.（1972）"Processing Fads and Fashions: An Organization-set Analysis of Cultural Industry Systems," *American Journal of Sociology*, 77(4), pp. 639-659.

Hollingsworth, J. Rogers and Robert Boyer eds.（1997）*Contemporary Capitalism: The Embeddedness of Institutions*, New York: Cambridge University Press.

Holmstrom, Mark and Philippe Cadene（1998）*Decentralized Production in India: Industrial Districts, Flexible Specialization and Employment*, Thousand Oaks, CA: Sage.

Homans, George C.（1950）*The Human Group*, New York: Harcourt, Brace and Company.

Homans, George C.（1958）"Social Behavior as Exchange," *American Journal of Sociology*, 63(6), pp. 597-606.

Homans, George C.（1964）"Bringing Men back in," *American Sociological Review*, 29 (6), pp. 809-818.

Husserl, Edmund（1970）*The Crisis of European Sciences and Transcendental Phenomenology: An Introduction to Phenomenological Philosophy*, trans. by D. Carr, Evanston, IL: Northwestern University Press（Originally in 1936）.

Hutchins, Edwin（1995）*Cognition in the Wild*, Cambridge, MA: MIT Press.

Iansiti, Marco and Roy Levien（2004）*The Keystone Advantage: What the New Dynamics of Business Ecosystems Mean for Strategy, Innovation, and Sustainability*, Boston, MA: Harvard Business School Press.

Jackson, Matthew O.（2008）*Social and Economic Networks*, Princeton, NJ: Princeton University Press.

Jensen, Michael（2003）"The Role of Network Resources in Market Entry: Commercial Banks' Entry into Investment Banking, 1991-1997," *Administrative Science Quarterly,* 48(3), pp. 466-497.

Jensen, Michael（2008）"The Use of Relational Discrimination to Manage Market Entry: When Do Social Status and Structural Holes Work against You?" *Academy of Management Journal*, 51(4), pp. 723-743.

Kadushin, Charles（2012）*Understanding Social Networks: Theories, Concepts, and Findings*, New York: Oxford.

Karpik, Lucien ed.（2010）*Valuing the Unique: The Economics of Singularities*, Princeton, NJ: Princeton University Press.

Kawamura, Yuniya（2004）*The Japanese Revolution in Paris Fashion*, Oxford; New York: Berg.

Kilduff, Martin and Wenpin Tsai（2003）*Social Networks and Organizations*, London: Sage.

Knight, Frank H.（1957）*Risk, Uncertainty, and Profit*, New York: Kelley & Millman（Originally in 1921）.

Knorr-Cetina, Karin and Alex Preda eds. (2005) *The Sociology of Financial Markets*, Oxford, UK: Oxford University Press.

Kogut, Bruce ed. (2012) *The Small Worlds of Corporate Governance*, Cambridge, MA: MIT Press.

Kornberger, Martin, Lise Justesen, Anders Koed Madsen and Jan Mouritsen eds. (2015) *Making Things Valuable*, Oxford, UK: Oxford University Press.

Kotler, Philip, Hermawan Kartajaya and Iwan Setiawan (2010) *Marketing 3.0: From Products to Customers to the Human Spirit*, Hoboken, NJ: Wiley.

Kotosaka, Masahiro and Mari Sako (2017) "The Evolution of the ICT Start-up Eco-System in Japan: From Corporate Logic to Venture Logic?" in T. Nakano ed., *Japanese Management in Evolution: New Directions, Breaks, and Emerging Practices*, London: Routledge, pp. 237-260.

Kraatz, Matthew S. and Emily S. Block (2008) "Organizational Implications of Institutional Pluralism," in R. Greenwood, C. Oliver, K. Sahlin and R. Suddaby eds., *The SAGE Handbook of Organizational Institutionalism*, London: Sage, pp. 243-275.

Kuhn, Thomas S. (1962) *The Structure of Scientific Revolutions,* Chicago, IL: University of Chicago Press.

Kunda, Gideon (1992) *Engineering Culture: Control and Commitment in a High-tech Corporation*, Philadelphia, PA: Temple University Press.

Lane, Chiristel and Reihard Bachmann (1996) "The Social Constitution of Trust: Supplier Relations in Britain and Germany," *Organization Studies*, 17(3), pp. 365-395.

Lane, David and Robert Maxfield (1996) "Strategy under Complexity: Fostering Generative Relationships," *Long Range Planning*, 29(2), pp. 215-231.

Latour, Bruno (1987) *Science in Action: How to Follow Scientists and Engineers through Society*, Cambridge, MA: Harvard University Press.

Latour, Bruno (1988) *The Pasteurization of France*, Cambridge, MA: Harvard University Press.

Latour, Bruno (1993) *We Have Never Been Modern*, New York: Harvester Wheatsheaf.

Latour, Bruno (2005) *Reassembling the Social: An Introduction to Actor-network-theory*, Oxford, UK: Oxford University Press.

Law, John (1991) "Introduction: Monsters, Machines and Sociotechnical Relations," in J. Law ed., *A Sociology of Monsters: Essays on Power, Technology and Domination*, London: Routledge, pp. 1-23.

Law, John and John Hassard eds. (1999) *Actor Network Theory and After*, Oxford, UK: Blackwell Publishing.

Lesser, Eric L. ed. (2000) *Knowledge and Social Capital: Foundations and Applications*, Boston, MA: Butterworth Heinemann.

Lester, Richard K. and Michael J. Piore (2004) *Innovation, the Missing Dimension*,

Cambridge, MA: Harvard University Press.

Levine, Donald N. (1995) *Visions of the Sociological Tradition*, Chicago, IL: University of Chicago Press.

Li, Charlene and Josh Bernoff (2011) *Groundswell: Winning in a World Transformed by Social Technologies*, Boston, MA: Harvard Business Review Press.

Lie, John (1997) "Sociology of Markets," *Annual Review of Sociology*, 23, pp. 341-360.

Lin, Nan, Karen Cook and Ronald S. Burt eds. (2001) *Social Capital: Theory and Research*, New York: Aldine de Gruyter.

Lincoln, James R. and Michael L. Gerlach (2004) *Japan's Network Economy: Structure, Persistence, and Change*, Cambridge, UK: Cambridge University Press.

Lincoln, James R. and Arne L. Kalleberg (1990) *Culture, Control, and Commitment: A Study of Work Organization and Work Attitudes in the United States and Japan*, Cambridge, UK: Cambridge University Press.

Lorrain, François and Harrison C. White (1971) "Structural Equivalence of Individuals in Social Networks," *Journal of Mathematical Sociology*, 1(1), pp. 49-80.

Lounsbury, M. and Mary A. Glynn (2001) "Cultural Entrepreneurship: Stories, Legitimacy and the Acquisition of Resources," *Strategic Management Journal*, 22(6/7), pp. 545-564.

Maex, Dimitri and Paul B. Brown (2012) *Sexy Little Numbers: How to Grow Your Business Using the Data You Already Have*, New York: Crown Business.

March, James G. (1991) "Exploration and Exploitation in Organizational Learning," *Organization Science*, 2(1), pp. 71-87.

March, James G. and Johan P. Olsen (1976) *Ambiguity and Choice in Organizations*, Bergen: NO, Universitetsforlaget.

March, James G. and Herbert A. Simon (1958) *Organizations*, New York: Wiley.

Margolis, Joshua D. and James P. Walsh (2003) "Misery Loves Companies: Rethinking Social Initiatives by Business," *Administrative Science Quarterly*, 48(2), pp. 268-305.

Matten, Dirk and Jeremy Moon (2008) " 'Implicit' and 'Explicit' CSR: A Conceptual Framework for a Comparative Understanding of Corporate Social Responsibility," *Academy of Management Review*, 33(2), pp. 404-424.

Mead, George H. (1964) *Selected Writings*, ed. by A. J. Reck, Chicago, IL: University of Chicago Press.

Merton, Robert K. (1957) *Social Theory and Social Structure*, New York: Free Press.

Merton, Robert K. (1968) "The Matthew Effect in Science," *Science*, 159(3810), pp. 56-63.

Meyer, John W. (1994) "Rationalized Environments," in W. R. Scott and J. W. Meyer eds., *Institutional Environments and Organizations: Structural Complexity and Individualism,* Thousand Oaks, CA: Sage Publications, pp. 28-54.

Meyer, John W. and Brian Rowan (1977) "Institutionalized Organizations: Formal

Structure as Myth and Ceremony," *American Journal of Sociology*, 83(2), pp. 340–363.

Michels, Robert (1962) *Political Parties: A Sociological Study of the Oligarchical Tendencies of Modern Democracy*, New York: Free Press.

Mills, Charles W. (1956) *The Power Elite*, New York: Oxford University Press.

Mische, Ann (2011) "Relational Sociology, Culture, and Agency," in J. Scott and P. J. Carrington eds., *The SAGE Handbook of Social Network Analysis*, London: Sage, pp. 80–97.

Mizruchi, Mark S. (1993) "Cohesion, Equivalence, and Similarity of Behavior: A Theoretical and Empirical Assessment," *Social Networks*, 15(3), pp. 275–307.

Mizruchi, Mark S. and Linda Brewster Stearns (1994) "Money, Banking, and Financial Markets," in N. J. Smelser and R. Swedberg eds., *The Handbook of Economic Sociology*, Princeton, NJ: Princeton University Press, pp. 313–341.

Mizruchi, Mark S. (1996) "What Do Interlocks Do? An Analysis, Critique, and Assessment of Research on Interlocking Directorates," *Annual Review of Sociology*, 22, pp. 271–298.

Mizruchi, Mark S. and Linda Brewster Stearns (2001) "Getting Deals Done: The Use of Social Networks in Bank Decision-Making," *American Sociological Review*, 66(5), pp. 647–671.

Monge, Peter R. and Noshir S. Contractor (2003) *Theories of Communication Networks*, New York: Oxford University Press.

Moody, James and Douglas R. White (2003) "Structural Cohesion and Embeddedness: A Hierarchical Concept of Social Groups," *American Sociological Review*, 68(1), pp. 103–127.

Morrill, Calvin (1995) *The Executive Way: Conflict Management in Corporations*, Chicago, IL: University of Chicago Press.

Muniesa, Fabian (2011) "A Flank Movement in the Understanding of Valuation," *The Sociological Review*, 59(52), pp. 24–38.

Muniesa, Fabian and Claes-Fredrik Helgesson (2013) "Valuation Studies and the Spectacle of Valuation," *Valuation Studies*, 1(2), pp. 119–123.

Nakano, Tsutomu (2017) "Japan's High-end Audio Equipments Industry in Transition: Pragmatic Valuation of "Hi-Fi" Sound and Valorization through Networks," in T. Nakano ed., *Japanese Management in Evolution: New Directions, Breaks, and Emerging Practices*, London: Routledge, pp. 211–234.

Nee, Victor and Richard Swedberg eds. (2005) *The Economic Sociology of Capitalism*, Princeton, NJ: Princeton University Press.

Nelson, Richard R. and Sydney G. Winter (1982) *An Evolutionary Theory of Economic Change*, Cambridge, MA: Harvard University Press.

Newman, M. E. J. (2010) *Networks: An Introduction*, Oxford, UK; New York: Oxford University Press.

Nikkei Asian Review (2015/7/8) "Docomo, GE Teaming up on Infrastructure Management in Japan".

Nohria, Nitin and Robert G. Eccles eds. (1992) *Networks and Organizations: Structure, Form, and Action*, Boston, MA: Harvard Business School Press.

Nonaka, Ikujiro (1994) "Product Development and Innovation," in K. Imai and R. Komiya eds., *Business Enterprise in Japan: Views of Leading Japanese Economists*, Cambridge, MA: MIT Press, pp. 209–221.

Nooy, Wouter de, Andrej Mrvar and Vladimir Batagelj (2005) *Exploratory Social Network Analysis with Pajek*, New York: Cambridge University Press.

Noussair, Charles, Charles Plott and Raymond Reizman (2007) "Production, Trade, Prices, Exchange Rates and Equilibration in Large Experimental Economies," *European Economic Review*, 51(1), pp. 49–76.

O'Reilly, Charles A. and Michael L. Tushman (2008) "Ambidexterity as a Dynamic Capability: Resolving the Innovator's Dilemma," *Research in Organizational Behavior*, 28, pp. 185–206.

Ostrom, Elinor (2005) *Understanding Institutional Diversity*, Preinceton, NJ: Princeton University Press.

Padgett, John F. (2001) "Organizational Genesis, Identity and Control: The Transformation of Banking in Renaissance Florence," in J. E. Rauch and A. Casella eds., *Networks and Markets*, New York: Russell Sage, pp. 211–257.

Padgett, John F., Doowan Lee and Nick Collier (2003) "Economic Production as Chemistry," *Industrial and Corporate Change*, 12(4), pp. 843–877.

Padgett, John F. and Walter W. Powell (2012a) "The Problem of Emergence," in J. F. Padgett and W. W. Powell eds., *The Emergence of Organizations and Markets,* Princeton, NJ: Princeton University Press, pp. 1–30

Padgett, John F. and Walter W. Powell eds. (2012b) *The Emergence of Organizations and Markets*, Princeton, NJ: Princeton University Press.

Park, Robert E., Ernest W. Burgess and Roderick D. McKenzie (1925) *The City*, Chicago, IL: Univeristy of Chicago Press.

Parsons, Talcott (1951) *The Social System*, Glencoe, IL: Free Press.

Pfeffer, Jeffrey (1981) *Power in Organizations*, Marshfield, MA: Pitman Publishing.

Pfeffer, Jeffrey (1987) "A Resource Dependence Perspective on Intercorporate Relations," in M. Mizruchi and M. Schwartz eds., *Intercorporate Relations: The Structural Analysis of Business*, Cambridge, UK: Cambridge University Press, pp. 25–55.

Pinch, Trevor and Frank Trocco (2002) *Analog Days: The Invention and Impact of the Moog Synthesizer*, Cambridge, MA: Harvard University Press.

Piore, Michael J. and Charles F. Sabel (1984) *The Second Industrial Divide: Possibilities for Prosperity*, New York: Basic Books.

Podolny, Joel M. (1993) "A Status-Based Model of Market Competition," *American Journal of Sociology*, 98(4), pp. 829–872.

Podolny, Joel M. (1994) "Market Uncertainty and the Social Character of Economic Exchange," *Administrative Science Quarterly*, 39(3), pp. 458-483.

Podolny, Joel M. (2001) "Networks as the Pipes and Prisms of the Market," *American Journal of Sociology*, 107(1), pp. 33-60.

Podolny, Joel M. (2005) *Status Signals: A Sociological Study of Market Competition*, Princeton, NJ: Princeton University Press.

Podolny, Joel M. and James N. Baron (1997) "Resources and Relationships: Social Networks and Mobility in the Workplace," *American Sociological Review*, 62(5), pp. 673-693.

Polanyi, Karl (1992) "The Economy as Instituted Process," in M. S. Granovetter and R. Swedberg eds., *The Sociology of Economic Life*, New York: Westview Press, pp. 29-51 (Originally in 1957).

Porter, Michael E. (1979) "How Competitive Forces Shape Strategy," *Harvard Business Review*, 57(2), pp. 137-145.

Porter, Michael E. (1980) *Competitive Strategy: Techniques for Analyzing Industries and Competitors*, New York: Free Press.

Porter, Michael E. (1996) "What Is Strategy?" *Harvard Business Review*, 74(6), pp. 61-78.

Porter, Michael E. (1998) "Clusters and the New Economics of Competition," *Harvard Business Review*, 76(6), pp. 77-90.

Porter, Michael E. (2001) "Strategy and the Internet," *Harvard Business Review*, 79(3), pp. 62-78.

Porter, Michael E. and James E. Heppelmann (2014) "How Smart, Connected Products Are Transforming Competition," *Harvard Business Review*, 92(11), pp. 64-88.

Porter, Michael E. and Mark R. Kramer (2011) "Creating Shared Value," *Harvard Business Review*, 89(1/2), pp. 62-77.

Powell, Walter W. (1990) "Neither Market nor Hierarchy: Network Forms of Organization," in B. Staw and L. L. Cummings eds., *Research in Organizational Behavior* 12, Greenwich, CT: JAI Press, pp. 295-336.

Powell, Walter W. and Paul J. DiMaggio eds. (1991) *The New Institutionalism in Organizational Analysis*, Chicago, IL: University of Chicago Press.

Powell, Walter W., Douglas R. White, Kenneth W. Koput and Jason Owen-Smith (2005) "Network Dynamics and Field Evolution: The Growth of Interorganizational Collaboration in the Life Sciences," *American Journal of Sociology,* 110(4), pp. 1132-1205.

Prahalad, C. K. (2006) *The Fortune at the Bottom of the Pyramid*, Upper Saddle River, NJ: Wharton School Publishing.

Prahalad, C. K. and Gary Hamel (1990) "The Core Competence of the Corporation," *Harvard Business Review*, 68(3), pp. 79-91.

Prell, Christina (2012) *Social Network Analysis: History, Theory & Methodology*,

London; Los Angeles, CA: Sage.

Pyke, Frank and Werner Sengenberger eds. (1992) *Industrial Districts and Local Economic Regeneration*, Geneva: International Institute for Labour Studies.

Rao, Hayagreeva and Martin Kenney (2008) "New Forms as Settlements," in R. Greenwood, C. Oliver, K. Sahlin and R. Suddaby eds., *The SAGE Handbook of Organizational Istitutionalism*, Thousand Oaks, CA: Sage, pp. 352-370.

Rauch, James E. and Alessandra Casella eds. (2001) *Networks and Markets*, New York: Russell Sage.

Ritzer, George and Jeffrey Stepnisky (2014) *Sociological Theory, 9th ed.*, New York: McGraw-Hill.

Rogers, Everett M. (1962) *Diffusion of Innovations,* New York: Free Press of Glencoe; London: Collier Macmillan.

Sabel, Charles F. (1991) "Moebius Strip Organizations and Open Labor Markets: Some Consequences of the Reintegration of Conception and Execution in a Volatile Economy," in P. Bourdieu and J. S. Coleman eds., *Social Theory for a Changing Society*, Boulder, CO: Westview Press, pp. 23-54.

Sailer, Lee D. (1978-79) "Structural Equivalence: Meaning and Definition, Computation and Application," *Social Networks*, 1(1), pp. 73-90.

Saxenian, AnnaLee (1994) *Regional Advantage: Culture and Competition in Silicon Valley and Route 128*, Cambridge, MA: Harvard University Press.

Saxenian, AnnaLee (2005a) "From Brain Drain to Brain Circulation: Transnational Communities and Regional Upgrading in India and China," *Studies in Comparative International Development*, 40(2), pp. 35-61.

Saxenian, AnnaLee (2005b) "Brain Circulation and Capitalist Dynamics: Chinese Chipmaking and the Silicon Valley-Hsinchu-Shnaghai Triangle," in V. Nee and R. Swedberg eds., *The Economic Sociology of Capitalism*, Princeton, NJ: Princeton University Press, pp. 325-351.

Schumpeter, Joseph A. (1950) *Capitalism, Socialism and Democracy*, New York: Harper Collins.

Schütz, Alfred (1967) *The Phenomenology of the Social World*, trans. by G. Walsh and F. Lehnert, Evanston, IL: Northwestern University Press.

Scott, Allen J. and Gioacchino Garofoli (2007) *Development on the Ground: Clusters, Networks and Regions in Emerging Economies*, London; New York: Routledge.

Scott, John (2013) *Social Network Analysis: A Handbook*, Thousand Oaks, CA: Sage.

Scott, John and Peter J. Carrington eds. (2011) *The SAGE Handbook of Social Network Analysis*, Thousand Oaks, CA: Sage.

Scott, W. Richard (1995) *Institutions and Organizations*, Thousand Oaks, CA: Sage.

Scott, W. Richard (2014) *Institutions and Organizations: Ideas, Interests, and Identities, 4th ed.*, Thousand Oaks, CA: Sage.

Selznick, Philip (1949) *TVA and the Grass Roots: A Study in the Sociology of Formal*

Organization, Berkeley, CA: University of California Press.

Simmel, George (1955) *Conflict & the Web of Group-affiliations*, New York: Free Press.

Simmel, George (1971) *On Individuality and Social Forms*, ed. by D. N. Levine, Chicago, IL: University of Chicago Press.

Smelser, Neil J. and Richard Swedberg eds. (1994) *The Handbook of Economic Sociology*, Princeton, NJ: Princeton University Press.

Smelser, Neil J. and Richard Swedberg eds. (2005) *The Handbook of Economic Sociology, 2nd ed.*, Princeton, NJ: Princeton University Press.

Smith-Doerr, Laurel and Walter W. Powell (2005) "Networks and Economic Life," in N. J. Smelser and R. Swedberg eds., *The Handbook of Economic Sociology, 2nd ed.*, New York: Princeton University Press, pp. 379-402.

Spence, Michael A. (1974) *Market Signaling: Informational Tansfer in Hiring and Related Processes*, Cambridge, MA: Harvard University Press.

Stark, David (1996) "Recombinant Property in East European Capitalism," *American Journal of Sociology,* 101(4), pp. 993-1027.

Stark, David (2009) *The Sense of Dissonance: Accounts of Worth in Economic Life*, Princeton, NJ: Princeton University Press.

Stinchcombe, Arthur L. (1959) "Bureaucratic and Craft Administration of Production: A Comparative Study," *Administrative Science Quarterly*, 4(2), pp. 168-187.

Stuart, Toby E., Ha Hoang and Ralph C. Hybels (1999) "Interorganizational Endorsements and the Performance of Entrepreneurial Ventures," *Administrative Science Quarterly*, 44(2), pp. 315-349.

Suddaby, Roy and Royston Greenwood (2005) "Rhetorical Strategies of Legitimacy," *Administrative Science Quarterly,* 50(1), pp. 35-67.

Swedberg, Richard (2003) *Principles of Economic Sociology*, Princeton, NJ; Woodstock, NY: Princeton University Press.

Swedberg, Richard ed. (2005) *New Developments in Economic Sociology*, Cheltenham, UK; Northampton, MA: Edward Elgar.

Taylor, Frederick W. (1947) *Scientific Management*, New York: Harper (Originally in 1911).

Teece, David J., Gary Pisano and Amy Shuen (1997) "Dynamic Capabilities and Strategic Management," *Strategic Management Journal*, 18(7), pp. 509-533.

Thévenot, Laurent (2001) "Pragmatic Regimes, Governing the Engagement with the World," in K. Knorr Centina and T. R. Schatzki and E. von Savigny eds., *The Practice Turn in Contemporary Theory*, London: Routledge, pp. 56-73.

Thornton, Patricia H. and William Ocasio (2008) "Institutional Logics," in R. Greenwood, C. Oliver, K. Sahlin and R. Suddaby eds., *The SAGE Handbook of Organizational Institutionalism*, London: Sage, pp. 99-128.

Thornton, Patricia H., William Ocasio and Michael Lounsbury (2012) *The Institutional Logics Perspective: A New Approach to Culture, Structure and Process*, Oxford,

UK: Oxford University Press.

Trigilia, Carlo (2002) *Economic Sociology: State, Market, and Society in Modern Capitalism*, Oxford, UK; Malden, MA: Blackwell Publishers.

Turner, Jonathan H. (2013) *Theoretical Sociology: 1830-to the Present*, Thousand Oaks, CA: Sage.

Tushman, Michael L. and Philip Anderson (1986) "Technological Discontinuities and Organizational Environments," *Administrative Science Quarterly*, 31(3), pp. 439–465.

Uzzi, Brian (1999) "Embeddedness in the Making of Financial Capital: How Social Relations and Networks Benefit Firms Seeking Financing," *American Sociological Review*, 64(4), pp. 481–505.

Uzzi, Brian and Jarrett Spiro (2005) "Collaboration and Creativity: The Small World Problem," *American Journal of Sociology*, 111(2), pp. 447–504.

Uzzi, Brian, Jarrett Spiro and Dimitri Delis (2002) "Emergence: The Origin and Evolution of Career Networks in the Broadway Musical Industry, 1877 to 1995," Working Paper, Northwestern University.

Vaan, Mathijs de, David Stark and Balazs Vedres (2015) "Game Changer: The Topology of Creativity," *American Journal of Sociology*, 120(4), pp. 1144–1194.

Valente, Thomas W. (1995) *Network Models of the Diffusion of Innovations*, Cresskill, NJ: Hampton Press.

Vedres, Balazs and David Stark (2010) "Structural Folds: Generative Disruption in Overlapping Groups," *American Journal of Sociology*, 115(4), pp. 1150–1190.

Vega-Redondo, Fernando (2007) *Complex Social Networks*, New York: Cambridge University Press.

Velthuis, Olav (2005) *Talking Prices: Symbolic Meanings of Prices on the Market for Contemporary Art*, Princeton, NJ: Princeton University Press.

Wakabayashi, Naoki, Jin-ichiro Yamada and Masaru Yamashita (2017) "Networks and Management in the Japanese Creative Industries," in T. Nakano ed., *Japanese Management in Evolution: New Directions, Breaks, and Emerging Practices*, London: Routledge, pp. 157–177.

Wall Street Journal (2014/2/18) "Radisson to Launch Hotel for Millennials".

Wasserman, Stanley and Katherine Faust (1994) *Social Network Analysis: Methods and Applications*, Cambridge, MA: Cambridge University Press.

Watts, Duncan J. (1999) *Small Worlds: The Dynamics of Networks between Order and Randomness*, Princeton, NJ: Princeton University Press.

Watts, Duncan J. and Steven H. Strogatz (1998) "Collective Dynamics of 'Small-world' Networks," *Nature*, 393, pp. 440–442.

Weber, Max (1968) *Economy and Society: An Outline of Interpretive Sociology*, ed. by G. Roth, Berkeley, CA: University of California Press.

Weber, Steven (2004) *The Success of Open Source,* Cambridge, MA: Harvard University Press.

Weick, Karl E. (1979) *The Social Psychology of Organizing*, New York: McGraw-Hill.

Weick, Karl E. (1995) *Sensemaking in Organizations*, Thousand Oaks, CA: Sage.

Wellman, Barry (1979) "The Community Question: The Intimate Networks of East Yorkers," *American Journal of Sociology*, 84(5), pp. 1201-1231.

Wellman, Barry (1982) "Studying Personal Communities," in P. V. Marsden and N. Lin eds., *Social Structure and Network Analysis*, Beverly Hills, CA: Sage, pp. 61-80.

White, Douglas R. and Ulla C. Johansen (2005) *Network Analysis and Ethnographic Problems: Process Models of a Turkish Nomad Clan*, Lanham, MD: Lexington Books.

White, Harrison C. (1981) "Where Do Markets Come From?" *American Journal of Sociology*, 87(3), pp. 517-547.

White, Harrison C. (1993) "Values Come in Styles, Which Mate to Change," in M. Hechter, L. Nadel and R. E. Michod eds., *The Origin of Values*, New York: Aldine de Gruyter, pp. 63-91.

White, Harrison C. (2002) *Markets from Networks: Socioeconomic Models of Production*, Princeton, NJ: Princeton University Press.

White, Harrison C. (2008) *Identity and Control: How Social Formations Emerge*, Princeton, NJ: Princeton University Press.

White, Harrison C. and Cynthia A. White (1993) *Canvases and Careers: Institutional Change in the French Painting World*, Chicago, IL: The University of Chicago Press (Originally in 1965).

Whitley, Richard (1999a) "Competing Logics and Units of Analysis in the Comparative Study of Economic Organization: The Comparative-Business-Systems Framework in Perspective," *International Studies of Management & Organization*, 29(2), pp. 113-126.

Whitley, Richard (1999b) *Divergent Capitalisms: The Social Structuring and Change of Business Systems*, Oxford; New York: Oxford University Press.

Womack, James P., Daniel T. Jones and Daniel Roos (1990) *The Machine That Changed the World: Based on the Massachusetts Institute of Technology 5-million Dollar 5-year Study on the Future of the Automobile*, New York: Rawson Associates.

Word, Jeffrey ed. (2009) *Business Network Transformation: Strategies to Reconfigure Your Business Relationships for Competitive Advantage*, San Francisco, CA: Jossey-Bass.

Zajac, Edward J. and James D. Westphal (2004) "The Social Construction of Market Value: Institutionalization and Learning Perspectives on Stock Market Reactions," *American Sociological Review*, 69(3), pp. 433-457.

Zelizer, Viviana A. (1978) "Human Values and the Market: The Case of Life Insurance and Death in 19th-Century America," *American Journal of Sociology*, 84(3), pp. 591-610.

Zelizer, Viviana A.（1994）*The Social Meaning of Money*, New York: Basic Books.

Zuckerman, Ezra W.（2004）"Structural Incoherence and Stock Market Activity," *American Sociological Review*, 69（3）, pp. 405-432.

Zukin, Sharon and Paul J. DiMaggio（1990）"Introduction," in S. Zukin and P. J. DiMaggio eds., *Structure of Capital: The Social Organization of the Economy*, Cambridge, UK: Cambridge University Press, pp. 1-36.

ADK コミュニケーションチャネルプランニングプロジェクト編著（2014）『メディアプランニングナビゲーション』宣伝会議。

NHK BShi（2009 年 4 月 4 日）「クラシック・ドキュメンタリー エル・システマ——ベネズエラ音楽教育で未来を築く」。

NHK BS1（2015 年 7 月 18 日）「BS1 スペシャル F1 世界最速への挑戦 第 2 回 パワーユニット開発の苦闘」。

NHK BS1（2016 年 1 月 2 日）「BS1 スペシャル シリコンバレー戦国時代」。

NHK 総合（2012 年 1 月 29 日）「NHK スペシャル ヒューマン——なぜ人間になれたのか 第 2 集 グレートジャーニーの果てに」。

NHK 総合（2014 年 5 月 12 日）「NHK ニュース おはよう日本」。

NHK 総合（2017 年 1 月 16 日）「プロフェッショナル仕事の流儀 建物を変える，街が変わる——建築家・大島芳彦」。

TED（2014）「あなたが作る建築の未来」。

TEDGlobal（2014）「ハース＆ハーン——色を塗って地域を変えるには」。

朝野熙彦編（2014）『ビッグデータの使い方・活かし方——マーケティングにおける活用事例』東京図書。

安宅和人（2014）「価値提供システムで考える 6 つの使い分け ビッグ・データ vs 行動観察データ——どちらが顧客インサイトを得られるのか」『ダイヤモンド・ハーバード・ビジネス・レビュー』39（8），26-39 頁。

石井晃（2015）「ヒット現象の数理モデル」『組織科学』48（4），5-20 頁。

石倉洋子・藤田昌久・前田昇・金井一頼・山﨑朗（2003）『日本の産業クラスター戦略——地域における競争優位の確立』有斐閣。

稲垣京輔（2005）「スピンオフ連鎖と起業者学習」『組織科学』38（3），41-54 頁。

稲葉陽二・大守隆・金光淳・近藤克則・辻中豊・露口健司・山内直人・吉野諒三（2014）『ソーシャル・キャピタル——「きずな」の科学とは何か』ミネルヴァ書房。

今村晴彦・園田紫乃・金子郁容（2010）『コミュニティのちから——「遠慮がちな」ソーシャル・キャピタルの発見』慶應義塾大学出版会。

岡田正大（2015）「新たな企業観の行方 CSV は企業の競争優位につながるか」『ダイヤモンド・ハーバード・ビジネス・レビュー』40（1），38-53 頁。

加護野忠男（2011）『組織認識論——企業における創造と革新の研究』千倉書房（原著 1988 年刊）。

金井一頼（2005）「産業クラスターの創造・展開と企業家活動——サッポロ I T クラ

スター形成プロセスにおける企業家活動のダイナミクス」『組織科学』38(3)，15-24 頁。

金光淳（2003）『社会ネットワーク分析の基礎──社会的関係資本論にむけて』勁草書房。

河合忠彦（2004）『ダイナミック戦略論──ポジショニング論と資源論を超えて』有斐閣。

北川哲雄編（2015）『スチュワードシップとコーポレートガバナンス──2 つのコードが変える日本の企業・経済・社会』東洋経済新報社。

國領二郎（1995）『オープン・ネットワーク経営──企業戦略の新潮流』日本経済新聞社。

國領二郎・野中郁次郎・片岡雅憲（2003）『ネットワーク社会の知識経営』NTT 出版。

國領二郎＝プラットフォームデザイン・ラボ編著（2011）『創発経営のプラットフォーム──協働の情報基盤づくり』日本経済新聞出版社。

今野紀雄・井手勇介（2008）『複雑ネットワーク入門』講談社。

今野紀雄・町田拓也（2008）『よくわかる複雑ネットワーク──シミュレーションで見るモデルの性質』秀和システム。

グリーンズ編著（2012）『ソーシャルデザイン──社会をつくるグッドアイデア集』朝日出版社。

コトラー，フィリップ＝高岡浩三（2014）「消費者志向の 2.0 から価値主導の 3.0 の時代へ──成熟市場における新しいマーケティング戦略」『ダイヤモンド・ハーバード・ビジネス・レビュー』39(10)，45-53 頁。

佐藤郁哉（1984）『暴走族のエスノグラフィー──モードの叛乱と文化の呪縛』新曜社。

佐藤郁哉（2002a）『組織と経営について知るための実践フィールドワーク入門』有斐閣。

佐藤郁哉（2002b）『フィールドワークの技法──問いを育てる，仮説をきたえる』新曜社。

佐藤郁哉・芳賀学・山田真茂留（2011）『本を生み出す力──学術出版の組織アイデンティティ』新曜社。

佐藤郁哉・山田真茂留（2004）『制度と文化──組織を動かす見えない力』日本経済新聞社。

スターク，デヴィッド（2011）『多様性とイノベーション──価値体系のマネジメントと組織のネットワーク・ダイナミズム』中野勉・中野真澄訳，マグロウヒル・エデュケーション。

ソフトウェアデザインプラス編（2013）『データサイエンティスト養成読本』技術評論社。

ソフトウェアデザインプラス編（2014）『アドテクノロジー プロフェッショナル養成読本──デジタルマーケティング時代の広告効果を最適化！』技術評論社。

武井寿（2015）『意味解釈のマーケティング──人間の学としての探究』白桃書房。

武石彰・青島矢一・軽部大（2012）『イノベーションの理由──資源動員の創造的正

当化』有斐閣。

鳥海不二夫（2015）「Twitter 上のビッグデータ収集と分析」『組織科学』48(4)，
　　47-59 頁。

中野勉（2011）『ソーシャル・ネットワークと組織のダイナミクス──共感のマネジ
　　メント』有斐閣。

中野勉（2013）「日本のオーディオ産業と中小企業の連携──ネットワークと文化の
　　視点から」森川信男編『中小企業の企業連携──中小企業組合における農商工連
　　携と地域活性化』学文社，69-105 頁。

中野勉（2016）「ハイエンド・オーディオ市場における競争と協調のメカニズム」『組
　　織学会大会論文集』5(2)，41-48 頁。

西口敏宏（2007）『遠距離交際と近所づきあい──成功する組織ネットワーク戦略』
　　NTT 出版。

西口敏宏（2009）『ネットワーク思考のすすめ──ネットセントリック時代の組織戦
　　略』東洋経済新報社。

西澤昭夫・忽那憲治・樋原伸彦・佐分利応貴・若林直樹・金井一頼（2012）『ハイテ
　　ク産業を創る地域エコシステム』有斐閣。

日経コンピュータ編（2014）『すべてわかるビッグデータ大全──大量データを保
　　管／分析する製品・技術・事例』日経 BP 社。

『日経ビジネス』（2013 年 9 月 30 日）「日米最新事例 ビッグデータ──本当の破壊力」。

新田義弘（1992）『現象学とは何か──フッサールの後期思想を中心として』講談社。

沼上幹（1999）『液晶ディスプレイの技術革新史──行為連鎖システムとしての技術』
　　白桃書房。

野村尚克＝中島佳織＝デルフィス・エシカル・プロジェクト（2014）『ソーシャル・
　　プロダクト・マーケティング──社会に良い。信頼されるブランドをつくる 3 つ
　　の方法』産業能率大学出版部。

林幸雄編（2007）『ネットワーク科学の道具箱──つながりに隠された現象をひもと
　　く』近代科学社。

福嶋路（2005）「クラスター形成と企業創出──テキサス州オースティンのソフトウ
　　ェア・クラスターの成立過程」『組織科学』38(3)，25-40 頁。

マクミラン，ジョン（1995）『経営戦略のゲーム理論──交渉・契約・入札の戦略分
　　析』伊藤秀史・林田修訳，有斐閣。

増田直紀・今野紀雄（2008）『「複雑ネットワーク」とは何か──複雑な関係を読み解
　　く新しいアプローチ』講談社。

増田直紀・今野紀雄（2010）『複雑ネットワーク──基礎から応用まで』近代科学社。

松原宏編（2013）『現代の立地論』古今書院。

水野誠（2015）「マーケターが見るビッグデータの夢はかなうか？──トップダウン
　　発想 vs. ボトムアップ発想という視点」『組織科学』48(4)，35-46 頁。

宮副謙司（2014）『地域活性化マーケティング──地域価値を創る・高める方法論』
　　同友館。

村井純（2015）「デジタル・ファブリケーション時代が到来する──IoT という新た

な産業革命」『ダイヤモンド・ハーバード・ビジネス・レビュー』40(4), 28-37頁。

安田雪（1997）『ネットワーク分析──何が行為を決定するか』新曜社。

山内裕（2015）『「闘争」としてのサービス──顧客インタラクションの研究』中央経済社。

山﨑朗編（2002）『クラスター戦略』有斐閣。

山﨑朗（2005）「産業クラスターの意義と現代的課題」『組織科学』38(3), 4-14頁。

山下勝・山田仁一郎（2010）『プロデューサーのキャリア連帯──映画産業における創造的個人の組織化戦略』白桃書房。

山田幸三（2013）『伝統産地の経営学──陶磁器産地の協働の仕組みと企業家活動』有斐閣。

若林直樹（2009）『ネットワーク組織──社会ネットワーク論からの新たな組織像』有斐閣。

渡辺深（2002）『経済社会学のすすめ』八千代出版。

索　引

事 項 索 引

人 名 索 引

● 著者紹介

中野 勉（なかの・つとむ）

青山学院大学大学院国際マネジメント研究科教授，コロンビア
大学組織イノベーションセンター外部ファカルティ。
慶應義塾大学経済学部卒業。シカゴ大学大学院修士，金融機
関勤務を経て，コロンビア大学大学院社会学部博士課程修了
（Ph.D. in Sociology）。ミシガン大学および関西学院大学助教授
を経て 2007 年より現職。ネットワーク分析を応用した組織と
マネジメント，クラスターに関するリサーチ，プラグマティッ
クな価値評価と市場の問題などを専門領域とし，日米欧のビジ
ネススクールにて企業戦略・組織論・国際経営などを担当。
2016 年にはコペンハーゲン・ビジネススクール（デンマーク），
カシャン高等学術院社会研究所（フランス），マックスプランク
社会研究所およびゲーテ大学（ドイツ）にて客員教授または研
究員。主要著作に，『ソーシャル・ネットワークと組織のダイナ
ミクス』（有斐閣 2011），*Japanese Management in Evolution*（編
著，Routledge 2017）などがある。

ソーシャル・ネットワークとイノベーション戦略
——組織からコミュニティのデザインへ
Networks and Managerial Dynamics:
Strategic Designs for Social Innovation

2017 年 9 月 30 日　初版第 1 刷発行

著　者	中	野		勉
発行者	江	草	貞	治
発行所	株式会社	有	斐	閣

郵便番号101-0051
東京都千代田区神田神保町 2 -17
電話　（03）3264-1315〔編集〕
　　　（03）3265-6811〔営業〕
http://www.yuhikaku.co.jp/

印刷・萩原印刷株式会社／製本・牧製本印刷株式会社
©2017, Tsutomu Nakano. Printed in Japan
落丁・乱丁本はお取替えいたします。
★定価はカバーに表示してあります。

ISBN 978-4-641-16484-0